다시 일어서는 용기

내 인생을 바꾼 성공의 비밀노트

당신이 구매한 이 책 한 권은 한부모 아동에게 한 끼 식사 또는 한 권의 책이 됩니다.
이 책 판매에 따른 저자인세는 전액 한부모 아동 후원에 사용됩니다.
이 책을 당신에게 '친전'으로 드립니다.

다시 일어서는 용기

내 인생을 바꾼 성공의 비밀노트

윤현건 지음

친전

중앙경제평론사

차 례

12월

Finale

서울국제마라톤대회[1]. 광화문은 수만 명의 열기로 3월의 동장군을 녹이고 있다. 정각 8시 엘리트 선수 출발. 이제 5분 후 마스터스 A그룹 출발이다. 목표는 3시간 이내, 서브쓰리. 그동안의 시간들이 주마등처럼 머릿속을 스쳐간다. 용수가 미소를 지으면서 말한다.

"강산아, 최선을 다해. 그리고 지금을 즐겨. 내 몫까지 후회 없이 말야."

레이스 전략은 오직 하나. 35km 지점까지는 최대한 힘을 비축하면서 2시간 27분 이내로 끊는다. 35km 지점에서 스퍼트해서 km당 4분 페이스로 레이스. 남은 7.195km를 32분 이내로 주파, 2시간 59분으로 결승선을 끊는 것.

순간 총소리다. 앞에 몰려 있던 수백 명의 마스터스 선수들이 우르르 앞으로 쏟아진다. 나도 튕겨 나간다. 초반 1km가 지나자 스무

---

1. 서울국제마라톤대회 : 동아마라톤대회라고도 하며, 동아일보사, 대한육상경기연맹, 동아마라톤꿈나무 재단이 주최하는 국제마라톤대회이다. 첫 대회는 역사를 거슬러 올라가서 1931년 3월 21일에 단축마라톤 형식으로 개최되었다. 1936년 일장기 말소 사건과 관련된 동아일보 폐간과 6 · 25 전쟁으로 7~8회, 12~24회는 열리지 못했으며, 1964년부터 42.195km 풀코스로 열려 지금은 매년 3월에 2만 명이 넘는 마스터스가 참여하는 국제적인 대회로 발전했다.

명 정도가 A그룹 세 번째 무리를 형성하며 달리고 있다. 빠르다. 남대문에 이르러 정신을 차리고 페이스 조절에 들어간다. 페이스를 조금씩 늦춰 4분대로 유지하며 네 번째 무리와 합류한다.

한참을 달리다 보니 첫 번째 반환점이다. 돌자마자 앞으로 쭉쭉 치고 나가는 주자가 있다. 달리는 폼이 예사롭지 않다. 나도 무리 선두를 놓치고 싶지 않은 마음에 속도를 높여 본다.

맞바람이 몹시 심하게 분다. 바람을 안고 달리니 여간 힘든 게 아니다. 결국 오버페이스로 거친 숨을 잠시 고르는 사이 다시 무리 뒤쪽으로 처졌다.

10km 표지판을 지나며 네 번째 무리가 또 두 그룹으로 갈린다. 동요되지 않고 뒤쪽에 붙어 페이스를 조절해 본다. km당 4분 2초. 이대로만 가면 서브쓰리다. 어쩌면 마스터스들 사이에서 흔히 말하는 '이사구' 2시간 40분대 기록도 가능하다. 내심 욕심이 생긴다.

어느덧 레이스 절반이 지나가고 있다. 20km를 지나면서 출발부터 같이 달리던 주자 한 명이 조금씩 치고 나간다. 바로 따라붙지 않고 3m 범위 내에서 달리며 조금씩 옆으로 붙었다.

이제는 내가 인터벌을 해 본다. 몇 백 미터를 꾸준히 치고 나가니 잠시 호흡소리가 멀어졌다가 속도를 늦추니 이내 따라 붙는다.

짧은 회복을 한 후 두 번째로 치고 나간다. 조금 더 속도를 내 본다. 방금 전보다 더 거친 숨소리가 들린다. 나도 비슷했지만 내리막 구간을 맞아 페이스를 회복한다.

어느 순간 호흡소리가 들리지 않는다. 뒤를 돌아보니 5미터 이상 떨어졌다. 페이스는 여전히 4분 2초대. 이대로만 가자. 조금만 더 가면 25km 지점이다.

다시 일어서는 용기

2월

삶과
죽음 사이에서

어떻게 하지. 거실 소파에 누워 비스듬히 바라보이는 창문 밖 어둠이 내려앉은 밤거리에는 눈보라가 휘날리고 있다. 시리고도 시린 2월이다. 해가 바뀌고 나서도 벌써 한 달여가 훌쩍 지났다. 이제 며칠 후면 구정 연휴가 시작된다. 적지만 안정된 급여가 보장되던 직장을 떠나 보험 영업을 시작한지 1년이 넘은 지금, 부푼 꿈을 갖고 시작했지만 이상과 현실은 너무도 달랐다. 무엇이 잘못되었을까?

오기만 남아서 그만 두지 못할 뿐이지 실적도 자존감도 바닥이었다. 가계부채는 점점 늘어갔다. 이젠 더 이상 돈 빌릴 곳도 없었다. 카드 돌려막기는 한계에 달했다. 핸드폰 충전을 안 한지도 며칠이다. 켜자마자 사금융기관의 빚 독촉 전화가 빗발칠 것이다.

어쩌다 이 지경이 되었을까? 보험 영업을 한다고 호기를 부린지 1년이 넘었다. 관둘 수 있는 용기조차 없는 그런 자신이 싫었다. 다른 사람들은 열심히 일하고 잠자리에 들 이 시간에 집안에서 하루 종일 멍하니 창밖을 바라보고 있는 나란 인간은…….

시선이 거실탁자로 떨어졌다. 약 봉투다. 저 놈의 약 봉투에는 6개월 동안 먹을 수 있는 일용할 양식이 들어 있다. 한 끼에 수십 알이 장전되어 있는 저 봉지 하나만 털어 넣어도 배를 채울 수 있는 양일 듯싶다.

배에서 창자가 긁히는 소리가 났다. 조금 있으면 자정이다. 시계 바늘은 분침을 힘겹게 끌고 가고 있었다. 저녁을 안 먹었다는 생각이 들자 우울함이 엄습해 왔다. 하지만 식욕이 사라진 지는 꽤 되었다. 이제 배고픈 건지 배가 아픈 건지도 가늠하기가 어렵다. 몸이 아파서인지 마음이 아픈 건지 잠이 들 만하면 나락으로 떨어지는 꿈을 꾸며 깨었다.

몸 상태는 그야말로 최악이다. 며칠 식사를 거르면서 약만 먹었더니 몸 상태가 말이 아니다. 화장실 갔다가 거울에 비친 얼굴을 보고 소스라치게 놀라고 또 그런 나를 보면서 놀라기를 반복했다. 볼살이 쏙 들어간 것이 흡사 해골 같다. 가느다란 팔다리는 흡사 아프리카 난민을 연상케 했다. 하지만 나는 살기 위해 입 속으로 약을 또 털어 넣는다.

나이 서른에 폐결핵이라니……. 몇 개월 전 길거리에서 기침했을 때 입에서 새빨간 피가 나오는 것을 보고 알았다. 후진국에서나 걸릴 법한 낯선 병에 주변도 나도 당황스러웠다. 면역력이 아주 현저히 떨어지면 걸리는 것이라나? 보건소에서 약을 지어주면서 최소 6개월은 계속 복용해야 한다고 그랬다. 말이 6개월이지 생각지도 못한 병에 나도 가족도 놀랐다.

일을 열심히 하는 것은 아니었지만 쉬지는 않으면서 불규칙한 식사 그리고 밤마다 음주와 줄기찬 흡연이 원인이었을 것이다. 아니 어쩌면 실적과 그로 인한 소득의 불안정함에 따른 정신적인 스트레스가 더 컸을 것이다.

회사에 못 나간 지 두 달여가 되었다. 집에 미안하고 더군다나 나 자신에게 부끄러웠다. 하지만 회사에는 미안함이 들기 보다는 서운한 감정이 앞섰다. 폐결핵에 걸린 사실을 제일 먼저 알린 곳은 회사였다. 사무실에 못 간다고 말했을 때 지점에서는 쌍수를 들고 환영하는 눈치였다.

한 술 더 떠서 팀장은 적극적으로 나서서 병가를 신청해 주었다. 아무리 기억을 더듬어 봐도 나와 관련해서 이토록 적극적으로 나선 건 이번이 처음이었다. 이런 빌어먹을 실적 위주의 대우. 이번엔 티가 너무 났다.

어떻게 하지? 생각이 멈췄다. 무엇을 해도 안 되는 것 같았다. 영업활동을 하기 위해서 기본적인 지출은 있어야 하는데 소득이 없으니 매달 빚잔치였다. 아내는 그런 사실을 잘 몰랐다. 그냥 영업이 잘 안되나 보다 정도였다. 어디서든 돈을 빌려서 생활비를 주어야 했다.

부모한테, 친인척한테, 친구한테 빌리는 것도 한계가 있었다. 현금서비스를 야금야금 받다가 결국 카드론을 이용하기에 이르렀다. 처음에는 카드 세 장으로 결제일을 다르게 해서 갚아 나가다가 급여가 오르면 한 번에 갚을 생각이었다. 일명 카드 돌려막기다.

하지만 금액이 적을 때는 이자가 그리 많다고 생각을 하지 않았는

16

데, 6개월이 지나면서 사태가 심각해지기 시작했다. 한 번 연체를 했더니 카드발급이 중단되었다.

결국 대부업체의 문을 노크하게 되면서 일이 터졌다. 이자에 이자가 더해지고 마치 눈덩이처럼 불어나 몇 백만 원으로 시작한 대출금이 수천만 원으로 억 단위를 돌파하기 직전이었다. 딱 1년만이었다. 손을 들 수밖에 없었다. 대부업자들이 사무실로 찾아오기도 하는 바람에 집에만 오지 말아달라고 사정을 해야만 했다. 핸드폰을 꺼 놓았음에도 다른 사람의 전화 벨소리가 울리면 심장이 두근거렸다.

이런 생활이 반복되다가 노숙자가 되는 건가라는 자괴감에 몸서리가 쳐졌다. 나만 노숙자가 되는 건 아무래도 괜찮다. 하지만 나에게는 책임져야 할 식구가 두 명이나 있다. 결혼한 지 이제 3년차, 세 살배기 아이는 나와 똑 닮았다. 하지만 지금 나의 모습은 아빠라고 하기에도, 가장이라 하기에도 너무나 추한 모습이다.

지금의 내 처지를 생각하니 나도 모르게 눈물이 흘러내렸다. 닭똥 같은 눈물이 주룩주룩 쏟아지는데 도저히 멈춰지지 않았다. 소리 내어 엉엉 울었다. 그저 분했다. 도대체 무엇을 어떻게 해야 하는 건가? 그렇게 많은 성공서적을 읽고 강의를 들었지만 그뿐이었다. 실제로 내 인생은 실패와 좌절의 연속이었다. 무엇이 잘못되었을까? 아니 나는 왜 세일즈에 실패한 것일까?

한참을 멍하니 누워서 집안 구석구석을 응시해 보았다. 신혼 때 금방 돈 모아서 이사를 가겠노라고, 인테리어 신경 쓰지 말자고 아내를 달랬던 기억이 났다. 아내는 무언의 동의를 해주었었다. 보험 영업을 한다고 했을 때도 아내는 잘 할 수 있을 거라고 해주었다. 초라한 살림이었지만 내게는 든든한 아군이 있었기에 힘을 낼 수 있었다.

하지만 이제 이사는커녕 지금 있는 이 집에서 계속 살 수나 있을까? 여기까지 생각이 미치자 몸서리가 쳐졌다. 집안 살림이라고 산 건 책을 꽂아놓은 책장들뿐, 나머지는 여기저기서 얻어서 꾸며 놓았다. 살림도구 하나하나가 과거의 기억을 들추어내며 나를 더욱 슬픔의 구렁텅이로 몰아놓고 있었다.

한 구석에 며칠 전 서점에서 구매한 몇 권의 책이 눈에 띄었다. 한 번 살 때마다 몇 권씩 사는 습관은 수십 년이 지나도 변함이 없다. 한 번 사면 그 자리에서 몽땅 읽곤 했는데, 언제부턴가 사놓고 진열만 하고 있다.

유심히 보니 제목이 낯설다. 하필 보험 영업과 관련된 책이라니. 집에 많고 많은 책 중에 하나가 영업 관련된 책이다. 왜 또 샀을까? 산 기억이 없는데. 어쨌든 이제 와서 후회하면 무엇 하랴? 읽어 볼까? 아니다. 지금 책 한 권 읽는다고 뭐가 달라질까? 애꿎은 책 한 권 사는 바람에 안 그래도 없는 살림이……

결혼 전 연애할 때 추억이 떠올랐다. 마치 영화 '접속'[1]처럼 우리는 온라인 영화동호회에서 인터넷으로 채팅하다가 만났다. 아내는 우리나라 최초의 인터넷 포털 사이트를 운영하고 있는 회사의 시삽이었다. 당시 학생이었던 나는 돈이 참 궁했다. 기대는 느낌이 싫어서 데이트 비용을 여자 친구와 같이 모았었는데 혼자 있을 때 우연히

---

1. 접속 : 1997년에 개봉한 한국영화. 한석규, 전도연이 출연하였다. PC 통신을 통해 사랑의 아픔을 가진 두 사람의 만남이 이루어진다는 내용의 로맨스 영화이다.

서점에 들렀다가 그 돈으로 몽땅 책을 샀던 적이 있었다.

피식 쓴 미소가 입가에 그려졌다. 하필 이 순간에 그때 생각이 왜 날까? 그래서 며칠 동안 식사시간을 피해서 만났었지. 벌써 꽤 옛날 이다. 다행히도 헤어지지 않고 같은 집에 살고 있다.

시계바늘은 어느새 자정에 머물러 있다. 몸을 일으켜 소파에 기대 앉아 책장 곳곳을 응시해 보았다. 잡다하게 꽂혀 있는 잡지들과 인생 어떻게 살라는 식의 책들, 절로 고개가 가로 저어졌다. 떨어진 시선에 책장 맨 아래쪽에 삐죽하게 뉘어있는 노트가 걸렸다. 일기장이다.

잠깐 고민하다가 무거운 몸을 움직여 집어들은 일기장에는 페이지마다 목록이 적혀 있었다. 보험 영업을 그만 두어야 할 이유와 계속 해야 할 이유. 그 목록의 개수는 항상 동일했다. 몇 달을 그렇게 적으면서 관두는 것을 차일피일 미루어 온 것이 벌써 1년여다.

아니, 보험 영업을 계속 하고 안하고가 문제가 아니었다. 난 무엇을 해도 안 될 것이다. 이렇게 살다가는 인생이 그야말로 끝날 것이다. 더 비참하게 되기 전에 끝을 보아야 한다.

어떻게 끝을 보아야 하나. 죽어버릴까? 에이 죽다니. 아니다. 아니야. 그냥 넘어갈게 아니다. 순간 머리가 뒤죽박죽이 되면서 무거운 적막감이 심장을 베어 삼켰다. 결론을 내리는 데는 그리 오랜 시간이 걸리지 않았다.

그래 죽는 거야. 연예인들이 자살하는 이유도 그런 것일지도 모른다. 이제는 쉬어야 될 시간이다. 빚 독촉 전화에서 해방되는 거다. 이제 나에게도, 주변 사람들에게도 휴식을 주자. 이 몸뚱이가 살아서 더 추한 모습을 보이느니 주위 사람들을 위해서도 사라져 버리는 것이 낫다. 무슨 미련이 있겠는가?

미련? 그래, 내게 미련이 남아 있다면 이제 갓 태어난 내 아기와 아내한테 미안하다는 거다. 가장으로서 끝까지 책임지지 못하고 떠난다는…… 문득 내 아이가 아빠 없이 결손가정²의 아동으로 자란다고 생각하니 저절로 몸이 부르르 떨렸다.

결손……. 아내는 성당에서 결손가정을 후원하는 봉사를 하고 있었다. 그런데 우리 아이가 결손가정의 아이가 된다면 그처럼 아이러니한 일이 또 어디 있을까?

손에 집은 일기장을 끝까지 넘기다 보니 맨 뒤쪽에 몇 장의 서류 뭉치가 끼워져 있었다. 이게 뭐지. 그동안 스스로 가입한 보험증권들이다. 첫 장을 펼쳐보았다.

종신보험 1억 원, 그리고 또 다른 보험증권 종신보험 5천만 원, 또 1억 원의 보험증권, 또, 또, 도대체 몇 개를 가입한 건인가? 개수를 세어보니 1년 동안 6개를 가입했다. 내가 고객이 되어 매달 가입한 것이 사망보험금만 5억 원에 다다랐다.

잠깐, 5억이라……. 이 정도 금액이면 내가 없어도 두 식구가 먹고는 살 수 있다. 그래. 사망보험금³을 남겨줄 수 있다. 이렇게 부끄

---

2. 결손가정 : 부모님의 사망이나 질병, 노령, 사고로 인하여 생계유지에 대한 경제적 어려움이 있는 가정을 뜻한다. 결손가정 아이들은 경제적 궁핍이 계속 되면서 대부분 주거형태가 월세, 전세, 친척집 등 다른 사람들에게 의존해야 하는 경우가 많고, 공부를 해야 할 나이에 동생들이나 조부모를 부양하기 위해 일을 해야 하므로 학업능력이 떨어져 가난의 대물림이 반복되거나 아예 비행 청소년이 되기도 하는 등 사회문제의 원인이 된다. 각 구청이나 동사무소에 연락하면 우리 가까이에 있는 결손가정, 중증장애인, 독거노인을 도울 수 있는 방법을 알려 준다. 결손가정이라는 말 자체에서 느껴지는 부정적인 어감 때문에 한부모가정(부모 중 한 분이 안 계심), 조손가정(부모 사망 또는 사정상 할아버지, 할머니에게 양육됨) 등으로 치환하거나 순화해서 표현한다.

러운 허물 부스러기만 남기며 사느니 내가 이 세상에 없어지는 대가로 이 정도 금액은 충분하지 않을까?

세 식구가 끼니걱정을 하며 초라하게 살아가느니 두 식구라도 이 세상에서 돈 걱정 없이 살도록 하는 것이 가장의 책임 아닐까? 게다가 이제 그 지긋지긋한 사금융기관의 빚 독촉 전화도 그만 받을 수 있다.

마지막으로 애기와 아내를 봐야겠다는 생각이 들었다. 건넌방 문을 조심스럽게 열어 보았다. 잠든 모습, 이렇게 마지막으로 보는 모습이다. 평화롭구나. 글이라도 써놓아야 하지 않을까? 아니다. 처음 보험에 가입할 때 썼던 유언장이 생각났다. 그거면 됐다.

소리 안 나게 조용히 옷을 갈아입고 집 밖을 나왔다. 길가에 소복이 쌓여가는 눈송이들은 가로등불에 비춰 더 하얗게 자태를 뽐내고 있었다. 영원히 내릴 것 같던 눈은 어느새 멈춰 있었다. 눈이 내려서 그런지 한 겨울임에도 날은 그리 춥지 않았다. 새벽녘 사람들의 흔적이 없는 가로등 아래 새하얀 길을 뽀드득 소리 내서 걷는 것도 운치 있다.

그래, 이런 날 생을 마감하는 것도 괜찮아. 대로변으로 나가서 길가에 뛰어 들자. 그렇게 차에 치어 죽는 거야. 아니야. 그건 죄 없는 사람에게 못할 짓을 하는 거지. 그 운전자는 무슨 죄가 있나. 다른 방법 없을까?

그래, 한적한 야산에 가서 목을 매자. 아 그건 너무 외롭다. 그리

---

3. 사망보험금 : 종신보험상품을 가입한 경우 모든 사망에 대해 보험금이 지급되지만, 자살의 경우에는 가입 후 2년이 지나야만 가능하다. 하지만 주인공은 가입 후 아직 2년이 지나지 않았기 때문에 자살을 하게 되면 보장을 받을 수가 없다. 이러한 사항은 보험 가입 시 전달받는 약관에 설명되어 있다.

고 너무 추하지 않을까? 인체에 나 있는 구멍이란 구멍에서 배설물들이 다 나온다는데. 손목을 그을까? 그건 너무 아플 것 같다. 그리고 칼도 없잖아.

바람이 안 불어서 추운지 몰랐었는데 한참을 생각하며 걷다 보니 어느새 몸이 얼음장처럼 차가워져 갔다. 한동안 안 나오던 기침이 사래가 들린 듯 터져 나왔다. 이런. 급히 나오느라 옷도 얇게 입고 지갑도 안 가지고 나왔는데 낭패다.

아, 그래 뛰는 거야. 달려서 한강으로 가자. 달리면 몸도 더워질 것이고. 어차피 이렇게 기침을 달고 다니는 것도 이제 잠깐이다. 잠실대교까지 달려가서 다리 중간에서 강물과 함께 이 힘든 인생을 마감하리라.

영등포에서 잠실까지 거리가 얼마나 될까? 뛰기 시작했다. 천천히 조깅하듯이 달릴 만했다. 터져 나오던 기침도 한결 나았다. 그렇게 안 하던 운동을 죽기 바로 직전에 다 하는구나……. 무작정 달렸다. 어느 정도 달리니 다리 두 짝이 더 이상 못 달리겠다고 아우성이다.

이를 악물었다. 어차피 이제 이번 생에 끝인 몸뚱이 오늘 소임을 다해라. 그런데 문제는 손이 너무도 시렸다. 주머니에 손을 넣었다. 이젠 귀가 떨어져 나갈 것 같았다. 손바닥으로 귀를 가렸다. 따뜻하다. 하지만 얼마 못 가서 손에 동상이 걸릴 것 같다.

다시 주머니에 넣었다가 귀를 가렸다가 수십 번을 반복하다 보니 십여 분이 지났을까? 어느새 여의도 한강 선착장에 도착했다. 그런데 이놈의 저질체력이 문제다. 아니 이렇게 몸이 약해졌을 줄이야.

이젠 도대체 더 이상 한 걸음도 못 뗄 정도로 다리가 후들거렸다. 여기까지 온 것만 해도 기적일 듯 싶었다. 아, 이건 아닌데. 잠실대교 가야 하는데…….

저 발치에 한강대교가 눈에 들어 왔다. 그래, 한강대교에서 끝을 보자. 잠실대교나 한강대교나 거기서 거기지. 이제 쉬는 거야. 영원히 아주 편안하게…….

그런데 다리 위로 올라가는 것이 문제다. 다리 입구를 찾는 것이 어려웠다. 한참을 혼자서 찾다가 다행히도 지나가는 사람이 있어서 물어볼 수 있었다. 다리 위로 올라가니 강바람이 엄청 나다. 겨울날 휘몰아치는 강바람을 다리 위에서 맞아보기는 난생 처음이었다. 겨울 강바람은 세차게 불었다가 잠잠해졌다가 하면서 불규칙한 리듬을 타고 있었다. 집에 창문을 간혹 때리던 그 바람. 그 바람이 여기까지 나를 따라 왔을까?

다리 중간까지 걸어가는 동안 만감이 교차했다. 엄마, 아버지, 나의 아이, 아내, 내 친척들, 친구들과 고객들, 내가 살아온 인생. 이제 모두 안녕이다. 난 이젠 쉴 거야. 모두 잘 있어라.

다리 중간이 가까워질수록 몰아치는 찬바람에 몸이 경직되는 것과는 반대로 마음은 편안해져 갔다. 저 멀리 끝없이 펼쳐 보이는 시커먼 강줄기가 웅장하다. 중간까지 가서 다리 난간에 두껍게 쌓인 눈들을 대강 치우고 손을 대보았다. 차가운 금속 덩어리의 냉기가 피부를 타고 심장까지 전달되었다.

난간 너머로 몸을 숙여 아래를 내려다보니 어둠만 보인다. 다리 아래는 새카만 적막뿐이다. 1분여 지나니 눈보다는 귀가 어둠에 더 빨리 적응을 하는지 저 아래 철렁거리는 물결이 들린다. 다리 위에는 쥐새끼 한 마리 보이지 않는다.

순간 고요함이 느껴졌다. 바람이 숨을 죽였다. 강물 속은 좀 춥겠지만 잠시겠지. 잠시면 영원히 쉴 수 있겠지. 아래를 내려다보지 말고 떨어지자.

신발을 벗어서 가지런히 모아놓고 한 발을 난간 위에 올려놓았다. 미끄러워서 중심을 잡기가 좀 어려울 듯하다. 나머지 발을 들어 난간 위에 올려서 몸의 중심을 잡고 쭈그리고 앉았다. 문득 다이빙하듯 강물에 뛰어 들어야겠다는 생각이 들었다. 그래. 난간 위에 똑바로 서서 멋지게 떨어지자. 영화 타이타닉호의 여주인공처럼 그렇게 두 팔을 쫙 벌리고 뛰어드는 거야.

난간 위에서 조심스럽게 일어나 무릎을 펴는 그 순간이었다. 등 뒤에서 칼바람이 사람소리처럼 웅웅거리며 불어왔다. 몸에 중심을 잃고 앞으로 기우뚱거렸다.

어…… 어…… 다리를 움직여서 중심을 잡으려고 하는데 양말이 난간에 얼어붙어 움직이질 않았다. 팔을 휘적거리며 중심을 잡아보려 했지만 이미 늦어버렸다는 것을 본능적으로 느낄 수 있었다. 야, 이거 죽는구나. 정말 이렇게 죽는구나.

강산 씨…….

순간 나를 이곳 보험 영업으로 오게 한 팀장의 목소리가 바람을 타고 날아들었다. 왜 하필 그때 그 목소리가 들렸을까? 운명의 전환점이 되었던 그 한 통의 전화, 불과 1년여 전이었다.

인생의 변화는
예기치 않은 곳에서 온다

"강산 씨, 잘 지내고 있어요? 오늘 그쪽 가는데 잠깐 봐요."

한 여름을 뜨겁게 달궜던 한일월드컵의 열기가 식고, 언제 그랬냐는 듯 무료한 일상이 반복되던 늦가을 어느 날, 만나자고 연락이 왔다. 회사 다닐 때 잠깐 옆 팀에 근무했던 선배였는데 몇 해 전 회사를 그만 두고 한동안 안보이더니 무슨 일인가 싶었다.

오랜만에 전화 와서는 무작정 만나자는 거였다. 만나는 건 어렵지 않았다. 퇴근 후 회사 근처 카페에서 만난 선배는 보기에도 근사한 옷을 입고 그렇게 내 앞에 나타났다. 뭔가 있어 보였다. 하지만 그뿐이었다.

"제가 사람을 선발하고 있는데, 강산 씨를 추천[1]받았어요."

---

1. 프로에이전시 채널에서는 후보자를 만나서 업무설명회에 초대하는 과정을 OT(Orientation)라고 부른다. 보통 주위 사람에게 추천을 받거나 에이전트 업무를 잘 할 만한 사람에게 업무설명회에 참석할 것을 제안한다. 업무설명회는 보통 지점장이 진행한다.

추천이라……. 무슨 일이기에 그럴까 의구심이 발동했지만 회사 이름을 듣고는 코웃음이 나왔다. 보험회사다. 보험 영업을 하라니. 일언지하에 거절하고 일어섰다. 너무 바로 얘기했나. 말하는 내가 무안할 정도였다. 어쨌든 아닌 건 아니니까…….

난 결혼한 지 얼마 안 되어 애기아빠가 되었다. 애기가 애기를 가진 셈이었다. 가진 것이 무엇인지도 못 가진 것이 무엇인지도 모르는, 한마디로 똥오줌도 못 가리는 사회 초짜였다.

그만큼 철이 없었다. 그냥 다들 하는 직장생활, 인생이 그런 거잖아 자위하며 그렇게 용돈 쪼개어 술 한 잔과 함께 상사 뒷담화하는 것을 낙으로 사는…….

그런 나에게 보험 영업하라고 찾아오는 예전 회사 선배가 곱게 보이지도 않았고, 그 와중에 하는 말이 제대로 들릴 수도 없는 일이었다. 나를 어떻게 보고 보험 영업을 하라고 하는 건지, 아니면 정말 영업을 잘 할 것 같아 보여 그러는 건지. 무슨 다단계도 아니고 말이다. 심했지만 딱 잘라 말해주는 것이 상호 간에 시간 절약이라 생각했다.

하지만 하루가 멀다 하고 찾아왔다. 알아만 보라는 거였다. 귀찮았다. 설명회 한 번 들으면 되겠지란 생각에 약속을 했다. 퇴근 후 사무실로 찾아갔다. 보험회사라고 하면 왠지 갖가지 구호와 플래카드가 걸려있을 터. 하지만 머릿속에 그려보았던 그렇고 그런 동대문 시장표 사무실은 아니었다.

입구에서부터 전체가 유리로 된 문과 상패 진열장이 유난히 깨끗해 보였다. 사무실 안에 들어가 보니 증권사나 은행과 비슷하면서도 좀 더 자리가 넓고, 제법 세련된 인테리어가 눈에 쏙 들어왔다.

"사무실이 보기에 괜찮은가요?"

생각보다 젊어 보이는 지점장은 유난히도 사무실 인테리어를 자랑스러워했다. 안내 받아 들어간 회의실 역시 액자와 화분, 고급스런 탁자로 꽤 멋을 부린 것 같았다.

대략 두 시간쯤 설명을 들었을까? 뭐라고 설명해야 할까? 뭔가 좀 달랐다. 명쾌하게 설명할 수는 없지만 기존에 내가 알던 보험과는 뭔가 다르다는 생각이 들었다. 생각을 정리할 필요를 느꼈다. 가족을 위해 나는 무엇을 준비하고 있는가? 다시 한 번 삶을 되돌아보는 시간이 되었다.

준비를 못한 상태에서 가장이 크게 아프거나 사망했을 때 과연 누가 남은 가족을 돌봐줄 것인가? 엄마는 돈 벌러 나가야 하고 집에 홀로 남은 아이들은 외로움에 몸서리를 쳐야 할 것이다. 한부모 가정이란 준비하지 못한 부모의 직무유기 아닐까? 부모 없는 아이들이 가난을 대물림을 하는 건 부모가 없어서가 아닌 부모가 남겨준 돈이 없어 공부를 하지 못한 경우가 대부분이다.

아이들의 잿빛미래를 막을 수 있는 유일한 대책은 보험이라는 생각이 들었다. 명치끝이 아려왔다. 아무 생각 없이 앞만 보고 달려가다가 뒤통수를 맞은 기분이었다. 정말 오래간만에 느껴보는 가족 사랑의 가치가 가슴을 관통했다.

일주일 후 두 번째 설명회를 참석했다. 보험 영업, 고객 인생의 미래를 대신 걱정해 주고 대안으로 보험을 통해 솔루션을 제공한다는 것. 매력적이었다. 퇴직 걱정 없는 금융전문가의 삶이라는 이제까지와는 전혀 다른 세상이 와 닿았다.

그때만 해도 젊은 남자가 보험 영업을 하는 것은 보기 드물었다. 아니 무엇보다도 보험 영업으로 억대 연봉을 받을 수 있다는 것에 놀라웠다. 직장인으로는 대기업 임원 정도 되어야 받을 수 있는 금액 아닌가?

가진 것 없이 시작한 결혼생활, 직장생활로 모을 수 있는 돈은 어림잡아도 뻔했다. 돈이 필요했다. 가진 돈이 하나도 없었다. 너무도 없이 시작했다. 철이 없었다. 애기까지 턱 낳고 보니 더욱 절절히 심장에 사무쳐 와 닿았다.

연애는 환상이고 결혼은 현실이라는 주위의 말이 그제야 이해가 되었다. 돈이 있으면서 아껴 쓰는 것과 돈이 없어서 못 쓰는 건 정말이지 판이하게 달랐다. 먹고 싶은 것을 침을 삼키며 참아내는 가족을 보는 것은 그야말로 처참했다.

돈이 인생의 전부는 아니라지만 이러다가는 가정 하나 못 지키는 무능력한 가장이 될까봐 두려웠다. 지금은 그냥 저냥 살아간다 하더라도 가진 것도 없는데 이 정도 저축액으로는 아무 것도 할 수 없지 않는가? 애써 모른 채 살아가던 현실이었다.

'그래, 보험 영업. 해 볼만 하지 않을까? 아직 인생이 창창한데 회사만 쳇바퀴 돌 듯이 다닐 수는 없지 않을까?'

거기까지 생각이 미치자 더 이상 시간을 끄는 건 무의미했다. 무작정 사표를 냈다. 물론 부모님의 반대가 이만 저만이 아니었다. 하지 말아야 할 이유는 많았다. 하지만 상황을 돌리기엔 내 마음이 너무 기울어져 있었다.

면접을 봐야 했다. 아차, 싶었다. 보험회사 그냥 들어가는데 아냐? 이미 회사에는 사표를 냈다. 떨어지면 어떻게 하지? 면접 준비를 했다. 나보고 이 일을 하라 한 선배는 이 곳에서는 팀장이라고 불렸다.

첫 번째 면접은 지점에서 봤는데 팀장들이 면접관이었고, 두 번째는 본사로 가서 임원 면접을 봤다. 면접 결과는 기대 이상이었다. 챔피언 할 수도 있겠다는 평까지 있었다. 우쭐했다. 하지만 거기까지였다. 겉보기와 실제는 실로 큰 차이였다. 신입교육을 받을 때는 내가 어느 정도를 할 지 잘 몰랐다.

늦은 가을이 북녘에서 동장군이 오기 전 막바지 단풍을 자랑하고 있었다.

가혹한
영업의 현실

한 달여간의 신입교육을 마친 영업 첫 달. 나는 중간 위촉이라 월 중반인 11월 15일부터 영업을 시작했다. 11월 15일을 잊지 못할 것이다. 내 생애 영업 첫 날이자 오랜 친구에게 첫 전화를 해서 만남 약속을 잡은 날. 왜 하필 수많은 지인들을 놔두고 보험 이야기를 할 사람으로 그 친구를 생각했을까?

나의 이 행동이 훗날 내 인생에 어떤 영향을 미칠지 당시에는 전혀 알 수가 없었다. 그 날 바로 약속을 잡지는 못했다. 친구는 출장이 잦아 말일만 가능하다고 했다.

당시만 해도 누구든 만나자마자 계약을 할 수 있을 것 같았다. 교육을 마치고 그 누구도 못 말릴 정도로 기세가 등등했던 나였다. 그렇지만 보험 영업에 대해 부정적으로 변하는 데는 불과 보름이 채 필요하지 않았다. 만나는 사람마다 무엇이 문제였는지 거절의 연속이었다.

동기들이 매주 세 건씩 계약을 해서 축하를 받을 때 나는 미가동 교육을 받았다. 추웠다. 아직 가을바람 냄새가 가시지 않은 11월임에도 그 달은 정말 유난히도 추웠다. 한 건의 계약이라도 누가 해 주었으면……. 아무나 나보고 그냥 하나 해주길 바라는 마음이 간절했다. 매일 애꿎은 담배만 축내고 있었다.

"여기서 피우지 마세요. 저기 건너편으로 가시면 흡연 장소가 있습니다."

요즘은 다들 금연빌딩이다 뭐다 해서 흡연자들이 설 자리가 없다. 올라가기 전에 빌딩 앞에서 한 대 피우려 했는데 쫓겨났다. 보신각종이 있는 종각역 근처 오랜 친구가 근무하는 회사 앞이다. 대학 졸업하고 거의 5년 만에 연락이 되었다. 그래도 내가 보험 영업한다고 말하면 그나마 가입을 해주지 않을까?

난 담배를 군 입대 바로 전날 배우고 들어갔다. 돌아보면 그때부터 끽연가가 된 셈이다. 군 입대도 남들에 비해 많이 늦은 편이었다. 왠지 모르는 불안감과 두려움으로 입대를 미루고 미루다 남들 다 갔다 오고 나서야 가게 됐으니, 얼마나 가기 싫었을지는 군대 다녀온 한국남자라면 다들 알 것이다.

입대를 하루 앞두고 내일이 오지 않길 미치도록 갈구하는 시퍼런 청춘에게 민간인으로써의 마지막 시간을 함께 공유하고, 그 시간 동안 담배를 가르쳐 준 친구가 바로 이용수였다.

밤새도록 함께 술을 마시고 내뿜는 연기로 새하얗게 수놓으며 그렇게 시간을 보냈다. 그런 추억을 공유하고 있는 친구이기에 어쩌면 누구보다 내 인생에 또 내 기억에 강렬하게 남아 있는 건지도 몰랐다.

그러고 보면 생각하면 할수록 용수는 정말 신비스러운 아이였다. 용수와는 공교롭게도 초등학교부터 대학교까지 같이 다녔다. 사는 동네는 좀 떨어져 있었지만 같은 학군에 속해 있다는 이유로 같은 초등학교와 중학교에 배치가 되었고, 고등학교는 시험을 쳐서 갈 수 있는 외국어 학교에 들어갔다. 그러고 보면 둘 다 나름 공부를 하던 축에 속했던 셈이었다.

하지만 정작 그에 대해서는 딱히 얘기할 것이 별로 없었다. 초등학교 때를 뒤돌아보면 용수는 말수가 워낙 적기도 했지만 친한 친구도 별로 없었고, 그나마 친하다는 애들도 용수네 집이 어딘지 정확히 알지 못했다.

용수의 존재를 알게 된 건 초등학교 2학년 때 같은 반이 되면서부터였다. 당시 용수는 보기 드물게 재킷에 구두를 신고, 도시락에는 스팸과 소시지를 싸오는 유일한 아이였다. 어떤 애들은 용수아빠가 대통령일거라고, 또는 엄청 돈 많은 사장일거라고도 했고, 어떤 아이는 길거리에서 우연히 용수와 같이 있는 아줌마를 봤는데 미스코리아 닮았다고도 했다.

의외인 구석도 있었다. 중학교 2학년 때 길을 가다가 같은 반 친구가 깡패처럼 보이는 사람들 열 명 정도한테 무릎을 꿇고 맞고 있었는데, 주위에 사람들이 구경만 하고 아무도 말리는 사람이 없자 본인이 홀로 가서 같이 맞아주는 의리를 보이기도 했다.

그 이야기는 대학 졸업 때까지 두고두고 친구들 사이에 회자되었다. 아무튼 알고 지내면 지낼수록 이상하기 짝이 없는 친구였다. 머리가 워낙 비상해서 공부를 잘 하니 선생님들도 매우 예뻐했고, 암암리에 큰 인물이 될 거라고 주위에서 입을 모았다.

하지만 용수의 인생이 꼬이기 시작한 건 대학교 때부터였다. 서울대를 지원했는데 시험 전날부터 심한 몸살을 앓는 바람에 아깝게 떨어진 것이다. 건국대학교를 후기 지원해서 들어왔지만 법대가 적성에 안 맞는다고 방황을 하다가 졸업할 때쯤인가 사건이 터졌다.

어머니가 돌아가신 것이다. 사인은 자궁암이었는데 발견하고 손쓸 도리 없이 순식간에 사망했기 때문에 그 충격이 컸다고 했다. 나는 당시 군대에 있을 때라 나중에 제대하고 나서야 그 소식을 들었는데 신기하게도 과 동기들이나 다른 친구들도 그 사실을 한참 후에나 알았다고 한다. 집안이 신비스럽기는 예나 지금이나 별반 다르지 않았다.

아무튼 그 여파 때문인지 무슨 이유인지 용수는 평범한 인생을 선택했다. 사시를 포기하고 동아리에서 만난 후배와 결혼하더니 바로 일반 직장에 취업을 해서 지금은 세 살 된 아이가 있다는 사실까지 들었다.

나는 같은 대학교 과 동기한테 그 말을 듣자마자 용수한테 전화해서 약속을 잡았다. 사실은 만나서 바로 보험 얘기를 하려던 참이었다. 오랜만에 만나긴 하지만 용수는 그래도 학교 다닐 때 나와 가까웠던 친구였다. 내가 부탁하면 마지못해서라도 하나 들어주지 않을까?

초겨울 바람이 너무 거세다. 담배 절반은 바람이 피는 것 같다. 덕분에 두 대를 연달아 피우고 나서야 니코틴이 충족됐다. 보험 영업을 시작하고 나서 담배가 너무 늘었다. 용수가 군 입대 전날에 같이 안 있었다면 지금 내가 담배를 피우고 있었을까?

용수에 대한 이런 저런 아련한 기억들을 끄집어내다 보니 벌써 만날 시간이 다 되었다. 저녁 7시다. 이 회사는 밥도 안 먹고 직원들 일 시키나? 아무튼 올라가야겠다. 마른기침이 터졌다. 그때 배운 담배, 아직도 끊지를 못하고 있다.

"어느 부서 찾아오셨어요?"

부서 이름을 대자 어려 보이는 데스크 여직원이 눈살을 찌푸리며 플라스틱으로 된 네임택을 건네주었다. 문득 담배냄새가 너무 심한가 싶은 생각이 들었다. 서둘러 데스크를 지나는 순간 여직원 옆에 있던 데스크 남자 직원 한 명이 중얼거리는 소리가 들렸다.

"요즘 잡상인들이 많으니까 신원 확인 확실히 하고 명찰 교부해요."

나한테 하는 소리가 아닌 것을 알면서도 직원들의 대화가 들리는 순간 몸이 움츠러들었다. 잡상인이라……. 거절을 당하며 위축된 탓에 아무 것도 아닌 소리에도 큰 자괴감을 불러 일으켰다. 엘리베이터의 속도가 빠르게 느껴졌다. 타자마자 10층 정도는 건너뛰어 올라온 듯하다.

"어느 분 찾아오셨어요?"

"이용수 대리 찾아왔습니다."

부서 입구 바로 앞에 앉아 있는 여직원에게 친구의 이름을 대자 잠시 고객접견실에서 기다리라고 하고는 어디론가 전화를 걸었다.

"좀 기다리시면 오실 거예요."

감사하다는 말을 하려 했으나 여직원은 기계적으로 인사를 하는 둥 마는 둥 하면서 제자리에 앉아버렸다.

용수는 삼십 분이 지나서야 나타났다. 5년 만에 본 친구는 많이 늙어 보였다. 얼굴에 살이 많이 빠져서 그렇게 보이는 것도 같았다.

"미안해, 좀 늦었어."

"잘 지내냐? 되게 바쁜가 보다."

"응, 계속 회의하는 거지 뭐. 암튼 오랜만인데 저녁때나 와서 술이나 한 잔 하지 그랬냐."

오랜만에 전화해서 만나자고 한 내 저의를 전혀 모르겠다는 표정이 눈에 들어왔다. 하긴 전화로 내가 보험회사에 옮겼다는 말을 도저히 꺼낼 수가 없어서 그냥 얼굴 한 번 보자고만 했었다.

"아니 그동안 어떻게 지냈는지 궁금하기도 하고, 네 연락처가 바뀌는 바람에 며칠 전에야 친구들한테 네 얘기를 들었어. 연락을 좀 하지 그랬냐? 어머니 일은 들었어."

"……. 그런데 지금 무슨 일하니?"

용수는 잠시 침묵을 지키더니, 심드렁하게 말을 내뱉었다.

"아…… 어? 그게 회사를 옮겼어."

나는 더듬거리며 말했다. 매번 지인을 만날 때마다 보험 이야기는 꺼내지 못하고 사는 얘기만 한 시간을 하다가 돌아오곤 했는데, 이번에는 친구가 먼저 물어보자 당황스러웠다.

"어, 그래? 어디로?"

"어, 브라보라이프생명이라는 보험회사야."

순간 용수의 낯빛이 변하는 걸 느꼈다. 잘못 말했나 싶었다. '이 녀석도?'란 생각이 든 건 동시였다.

"……. 보험 들라고 찾아온 거 아냐 인마. 놀라긴."

나도 모르게 내뱉은 말이었다.

"그렇구나. 하긴 보험 영업은 친구들한테 하는 게 아니래. 모르는 사람한테 해야지. 그리고 나는 보험 안 들어. 혹시 몰라서 미리 말하는데 앞으로 보험 얘기는 내 앞에서 안 나왔으면 좋겠다. 암튼 내가 다시 회의에 들어가야 하거든? 다음에 다시 보자. 보험 얘기는 말고 언제 에들이랑 다 같이 만나 술 한 잔 하자고. 만나서 반가웠다."

용수는 시계를 보더니 머쓱해 있는 나를 향해 에둘러 헤어짐의 인사를 하고 나서는 지금이 아니면 붙잡힐 것처럼 일어났다. 아니 어떻게 이런 말을 할 수가 있을까? 오래간만에 만난 자리에서 앞으로 자기 앞에서 보험 얘기를 하지 말라니. 순간 감정이 폭발했다.

"야, 어떻게 그런 말을 하냐? 내가 보험회사에 다니는데 어떻게 친구한테 보험 얘기를 안 할 수 있냐? 내가 뭐 너보고 가입하래냐? 왜 다짜고짜 보험 얘기를 하지 말라는 거야? 그 이유나 말하고 가, 인마."

섭섭한 마음은 나중이고 친구한테조차 이런 말을 들으니 자존심이 송두리째 밟혔다는 생각이 들었다. 뭐라도 말을 해야 했다. 이유라도 듣고 이 자리를 떠나야 했다. 조금이라도 자존심을 회복해야 내가 제 정신에 이 곳을 나갈 수 있을 것 같았다. 순간 의도하지 않았던 정적이 흘렀다.

"너, 우리 엄마 병명이 뭐였는지 알아? 자궁암이었어. 하지만 보험회사에서는 보험금이 지급되지 않았어. 난 보험회사 말은 안 믿는다. 오늘은 이만 돌아가. 나중에 다시 만나 이야기하자."

한참 침묵을 지키던 용수가 내 시선을 피한 채 나직하게 읊조리고 는 뒤돌아 가버렸다. 이유를 듣고서는 뒤돌아 가는 용수를 잡을 수 가 없었다. 자주 연락하는 사이는 아니었지만 용수에게 나는 친한 친구였다고 생각했었는데……. 5년 만의 만남이자 나에게 오늘 처음이자 마지막 상담 약속은 이렇게 끝이 났다. 무엇이 문제였을까?

한 가지는 분명했다. 어머니가 자궁암 판정을 받았을 때 보험금이 안 나왔고, 그로 인해 보험회사에 안 좋은 감정이 있구나. 오해를 풀어야 했지만, 언제 어떻게 풀어야 할지 머릿속이 백지가 되었다. 아무튼 지금 당장은 아닌 것 같았다.

어쨌든 이로써 나는 이번 달도 가동을 하지 못하게 되었다. 이대로는 도저히 사무실로 갈 수가 없었다. 계약이 하나도 없는 것도 창피하지만, 그보다는 그래도 믿었던 친구한테 보험 이야기조차 못 꺼내고 거절당했다는 모멸감에 고개를 들 수가 없었다. 발걸음이 저절로 집으로 향했다. 오늘따라 다리가 왜 이렇게 무거울까? 휴대폰이 울린다. 팀장의 전화다. 무음 처리. 또 울린다. 전원 오프.

지점 꼴찌. 그렇게 난 영업 첫 달부터 꼴찌행진을 시작했다. 당시만 해도 놀라운 사건이었다. 당시 신입들은 지인시장에서 많은 보험계약을 해오던 터였다. 이는 금방 이슈가 되었다. 순식간에 신입 꼴찌란 수군거림을 감수해야 했고, 이는 이후로도 몇 개월간 꼬리표처럼 나를 따라 다니게 되었다. 실적이 안 좋은 사람은 나 말고도 몇 명 더 되었지만 내가 그중 최고였다.

최선을 다했다. 하지만 계약은 나오지 않았다. 아는 사람, 즉 가망고객은 있었지만 그건 그냥 친한 사이일 뿐 업무와 연관해서는 그 이상도 그 이하도 아니었다. 전화를 해서 보험회사로 옮겼다는 이 야기를 하는 순간 분위기가 달라졌다.

그래서 아예 회사 옮겼다는 말을 안 하고 그냥 만났다. 문제는 만나서 보험회사로 갔다고 말을 했더니 분위기가 더 안 좋아졌다. 심지어는 보험 이야기는 하지 말라는 경고까지 듣는 경우도 있었다. 그때마다 멘탈은 떨어지다 못해 지하 수심 천 미터 아래로 추락했다. 다시 겨우 약속을 잡고 만나기는 하지만 그뿐이었다.

두 번째 달, 마찬가지로 꼴찌를 했다. 그리고 그 다음 달도. 이제 매달 꼴찌를 안 하면 이상할 정도까지 되었다. 그래도 한 달에 한 건은 해야 지점장과 매니저의 잔소리를 듣지 않을 수 있었는데 지점장이 월 초반에 조기 가동을 부르짖을 때면 우리들은 흔히 속된 말로 '지점장은 가동에서 판매하는 조기만 생선인 줄 아나봐, 나는 나동에서 파는 생선을 살련다'라고 농담을 주고받았다.

어쨌든 한 달에 한 건의 압박은 체감 강도가 심했다. 결국 시쳇말로 자빽을 해야만 했다. 내가 나를 가입시키는 걸 일컫는 말이었다. 가동을 하기 위해 매달 나를 계약자이자 피보험자로 청약을 해서 스스로 마감을 짓다 보니 검진을 받아야 하고 피를 뽑아야 했다. 월 말이면 매 달 한 번씩 내 피를 뽑으며 연명했다.

수혈을 해도 모자란 판국에 출혈을 하다니, 도대체 어떻게 해야 하는지 감도 못 잡은 채 그저 열심히만 하면서 몸을 혹사시키고 있었다. 하루하루가 고역이었다. 몸도 마음도 유난히 추웠던 겨울은 그렇게 지나가고 있었다.

친구와의 화해,
그리고 고난의 연속

시린 겨울이 지나고 봄이 와도 마찬가지였다. 그해따라 봄이 늦게 왔다. 내일이면 4월이 시작하는데 아직까지 꽃샘추위가 기승을 부리고 있었다. 그래서 내 마음에도 봄이 늦게 오는 걸까? 얼어붙은 내 마음이 눈처럼 녹을 수 있을까?

강남 테헤란로에 쏟아져 나온 양복 입은 사람은 왜 그렇게 죄다 보험하는 사람들처럼 보이는지. 생명력이 꿈틀거리는 봄을 나는 좀 비처럼 집과 사무실만을 왔다 갔다 하며 별 성과 없이 세월을 보내고 있었다.

지점장은 조회 시간 때마다 사무실 출근 좀 하라고 출근한 사람에게 잔소리를 퍼부어 댔다. 도대체 지점장은 그나마 출근한 사람들에게 왜 그런 소리를 하는 거야? 하려면 안 나온 사람들한테 직접 하라고.

마감 마지막 날, 그 날도 나는 그 달의 마감을 하기 위해 계약자를 내 이름으로 청약서를 작성하고 있었다. 짜증이 밀려 왔다. 내가 이제까지 인생 잘못 살아왔나 싶은 생각이 들었다. 알 만한 친구한테는 다 가서 보험 이야기를 했다. 아니 사실 솔직히 다 가진 않았다. 할 만한 사람한테 전화해서 만났었다.

그렇게 만난 사람 중에서 절반 정도가 선심 쓰듯이 가입을 해 주었다. 그리고는 끝이었다. 팀장은 소개를 받으라지만 나에게는 다른 나라 소리였다. 책임을 고객에게 돌렸다.

아니, 내가 소개 요청을 적극적으로 안했다손 치더라도 어떻게 소개 한 명을 안 해줄까? 나를 믿고 밀어줄 사람이 어떻게 한 명이 없을까? 그때 문득 용수가 생각났다. 그래도 초등학교 때부터 친구였는데. 그놈과의 추억이 한두 개가 아닌데 이렇게 보험에 대한 오해로 연락을 끊고 사는 건 아니지 않나?

그래, 전화 한 번 다시 해보자. 지금은 안 받을지언정 언젠가는 받지 않을까? 이놈이 진정 친구라면 수신거부 해놓지는 않겠지. 다이얼을 누른 뒤 눈을 질끈 감고 핸드폰을 귀에 대었다.

……

바로 받은 것 같았다. 통화 연결음이 한참 나오다가 녹음된 안내 소리가 들리고 끊어지는 것이 보통이었는데, 이번에는 연결음이 생략되었다. 아마도 핸드폰을 만지고 있는 중에 내가 전화를 건 모양이었다.

"용수야, 나다 강산."

"어 그래, 오랜만이다."

핸드폰 너머 놀란 기색이 역력했다. 피식 웃음이 나왔다.

"너 왜 이렇게 통화하기가 힘드냐? 한번 보자."

"어. 요즘 많이 바빴어. 언제 한번 와."

"그래, 이따 퇴근하고 잠깐 어때? 언제 또 약속잡고 만나니? 통화됐을 때 잠깐 얼굴 보면 되지. 이따 갈게."

"그래. 많이는 시간을 못 내. 로비에서 전화 줘, 그 앞에서 잠깐보자."

용수는 기습공격을 당한 마냥 궁색하게 변명을 하다 어쩔 수 없다는 듯이 만남 약속을 잡았다.

해가 길어졌다. 지난번에 왔을 때는 어둡고 날이 추워서 그랬는지 사람이 없었는데, 오늘은 퇴근시간이기도 하지만 걸어 다닐 때 어깨끼리 부딪힐 정도로 빌딩 앞에 사람들이 많다.

"오늘 나 야근이야, 바로 올라가야 돼."

"그래, 너 되게 지쳐 보인다. 아니 맨날 그렇게 야근하니?"

"……"

"다른 게 아니라 작년 말에 우리 만나고 뭔가 오해가 있으면 풀어야 하지 않나 싶어서 말이야."

"나도 너 그렇게 가고 나서 마음이 좀 찜찜했어."

용수는 정말로 지쳐 보였다. 어쩌면 느슨하게 맨 넥타이와 팔꿈치까지 걷어붙인 와이셔츠 팔 때문에 그렇게 보이는 걸지도 몰랐다.

어려서부터 창백하다 싶을 정도로 새하얀 얼굴은 그대로였는데, 안경이 약간 기울어 보이는 것이 왜일까 했더니 오른쪽 뺨이 약간 처져 보이는 건지 얼굴이 불균형을 이루어 묘한 느낌을 주었다.

로비 가운데에서 우리는 퇴근하는 사람 무리를 배경으로 삼아 그렇게 우두커니 서서 이야기를 나누었다.

"용수야 너, 잘 사는 거지?"

"보이는 대로지 뭐. 요즘 두통 때문에 죽겠다. 아스피린을 입에 달고 살아. 머리 아픈 것 빼고는 직장인이 일하고 사는 거야 다 똑같지. 그런데 너야말로 왜 갑자기 보험회사에 들어갔냐?"

내가 보험회사에 입사한 이유에 대해 얘기하는 것을 시작으로 학교 다닐 때 같이 기억하고 있는 에피소드까지 이야기는 금방 끝날 듯 끝날 듯하며 이어져 갔다. 다만 용수는 이야기가 보험 쪽으로 가려 하면 애써 침묵으로 회피하며 다시 학교 때 시절로 돌아왔다. 아니, 보험 주제로 대화를 못 나눈 건 어쩌면 내가 보험 영업에 대해 자신감이 없어서였을지도 몰랐다.

난 그보다 대학 졸업 후 용수의 인생이 궁금했다. 그렇게 부잣집 아들 같던 녀석이 집안에 대해서는 말 한 마디 안하는 것도 그렇고, 아버지가 무슨 일을 하는지, 특히 모친상에 연락을 왜 안했는지도 궁금했다.

용수는 역시 거기에 대해서는 말을 아꼈다. 다만 어머니가 돌아가시고 나서 취직하자마자 학교 다닐 때부터 사귀던 후배와 결혼을 했다고 했다. 외로웠고, 가족이 필요했고, 지금은 행복하다고 했다.

느낌에 이 녀석 아버지와는 사이가 안 좋다는 것을 알 수 있었다. 그리고 이야기는 다시 학창시절로 돌아 왔다. 용수는 도통 친구들 소식을 모른다. 이 녀석 친구들과 연락하지 않는구나. 옛날 친구들 이야기를 나눌 때 용수는 가끔 하얀 이를 드러내며 웃어댔다. 한 시간가량 지났을까?

"어, 강산아. 이제 나 올라가야겠다. 곧 회의가 있어."

용수는 언제 이렇게 시간이 흘렀나 싶은 깜짝 놀란 얼굴로 거듭 미안하다며 다음에 다시 제대로 보자 약속을 하고 뒤돌아섰다. 그래도 처음 보았을 때보다 훨씬 밝아진 표정이었다. 결국 보험 이야기는 못 꺼냈지만 소득이라면 오랜 친구와의 우정을 회복한 것, 그걸로 됐다는 생각이 들었다. 집으로 오는 버스 안에서 용수의 처진 오른쪽 뺨이 계속 신경에 거슬리는 것만 빼고 말이다.

어느 날 문득 정신을 차려보니 여름이었다. 잔인한 5월이 왔나 싶었는데 시간이 쏜살같이 지나갔다. 아침 조회가 끝나자마자 일찍 나왔다. 처음 만나기로 한 사람이 연락불통이다. 혹시 싶어서 다음 약속을 확인하는데 전화를 안 받는다.

이게 뭐지? 그나마 약속이 있었던 날이었다. 하늘이 눈에 들어왔다. 노랗다. 다른 약속을 잡으려 번호를 눌러 보지만 피하는 건지 정말 바쁜 건지 다들 전화를 안 받는다. 졸지에 백수나 다름없는 신세가 되었다. 안 그래도 오늘 아침부터 긴팔 와이셔츠가 유난히도 몸에 감겨 오는 것이 예감이 안 좋았었다. 가방은 왜 이리 무겁게만 느껴지는지, 다리도 아프다.

빌딩 사이를 들여다보니 담배꽁초가 너저분하게 널려 있는 골목에 마침 앉을 수 있는 벤치가 보였다. 한 구석에 쪼그리고 앉아 담배를 입에 물고 불을 붙였다. 내뿜는 연기와 뜨거운 아스팔트 열기가 어우러져 한증막을 연상케 했다. 숨을 쉴 수가 없다. 우울하다.

카드 돌려막기를 한지 몇 개월이 지났다. 금방 갚을 수 있을 거라 생각했지만 영업이 안 되니 급여가 없고, 대출금액은 점점 더 늘어만 갔다. 월말이면 영업마감보다도 카드값 계산에 신경이 더 쓰이는 내가 한심스러웠다.

거리에 수많은 사람들이 슬로우 비디오처럼 스쳐 지나간다. 강남 대로변에서 애꿎은 담배만 없애고 있는 나는 과연 누구인가? 지금 나는 무슨 일을 하고 있나? 바닥에 꽁초를 세고 있다. 뭐라고? 아니 내가 지금 뭐하고 있는 거지?

정체성에 혼란이 일어난다. 안 되겠다. 움직이자. 그저 무작정 걸었다. 평일 낮에 사람들은 왜 이리 많은지. 한낮에 강남대로를 걸어 다니자니 이건 사우나가 따로 없다. 폭염이다. 에어컨 바람 쐰다고 은행에 들락날락 하는 것은 자존심 상하고, 그렇다고 사무실에 들어가느니 차라리 길거리에서 쪄 죽는 것이 낫겠다는 생각이 들었다.

다른 방법이 없을까? 그래. PC방에서 시간을 때우자. 골목 저 위쪽에 노란색 PC방 간판이 보였다. 점심 즈음 초여름 햇살의 따가움을 온몸으로 받아내며 빌딩 안으로 들어가니 엘리베이터가 고장 수리 중이라 걸어 올라가야 했다. 이제 긴 와이셔츠는 등판과 겨드랑이에서부터 땀에 절어서 몸과 하나가 되어간다. PC방에 들어가면 시원한 에어컨 바람에 몸을 말리리라. 5층을 그 생각 하나로 올라갔다.

하지만 꿈과 현실은 달랐다. 눈에 제일 먼저 들어 온 건 유리문에 떨어질 듯 붙어 있는 작은 종이였다. 거기에는 '폐업'이라고 쓰여 있었다. 손으로 갈겨쓴 듯 매우 성의 없는 글씨로.

문은 굳게 닫혀 있었다. 문이라고 열린 건 PC방 맞은편 정체를 알 수 없는 작은 화장실이었다. 순간 가슴 속 깊은 곳에서 뭉클한 것이 올라왔다. 이제껏 애써 외면했던 서러움이었다.

'PC방도 나를 안 반기는구나. 아무도 나를 안 만나 주는구나'

마음 한 구석에서 메아리가 쳤다.

"으흐흑……."

갑자기 눈물이 뺨을 타고 흘러내렸다. 거미줄 낀 을씨년스러운 화장실 수도관 꼭지가 한 방울씩 눈물을 흘리며 같이 울어주고 있었다. 반기지 않았던 수많은 강남대로의 빌딩에 내 뜨거운 눈물자국을 아로새기며 그렇게 여름은 지나가고 있었다.

보험 영업조직에서 실적은 곧 인격이다란 말이 있다. 농담이 아니었다. 열등감에 따른 자책감일까? 왠지 무시당하는 것 같고, 부당한 대우를 받는 듯한 그런 유치한 느낌말이다. 똑같은 말이라도 뾰족한 꼬챙이가 있는 것 같았다. 열심히 한다고는 하는데 실적으로는 이어지지 않았다. 그건 고스란히 팀장에 대한 불만으로 이어졌다.

"다른 비전이 있어서 자리를 옮깁니다. 다른 팀장님을 소개해 드릴게요. 계속 같이 못해서 미안합니다."

해질녘 숨이 끊길 듯 투명한 햇빛이 빌딩을 관통해 사무실을 어스름하게 비칠 무렵 나를 뽑은 선배는 그 말 한 마디하고 떠났다. 이유는 잘 기억이 안 난다. 겉으로는 말을 안 했지만 팀원이라고 한명 뽑아 놓았는데 계속 꼴찌만 하고 있는 꼴을 보고 있는 것이 힘들었을 것이다.

어쩌면 일 못하는 이유를 오히려 팀장에 돌리며 불만을 느끼는 내가 꼴 보기 싫어서일지도 모를 일이다. 그렇다고 보험회사에 내가 입사한지 얼마나 되었다고……. 몇 개월 만에 고아가 된 셈이었다.

아무튼 팀장의 이직으로 졸지에 다른 팀으로 소속을 옮기게 되었다. 미운 오리새끼였을까? 그래도 그렇지 아무리 자기가 뽑은 사람이 아니라고 해도 너무하다는 생각이 들었다. 팀을 옮긴 후로 잘 하는 사람과 못 하는 나와의 대우는 선이 그어졌다. 새로운 팀장의 말한 마디 한 마디가 인격적인 모독으로 들렸다. 안 그래도 못하는 영업이 잘될 리 만무했다.

결국 그런 차별 때문에 내가 영업을 못하는 것이란 결론까지 도달했다. 서로 상처를 주는 말을 주고받았다. 정신적으로 서로 갉아먹는 유치 졸렬한 싸움에는 철이 덜 든 사람이 유리했다.

팀장한테 불만이 생기니 일부러는 아닌데 전화를 안 받거나 출근을 늦게 하게 되었다. 팀 미팅 시간도 싫었다. 팀장의 말에 웃어주는건 왠지 도와주는 것 같기도 하고 실제로 웃을 일도 없었다. 무표정한 얼굴로 일상을 시작하는 것이 당연하게 생각되었다.

일에 집중할 시간에 엉뚱한 것에 신경을 쓰다 보니 이제 영업은 뒷전이 되어 버리고, 팀원들은 오히려 팀장과 나와의 그런 관계를 즐기는 듯 했다. 사무실에서 조회가 끝나고 우르르 몰려나가 담배를 피울 때면 나오는 단골 이야기가 되었다.

새로운 팀장은 그런 나의 유아적인 소양에 치를 떨었는지 마침 타이밍이었는지 몇 개월 만에 본사로 자리를 옮기게 되어 나는 팀장을 교체한다는 소기의 목적을 달성했다. 당시 정신수준이 제 궤도에 오르지 않았던 나는 그 싸움에서 이겼다고 생각했다.

하지만 그냥 그뿐이었다. 나의 그런 인성도 변하지 않았고, 내 실적도 여전히 밑바닥이었다. 팀장이 여러 번 바뀌어도 똑같았다. 도대체 무엇이 잘못되었던 걸까? 여전히 나는 뭐가 잘못되었는지도 모른 채 그렇게 좀비처럼 다닐 뿐이었다.

거의 1년 동안을 단 한 번도 이렇다 할 실적을 못 내었다. 그냥 숨만 붙어있을 뿐이었다. 카드값 걱정을 잠깐 잊을 때면 영업을 못하는 나를 자책하곤 했다.

도대체 영업을 어떻게 해야 잘할 수 있는 걸까? 영업을 잘 하는 사람은 도대체 어떻게 영업을 하는 걸까? 어떤 사람이 영업을 잘 하는 걸까? 나는 대체 무엇이 부족한 것인가? 또 다시 새로 바뀐 팀장과의 관계는 처음에만 반짝 좋았을 뿐, 다시 예전보다 더 나쁘면 나빴지 호전될 기미는 보이지 않았다. 불만은 불만대로 쌓여 가고, 관계는 악화일로에 있었다.

영업을 시작하고 두 번째로 맞는 겨울 햇살은 그저 창백하기만 했다. 날이 추워지는 것과 컨디션이 안 좋아지는 것이 비례하고 있다. 이제 대부업체의 빚 독촉 전화는 아침저녁을 가리지 않고 걸려왔다.

담배가 유일하게 나를 위로해 주는 친구다. 하지만 담배를 피울 때마다 마른기침과 함께 누런 가래가 나오는 것이 영 기분이 안 좋다. 문득 빛바랜 햇살과 내 마른기침이 묘하게 어울린다는 생각이 들었다.

뼛속까지 시린 날, 장갑 없이 가방을 든 손은 어찌나 처량하게 보이는지 나 자신이 한없이 불쌍해 보여 인생에서 그런 날이 또 있을까 싶었다. 정말 최악의 나날들이었다. 입사한 지 1년여가 다 되어

가는데 나는 일에서는 매달 무가동이자 자뻑의 연속이었고, 경제적으로 파산 직전에다 정신적으로 공황상태였다.

스트레스가 계속 되었다. 신입이 꼴찌하는 것도 창피한 일이지만 무엇보다 생활이 문제였다. 계약이 있어야 급여가 나올 텐데, 무실적을 계속하다 보니 지점에서 무적의 용사라는 별명이 지어졌다. 내 피를 뽑는 것도 한두 달이지 스스로 가입한 보험료는 거의 급여 수준까지 다다랐다. 카드 돌려막기로 보험료를 내는 것도 이제 한계에 다다랐다.

어느 순간 스스로를 설득해서 가입시키고 자진 청약 철회하는 짓을 매달 반복하고 있었다. 하루에 태우는 담배개피 수가 1년 전에 비해 부쩍 늘었다.

어느 날 목욕탕 거울에 비친 내 모습이란. 팔 다리가 가늘고 배가 나온 것이 꼭 뭘 닮았다. 동물은 아니고 그 뭐랄까? 아 ET…….

거울에 비친 내 모습은 마치 외계인 ET가 따로 없었다. 그날따라 담배를 피우면서 요즘 부쩍 잔기침을 많이 한다는 생각이 들었다. 환절기 때부터 따라다닌 감기가 나을 듯 나을 듯 하면서 찬바람이 불수록 더욱 심해졌다.

진눈깨비와 함께 매서운 바람이 불던 어느 날, 이제 며칠 후면 새로운 한 해다. 오랜만의 고객 상담 건이 나를 바짝 긴장하게 했다. 지난 주에 소개받아 초회 상담 결과 오늘 계약여부가 결정될 수도, 어쩌면 이번 달 마지막 남은 프레젠테이션이 될지도 모르는 일이었다.

점심 식사 후 두 시 약속. 아직 십여 분 여유가 있었다. 가망고객 사무실이 있는 빌딩 1층 화장실에서 볼일을 보고 나오는데 오늘 유난히도 담배를 피우기만 하면 기침이 멈춰지지 않는 것이 유독 마음에 걸렸다. 이 놈의 감기…….

생각대로 잘 되지 않았다. 맞은편에 망부석처럼 앉아 있는 가망고객은 내 말을 알겠다는 건지 모르겠다는 건지 하겠다는 건지 안하겠다는 건지 긍정도 부정도 하지 않은 채 제안서만 들여다 보고 있었다. 내 말은 의미 없는 메아리가 되어 허공에 흩뿌려지고 있었다.

하지만 그보다 신경이 쓰이는 건 설명 도중 계속 목구멍에서 치밀어 나오는 기침이었다.

제안서를 설명해야 하는데 계속되는 기침으로 말을 못 이을 지경까지 이르렀다. 무엇보다도 기침과 함께 목에서 무언가가 나오는듯한 느낌이 석연찮았다.

심드렁하게 쳐다보고 있는 가망고객에게 양해를 구하고 대충 서류를 접어 가방에 넣고 빌딩을 빠져나왔다. 불어오는 바람이 너무 차갑게 느껴졌다.

또 다시 사레가 크게 들려 허리를 기역자로 꺾은 채 기침이 시작되었다. 가로수를 부여잡았다. 어찌나 심하게 기침을 해댔는지 눈물과 콧물, 침 같은 걸쭉한 액체가 범벅이 되어 쏟아져 내렸다. 그 순간 내 눈을 의심했다. 빠알갛다. 내 입에서 나오는 게 피?

하늘이 무너져도 솟아날 구멍은 있다
– 책 속의 길

몇 초였다. 한강대교에서의 그 몇 초를 나는 생을 마감하는 그 순간까지 잊지 못할 것이다. 죽음의 찰나에는 수십 년의 세월도 몇 초만에 복기할 수 있다는 그런 말들. 소설 속에나 나올 법한 그런 말들은 사실이었다.

몸이 앞으로 기울어져 다리에서 떨어지기 일보 직전 그 몇 초간 파노라마처럼 스쳐 지나가는 수십 년 지난 기억들의 조각들. 그 편린의 조각조각이 짜깁기가 되면서 뭔가 이대로는 억울하다는 생각이 퍼뜩 들었다.

그 바람이었다. 알 수 있었다. 집 창문을 두드렸던 그 바람. 이번에는 앞에서 세차게 불며 떨어지는 나를 마치 마술처럼 들어 올려 뒤로 밀어 버렸다. 난간에 얼어붙었던 양말이 벗겨지면서 뒤쪽으로 크게 포물선을 그리며 떨어져 버렸다.

살았다. 정말 떨어져 죽는 줄 알았네. 나도 모르게 안도의 한숨이 나왔다. 아 정말 죽을 뻔 했구나. 정말 다행이라는 생각이 들었다. 내 청춘, 내 삶 이렇게 마감될 뻔 했네……. 살았다.

갑자기 심장이 두근거렸다. 살았다는 안도감과 함께 정말 죽었을 수도 있었다는 공포감이 쓰나미처럼 밀려왔다가 빠져나갔다. 더 이상 그 자리에 머물고 싶지 않았다. 난간에 붙어 있는 양말을 뜯어내듯 떼어내서 주머니에 집어넣고 마치 얼음처럼 냉골인 신발에 발을 쑤셔 넣었다. 어떻게 길가로 내려 왔을까? 쓰러지고 넘어지다 보니 어느새 큰길가다.

살았다는 안도감에 벌컥 눈물이 쏟아졌다. 그렇게 터져버린 눈물은 그칠 줄을 몰랐다. 손등으로 주억 주억 뜨거운 눈물을 훔치며 걸어가다 보니 문득 발이 너무도 시리다는 생각이 들었다. 하지만 택시를 타야겠다는 생각과 나한테 돈이 없다는 생각이 든 건 거의 동시였다. 집까지 걸어가야 했다. 돌아오는 길은 정말 너무나도 멀었다. 정말 너무 추워서 얼어 죽는 줄 알았다.

갈 때는 몇 십분 만에 갔던 길을 돌아올 때는 걷는 건지 기는 건지 두 시간여가 넘게 걸어 왔다. 집이 이렇게 소중할 줄은 몰랐다. 돌아오는 길에 칼바람을 피하려고 화장실에 찾아들어가기를 몇 번을 했는지 모른다. 화장실이 그렇게 따뜻할 줄은 몰랐다. 나는 왜 이제 껏 집의 고마움을 못 느꼈을까?

돌아오자마자 아이와 아이 엄마를 찾았다. 정말 아무 일 없이, 정말 아무 일도 없이 너무도 평안하게 입 벌리며 자는 모습은 애나 어른이나 어떻게 그렇게 닮았는지. 시계 바늘은 새벽 세 시를 가리키고 있었다. 마치 꿈꾼 것 같았다. 주머니 속 축축하게 젖은 양말이 아니었으면 나는 꿈이라고 단정 지었을지도 모르는 일이었다.

하마터면 우리 애를 정말 한부모 가정의 아동으로 만들 뻔 했다. 아빠 없이 자라나는 우리 아이의 모습이 머릿속에 그려졌다. 아, 정말 내가 무슨 생각을 했던 걸까? 다시 거실로 나와 소파에 누웠다. 창밖은 바람이 그쳤는지 조용한 어둠만이 내려앉아 있었다. 내가 정말 죽을 생각이 있었던 걸까? 죽을 용기로 다시 한 번 일을 해볼 수 있지 않을까? 시선은 다시 책장으로 옮겨졌다.

그 책이다. 사놓고 표지조차 넘기지 않았던 보험 영업에 대한 책. 그 책에 손이 갔다. 읽으려 한 건지 그냥 보려 했는지 모를 일이었다. 아까 한강에 떨어져 죽었다면 읽지 못했을 책이다.

다시 살아난 기념으로 어떤 책인지 보기나 하자. 사놓고도 무슨 책인지 모르다니. 그 책으로 손을 뻗은 건 다시 살아난 것을 자축하는 무의식의 행위였을지도 모른다. 무심코 책장을 넘겼다. 내용은 뻔하겠지란 생각을 하면서…….

시간의 웜홀로 빠진 것 같았다. 도대체 어느 부분부터 읽어 내려가게 되었을까? 눈을 뗄 수가 없었다. 저자는 나처럼 정말 너무도 영업을 못 하던 사람이었다. 한 글자 한 글자가 온 몸을 관통해서 혈관까지 구구절절 와 닿았다. 온몸의 세포 하나하나까지 공감이 되는 글. 뭐랄까 저자와 한 몸이 되는, 즉 빙의가 되서 글을 읽어 내려갔다. 내가 겪은 수많은 거절과 실패가 글 내용과 동일시되면서 결국 주인공이 성공하는 대목에 이르렀을 때는 묘한 카타르시스를 느꼈다.

눈송이로 뒤덮인 새하얀 세상을 관통하는, 창문 사이로 스며들고 있는 여명을 따스하다 느꼈을 때는 책의 마지막 장을 넘겼을 때였다. 얼마나 시간이 흘렀는지 가늠이 안 되었다. 시계를 더듬어 보았다. 밤을 꼬박 샜구나…….

책을 덮고 잠을 청했다. 하지만 흥분은 쉽게 가라앉지 않았다. 읽은 책의 내용이 머릿속을 맴돌았다. 어차피 이렇게 된 이상 일어나자. 커튼을 열고 바깥을 내다보았다. 밤새 눈이 더 내렸는지 하얗디하얀 세상에 서슬이 퍼런 새벽녘 햇빛이 눈부시게 빛나고 있었다.

나에게도 아침이 올 수 있을까? 어제 읽은 책 내용이 판도라의 상자 속 마지막 남은 희망처럼 내 마음 속 똬리를 틀고 있었다.

어쩌면 내 상황과 그리 똑같을 수 있는지. 저자도 나와 비슷한 처지였다는 사실이 반가웠다. 아니 그런 내용이 전장의 전우의 마음을 헤아리듯 공감이 갔다. 우울함과 자괴감으로 죽을 것 같은 영혼이 위로를 받는다는 것. 바로 이런 것을 두고 하는 말인가 보다.

저자는 스스로 무엇이 문제였는지를 적나라하게 발가벗어 보였다. 그리고 보험 영업을 잘 할 수 있는 비결을 제시해 주고 있었다.

하지만 마지막 구절이 마음에 박혀 의문스러운 점이 없지 않았다. '아는 것과 실행에는 큰 차이가 있다. 실제 해 보지 않으면 아무리 아는 것도 소용이 없다. 실행의 여부가 개인의 역량이다'

저자는 무슨 말을 하고 싶었던 걸까? 아니 그런 건 상관없었다. 하면 될 것이 아닌가. 썩은 동아줄이라도 잡고 싶은 심정이라 마지막 구절은 머릿속에서 금방 지워졌다. 책에서 제시한 내용대로 하면 나도 잘할 수 있지 않을까? 칠흑 같은 어둠으로 뒤덮여 한 치 앞도 보이지 않았던 나의 마음에 한 줄기 빛이 스며들고 있었다.

책의 뒤표지에는 지은이의 연락처가 적혀있었다. 어디서 그런 용기가 났는지. 동질감을 느꼈기 때문일까? 손은 벌써 전화번호를 찾아 누르고 있었다. 만나보고 싶었다. 수화기 너머로 들려오는 외국 팝송은 감미로웠다. 넋 없이 감상하다가 눈에 벽에 걸린 시계바늘이 들어 왔다. 전화하기에는 시간이 너무 이르다는 생각이 들었다. 하지만 끊기에는 이미 늦었다.

"네, 여보세요. 손 선생입니다."

나긋한 목소리였다. 순간 1년 전 나에게 전화한 팀장의 목소리가 생각났다. 다리 위에서 떨어질 뻔 했을 때의 찰나 몇 초 그 바람과 함께 들렸던 목소리. 이 소리는 왜 내 귓전에서 떠나지 않고 있을까? 그래, 1년 전 그 전화 그 목소리다.

용기 있는 자가 미인을 얻는다
- 손 선생과의 만남

지난 1년간의 기억이 주마등처럼 머릿속을 흘러가며, 낯선 사람에게 전화하기엔 시간이 너무 이르다는 생각이 들었다. 하지만 이왕 이렇게 된 이상 뻔뻔해지는 것이 상수다. 더 이상 잃을 것도 없다. 다행히도 수화기를 통해 들려오는 목소리는 나쁘지 않았다. 출근해 있다고 했다. 이 시간에 사무실이라니……

아무 때나 가겠다고 했다. 꼭 한 번 만나보고 싶다고 했다. 애절함이 전달되었는지 아니면 궁금했는지 생각보다는 쉽게 약속을 잡아주었다. 서울 선릉역 방면에 있다고 했다. 얘기가 길어질지 모르니 근무 시간 이후가 편하다는 말에 구정 연휴가 지나고 수요일 저녁 7시에 근처 카페에서 만나기로 하고 전화를 끊었다.

문득 내가 뭔 일을 한 건가 생각이 들었다. 책을 쓴 저자한테 전화해서 내가 만나자고 한 건가? 문득 생뚱맞게 전화한 나도 우습고, 그렇다고 덥석 약속을 잡아준 사람도 의아했다. 순간 긴장이 풀렸다. 새벽에 한강까지 달려갔다 와서 꼬박 밤을 새며 책을 읽은 탓인지 눈꺼풀은 천근만근이 되어 감겼다. 마치 시체처럼 잠이 들었다.

새로운 새해. 나에게는 앞날이 보이지 않는 우울한 한 해였다. 휴일이라고 쉬는 게 쉬는 게 아니었다. 내가 웃는 것이 웃는 것이겠는가? 이렇게 사는 건 사는 것이 아니다.

휴일 같지 않은 며칠이 지나고 저자와 만나기로 한 날이 왔다. 시간 맞춰 집을 나왔는데 예상보다 일찍 도착했다. 하루 낮 내내 빌딩숲 사이로 엷게 세상을 비치던 해는 누가 비수기 아니랄까봐 칼퇴를 하고 어둑해진 거리에 대신 가로등불이 하나둘씩 출근하고 있었다. 바람덕분인지 체감온도는 실제보다 훨씬 추웠다.

쌀쌀한 날씨 어둑한 테헤란로에는 각자 집으로 향하는 기계들의 도열이 시작되고 있었다. 신호가 바뀌고 교차로에서 꼬리를 무는 행렬들, 흡사 주차장이 따로 없다. 어디선가 시작한 경적소리는 전염처럼 번져간다. 아우성치는 문명의 이기들에 비해 인간은 침묵을 지키고 있다.

찬바람에 옷깃을 여미고 발걸음을 재촉하는 무표정한 사람들의 행렬. 퇴근 시간 강남 테헤란로에 이렇게 사람이 많았던가? 정시에 퇴근하는 사람도, 야근하는 사람들도 있을 것이다.

저들 중에는 나처럼 탈출구가 안 보이는 사람도 있을 것이다. 선릉역 근처에 같은 이름의 카페가 몇 개가 있어서 찾는 데 십여 분을 소비했다. 그래도 카페에 들어 온 시간은 저녁 7시가 되기 십분 전이었다.

창가 쪽에 자리를 잡고 앉았다. 카페의 창문 너머 부는 바람에 가로등불이 흔들거린다. 이제 창밖에는 가끔 진눈깨비도 흩날렸다. 겨울은 겨울이구나. 날이 추워질수록 안은 포근함이 느껴진다. 손바닥에 땀이 느껴졌다. 긴장하는 건가? 촌스럽다는 생각에 웃음이 나왔다. 책을 읽고 저자를 만나는 건 생전 처음이었다. 그 순간 휴대폰의 진동이 느껴졌다. 왔나 보다. 저장한 이름이 찍혀 있었다. 통화를 눌렀다.

"안녕하세요? 지금 휴대폰 드신 분인가요?"

바리톤의 조용한 음성이 귀를 적셨다. 순간 휴대폰 들고 있는 사람이 한둘이겠는가라는 생각이 머리를 스쳤다. 그런 불필요한 생각은 잠시, 온화한 미소와 그에 걸맞은 꽤 고급스런 검정색 서류 가방을 들고 있는 신사가 내 앞에 모습을 드러내었다.

호리호리한 체격에 감색 정장이 참 잘 어울린다 싶은, 영업보다는 오히려 선생님 스타일의 사람이었다. 생각보다 젊어 보였다. 지나가다 만났으면 틀림없이 30대 정도로 봤을 터였다.

하지만 자세히 보니 눈가에 주름도 보이고 앞머리에는 하얀 새치도 보이는 것이 나이를 가늠해 볼 수가 없었다. 미소 때문이었을까? 좀 떨어져 보면 젊어 보였던 이유였다. 어렴풋이 보이는 치아는 어두운 바깥과 대비된 카페 안의 푸근한 조명과 어울리며 친근한 분위기를 만들어 내었다. 계속 보면 약간 꺼벙하고 어설퍼 보이기도 하는 묘한 미소였다.

"보험 영업 참 힘들죠?"

가방을 옆 의자에 놓으면서 그가 무심코 던진 듯한 말이었다. 따뜻한 햇살이 겨우내 꽁꽁 얼어있던 얼음을 녹이듯 들려왔다. 내게 남아 있던 경계심이 허물어지는 것이 느껴졌다.

"인생 자체가 힘드네요."

"하하하. 만나서 반갑습니다. 손 선생으로 불러주세요."

해탈한 듯한 천진난만한 웃음이었다. 순간 학창 시절 기억 속에 파묻혀 있던 대학 선배의 미소가 떠오른 건 왜일까?

"커피는 제가 사겠습니다."

얼른 자리에서 일어났다. 지갑에 꼬깃꼬깃 쑤셔놓았던 마지막 비상금을 꺼냈다.

"아, 그러면 저는 뜨거운 티로 주문해 주세요."

카페 안은 한적했다. 금방 주문한 아메리카노와 핫 티가 나왔다고 진동 벨이 온 몸을 떨었다.

나는 팀장에 대한 불만을 시작으로 내가 갖고 있던 수많은 문제들에 대한 답변을 갈구했다. 지인들에게 전화하면 연락이 끊겨지거나 관계가 서먹해지는 것부터 오히려 잘 아는 사람들이 세찬 거절로 상처를 주는 일까지…….

지인들이 계약은 하는데 가망고객을 소개해 달라고 하면 왜 안해주는지, 만날 사람이 없어서 모르는 곳에 가서 개척을 한다고 명함을 주었다가 눈앞에서 찢김을 당한 이야기 등 하소연은 끝이 없었다.

손 선생은 내 상황을 충분히 이해한다는 듯이 가끔 고개를 끄덕여 주었다. 급기야는 금전적인 부분도 말하고야 말았다. 자존심이 밥 먹여 주는 건 아니니까. 필요할 때만 휴대폰을 켜고 다른 때는 꺼놓고 있다고도 말했다. 빚 독촉 전화 때문에 죽고 싶다고, 앞이 보이지 않는다고, 어떻게 해야 좋을지 모르겠다고 고백하듯 말했다.

혼자서만 말한 지 벌써 한 시간이 지났을 때였다. 내 앞의 잔은 어느새 비워져 있었다. 문득 말을 멈추고 손 선생의 답을 기다렸다. 미소를 멈춘 손 선생의 입술은 굳게 다물어 있었다. 무엇을 곰곰이 생각하는 눈치였다.

"그동안 고생 많이 하셨네요. 하지만 모든 건 강산 씨에게 원인이 있습니다. 이제까지 하던 대로 더 노력한다고 바뀌는 건 아무 것도 없습니다. 모든 것을 완전히 새롭게 시작해야 합니다. 그렇지 않으면 다른 일을 하시는 것이 맞겠네요."

손 선생은 한참을 얘기 듣다가 자못 진지한 얼굴로 말했다. 농담 같지는 않은데 그렇다고 진담이라고 듣기에는 너무 돌직구 아닌가? 다른 일을 하라니……. 그런 말을 그렇게 쉽게 얘기하다니 말이다.

"다른 일을 하는 게 맞을까요? 영업이 제게 적성이 안 맞아 보이나요? 다시 직장생활을 한다고 해도 샐러리맨 급여를 받아서 빚은 어떻게 갚나요?"

불쾌한 마음을 감추지 못한 채 다소 공격적으로 물었다. 물론 내심 다른 일을 해야 하나 생각해 본 것도 사실이었다. 하지만 보험 영업 말고 직장생활을 해서 버는 돈으로 빚을 어떻게 갚지?

그리고 여기서 그만 둘 수는 없었다. 뭐 하나 획이라도 그어야 하지 않겠는가? 남자가 칼을 들었는데 두부라도 잘라야 하지 않느냔 말이다. 이대로 그만 두면 이제까지 만난 사람들이 나를 뭐라고 손가락질하겠나?

게다가 보험 영업을 그만 두기에는 아쉬움이 너무 컸다. 보험 영업을 잘 하고 싶었다. 잘할 수 있을 것 같은데 방법을 모르는 것뿐이다. 정말 최선을 다해 보고 그때 가서 생각해 볼 문제다. 난 아직 최선을 다해보지 못했다. 이대로 그만 두기에는 평생에 한이 맺힐 것이 뻔했다.

억울했다. 세상이 이상했다. 이제껏 어디서든 중간 이상은 한다고 생각해 왔다. 아무리 영업체질이 아니라고 해도 이렇게 못할 수는 없지 않은가? 아니, 더 큰 문제가 있다. 카드 돌려막기로 커질 대로 커져버린 빚이다. 급여 생활로는 도저히 갚을 수가 없어져버린 지옥 같은 빚 말이다.

"과거 경험치에 따라 빨리 잘하는 사람과 천천히 잘하게 되는 사람이 있을 뿐, 영업은 적성과는 상관이 없어요. 다만 간절함의 정도의 차이지요. 보험 영업 잘하고 싶으세요? 돈을 벌고 싶으세요?"

"네. 정말 잘 해보고 싶어요. 저보다 못난 사람도 다 잘 하고 잘 사는데 저만 왜 이러는지 모르겠어요."

"정말 잘 하고 싶으세요?"

손 선생은 재차 반복해서 물어봤다. 무언가 골똘히 생각을 하는 눈치였다.

"그럼요."

"하자는 대로 하겠다 약속하면 제가 그 방법을 알려드리겠습니다."

"할게요. 알려주세요."

때를 놓치지 않으려는 듯 말 떨어지기 무섭게 다짐했다.

"하지만 '하겠다'고 말만 해놓고 안하면 안 됩니다. 하겠다고 약속한 건 반드시 해야 합니다. 약속하실 수 있으세요? 약속을 하고 못 지키면 이후 당신의 인생이 지금보다 더 안 좋아질 수도 있습니다."

손 선생은 입가에 사라진 미소 탓인지 진한 눈썹 탓인지 인상이 달라 보였다. 마치 목숨을 건 듯한 표정이었다. 온화했던 눈빛은 마치 여기서 끝장을 내자라는 식의 사생결단을 앞 둔 사람의 눈빛으로 변해 있었다. 무섭다기보다는 장엄하고 비장한 느낌이랄까? 진지하게 대답해야겠다. 아니 이 사람은 지금의 이 순간이 정말 목숨과도 같이 중요하구나란 생각이 들었다.

"네. 하겠습니다. 해볼래요."

"다 아는 내용일 것이고, 하기 어려울 수도 있습니다. 하지만 최선을 다하겠다는 정도로는 안 됩니다. 반드시 해내야 하는 겁니다. 혼을 다한 노력인지 아닌지는 그 결과물이 증명해 줍니다. 마치 인디언이 비가 올 때까지 기우제를 지내는 것처럼 말이죠.

"……"

"저는 오늘 강산 씨에게 위로만을 하려고 나온 것만은 아닙니다. 저는 십여 년간 보험 영업과 인생의 비밀이 담긴 노트를 넘겨 드릴 사람을 찾고 있었습니다. 저도 처음 영업을 시작할 때 아시다시피 너무도 못했었지요. 저 또한 정말 잘하고 싶었습니다. 갈구하고 또 갈구했지요. 영업을 한다고도 말할 수 없는 시기가 1년여 지난 무렵 행운이 왔습니다. 영업과 인생의 노하우가 담긴 비밀노트를 갖게 된 것입니다."

손 선생은 옆에 놓인 검정색 서류 가방을 흘깃 쳐다보더니 그대로 시선이 멈췄다. 마치 성스러운 영물을 바라보듯이 말이다. 순간 왠지 모를 정적이 흘렀다. 무슨 말이라도 하고 싶었지만, 공기의 흐름조차 거슬리면 안 될 분위기였다.

손 선생의 얼굴에는 뭔가 만감이 교차했다. 조심스럽게 가방의 지퍼를 열고 두꺼운 봉투 하나를 꺼내는 그 행동은 마치 황제의 옥쇄를 만지는 것처럼 조심스러웠다.

"10년 전이었습니다. 저 또한 인생의 낙오자였어요. 무엇을 해도 안 되었었죠. 인생에서 큰 마음먹고 도전했던 보험 영업은 너무도 힘들었습니다. 나름 재무설계 전문가처럼 이야기를 하려 하지만 스스로의 확신이 없어서였는지 아는 사람에게 보험 이야기를 꺼내기는 마치 돈 꿔달라고 말하는 것처럼 어렵더군요. 회사 다닐 때 그렇게 친했던 친구들에게 거절을 당할 때면 정말 모두 다 때려치우고 싶었습니다. 그러던 어느 날 그 전에 다녔던 회사의 친한 부장님을 만나 보험 상담을 했어요. 이야기를 잘 들어 주시기에 무려 두 시간 동안 보험 이야기를 했지요. 다 끝났는데 옆에서 일하고 있던 직원 한 명이 그러는 거예요. "어휴~ 부장님도 참 대단하시다. 지루하지도 않으세요? 어떻게 그런 내용을 두 시간 동안이나 듣고 계세요?""

"순간 나도 모르게 가방을 싸들고 도망치듯 그 자리를 빠져 나왔어요. 건물을 빠져나와서 지하철을 타러 가는데 왜 이렇게 눈물이 계속 나오던지 서럽더군요. 아니 그보다 너무 창피하더군요. 전문가랍시고 친한 사람을 만나서 보험상담을 했는데 친분 때문에 이야기를 들어준 거라니……. 그 이후로 더욱 자신이 없어지면서 실적은 더욱 초라하게 되었죠."

손 선생은 가방에서 꺼낸 두꺼운 봉투를 두 손으로 꼭 쥔 채 계속해서 말을 이어갔다.

"일을 잘 하고 싶었습니다. 기도했습니다. 기도하며 목 놓아 울었습니다. 하나님, 어떻게 좀 해 달라고요. 이렇게 살 바에 죽어 버리겠다고요. 직장 다닐 때 무리하게 대출받아 산 아파트는 원금을 갚기는커녕 돈 먹는 하마처럼 이자만 계속 나가고 있고, 남자 자존심 때문에 와이프한테는 주위 친인척들한테 돈을 빌려 생활비를 주고 있지, 지긋지긋한 직장에서 나와서 전문가처럼 돈을 벌려고 했는데 이게 뭐냐고요. 이럴 바엔 죽는 게 낫다고요. 하지만 죽을 용기는 나지 않더군요. 제가 사는 곳이 7층이었는데요. 베란다에서 아래를 내려다보니, 떨어지면 엄청 아플 것 같더라고요."

나는 아무 말을 못했다. 며칠 전 한강대교 다리 위가 생각이 났다. 나는 시도까지 했었는데. 그런 내 표정을 못 읽었는지 손 선생은 계속 말을 이어갔다.

"그 순간 '죽을 용기로 다시 한 번 영업에 도전해야겠다'는 생각이 들었어요. 우습죠? 그런데 여기서부터 정말 놀라운 일이 생깁니다. 한 마디로 믿을 수가 없는 일이 생겨요. 이제부터 잘 들으세요."

손 선생은 묘한 미소를 지었다.

"저는 교회를 다니거든요. 주일예배를 가서 기도를 한 시간을 하고 집에 돌아왔는데 글쎄 택배가 와 있는 겁니다. 그런데 택배봉투에는 발신인이 없더라고요. 수신인에는 제 이름이 정확했고, 겉봉투에는 '친전'¹이란 글자가 크게 타이핑되어 붙어 있었어요."

손 선생은 지금 막 꺼낸 봉투의 우측 하단을 가리키며 당시를 회상하는 듯 생각에 잠겼다.

---

1. 친전(親展)이란 말은 편지를 받을 사람이 직접 펴보라고 편지 겉봉에 적는 말을 뜻한다. 네이버 국어사전 인용.

"거기에는 한 줄의 메모가 같이 있었어요. '이 노트는 영업에서 성공을 간절하게 갈구하는 사람에게 전달된다'는 내용이었어요. 지금으로부터 십 년 전 이야기입니다. 너무도 궁금해서 택배회사에 전화를 해봤는데, 아니 그런 택배를 보낸 적이 없다는 거예요. 참 이상하죠? 어쨌든 저는 그날 하루 종일 그 자료를 읽어 보았어요. 영업과 인생에 대한 성공의 비밀이 적혀 있었지요. 그런데 강조하는 것이 세 가지가 있었습니다. 이것이 대단히 중요해요. 첫 번째, 노트는 전달 받을 수 있지만 이 노트에서 제시한 내용을 실제로 해보지 않으면 절대로 원하는 목표를 이룰 수 없다. 두 번째, 노트에 적힌 내용을 모두 실행하지 않은 상태에서 다른 사람에게 이 노트를 전달할 수 없다. 세 번째, 이 노트를 받은 사람이 이 노트에 적힌 내용대로 실행에 옮겨서 성공을 하게 되면 성공을 갈구하는 제2의 사람에게 전달을 해주어야 한다."

사람의 눈빛이 불타오른다는 말이 이때 쓰일까 싶었다. 일생일대를 걸고 하는 말이라고 느껴지는 말이 이런 것일까? 손 선생은 대답을 기다리지 않고 계속 이야기를 이어갔다.

"저는 노트에 적힌 대로 1년간에 걸쳐 실행을 했고, 결국 제가 간절히 원하는 것을 성취했습니다. 하지만 10년이 지나도록 저처럼 간절히 원하는 사람을 만날 수가 없었지요. 바로 오늘 당신을 만나기 전까지는요."

"……."

"노트에 적힌 대로 실행을 다 못해도 괜찮습니다. 노트 받았던 것을 없던 일로 하고 그냥 살던 대로 살아가면 되는 거니까요. 그런데 문제는 수많은 사람들에게 오랫동안 전수되어 오던 이 비밀노트가 그것으로 전달이 끊기게 된다는 것이지요. 이 비밀노트의 내용을 실행한 사람만이 전달할 수 있기 때문입니다. 저는 그래서 성공을 진정으로 갈구하는 사람을 찾아 십 년을 기다렸습니다. 이 노트가 언제 어떻게 만들어 졌는지는 저도 모릅니다. 다만 이 비밀노트는 실행을 해서 성공한 사람이 그 다음 주인을 찾아 전달할 수 있는 자격이 생기고, 또 자격이 있는 마땅한 주인을 찾아 전달되어야 한다는 겁니다."

손 선생은 잠시 숨을 고르더니 잔을 들어 목을 축였다. 한동안 침묵이 흘렀다. 고요한 정적 속에 카페 스피커에서 흘러나오는 노래 소리는 마치 꿈결에서 들리는 것처럼 멀게만 느껴졌다. 뭐라도 말을 해야 할 것 같았다.

"손 선생님, 비밀노트를 받고 싶습니다. 해보겠습니다. 노트의 내용을 실행할게요. 무엇이든 꼭 할게요."

이판사판이다. 부딪쳐서 안 될 것이 무어가 있겠는가? 여기까지 온 이상 다른 수가 있는가? 이제는 뺄도 없다. 무조건 '고'다. 옆도 뒤도 볼 상황이 아니다. 나는 간다. 앞만 보고 간다.

"성공은 집중의 정도에 달려있습니다. 지금 간절하게 목표로 하는 것이 있을 겁니다. 이제 그것 하나만 바라보고 가세요. 목표로 정한 그 한 가지를 성취하지 못하는 한, 다른 것을 곁눈질할 여유를 가지면 안 됩니다. 행운은 기다리는 사람에게 오지 않는 법이지요. 실행이 중요합니다. 숙제는 지금 드리는 노트에 있습니다. 반드시 하나씩 해 나가세요. 보험 영업은 특출한 기획력보다는 비범한 실행력이 우선입니다. 답은 스스로에게 있습니다. 다만 자각을 못하고 있을 뿐이지요."

그는 마치 성경책을 암송하듯이 귀중한 말을 전달하는 양 단어를 꼭꼭 씹어 말했다.

"숙제를 다 했다고 판단이 되었을 때에는 반드시 당신처럼 성공을 갈구하는 사람에게 그 노트를 전달하셔야 합니다. 그런데 여기서 중요한 것 하나, 다음 전수자는 꼭 한 명이 아니어도 됩니다. 여러 명이어도 되고, 또 그렇게 되길 기대합니다."

손 선생은 말끝에 이해하겠냐는 듯한 눈으로 나를 바라보다가 곧 말을 계속 이어갔다.

"다시 말씀드립니다. 만일 비밀노트에 있는 내용을 실행하지 않으면 다른 사람한테 전수할 수가 없습니다. 오랫동안 전해 내려온 이 비밀노트의 생명이 끝나게 되는 것이지요. 따라서 이 비밀노트를 전달받은 이상 반드시 실행하셔야 합니다. 명심하셔야 합니다. 그리고 비밀노트 뒤 인생노트가 있어요. 반드시 비밀노트의 미션을 모두 달성한 이후에 인생노트를 읽으셔야 합니다."

손 선생의 말은 조용하면서도 무게감이 실려 있었다. 두꺼운 봉투 안에서 꺼낸 노트는 꽤 두꺼웠다. 새파란 표지가 눈에 들어왔다. 깔끔하게 제본된 책 한 권 정도의 두께였다.

"다시 한 번 당부 드려도 되지요? 반드시 노트에 있는 내용을 실행해야 합니다. 그리고 성공을 해야 다음 사람에게 전달할 수 있습니다. 이 비밀노트의 생명이 여기서 끝나지 않게 해 주세요. 그럴 수 있지요? 이 약속은 꼭 지켜야 합니다. 그리고……"

손 선생은 갑자기 말꼬리를 흐렸다. 중요한 무엇인가를 말하기 위해 잠깐 깊이 생각하는 듯한 표정이었다. 그 진지함이란……. 그 얼굴을 보다 보면 같이 비장해져서, 왠지 마음 한 구석에 단단한 그 무언가를 만들어 내야 할 것 같은 느낌이 드는, 그 묘한 상황을 어떻게 설명할 수 있을까?

아니 그보다도 이 날 손 선생의 만남이 내 인생을 송두리째 바꾸어 놓을 줄, 그리고 이 만남이 처음이자 마지막이 될 줄은 그때는 아무 것도 몰랐다.

순간 카페의 모든 사물들의 동작이 슬로우 비디오를 보는 듯 천천히 배경으로 돌아가고 있었다. 카페의 푸근했던 조명의 느낌은 때로는 흑백으로, 때로는 옐로우톤으로 무지개 색으로 시시각각 바뀌며 손 선생을 집중 조명하는 듯 했다.

유연천리래상회有緣千里來相會, 인연이 있으면 반드시 만나게 된다

아가씨가 말을 걸어온다. 목소리가 참 예쁜 아가씨다. 마치 옥구슬이 굴러가는 것 같다. 그런데 너무 사무적이다. 이런. 꿈이라니. 아침이다.

"서울국제마라톤대회가 다음 달로 다가왔습니다. 이봉주 선수를 비롯해서 세계 우승권 선수들이 출전하는……"

또랑또랑하게 말하는 여자 아나운서의 뉴스 소리에 잠이 깼다. 거실에 켜져 있는 TV 소리가 방문을 타고 안방까지 흘러 들어온다. 이봉주 선수가 이번에 우승이 유력하다는 등 뉴스에서는 유달리 호들갑을 떨고 있었다. 뉴스가 끝나고 광고가 시작된 건지 아니면 계속 마라톤 뉴스를 하는 건지 조수미의 챔피언스[1] 노래가 들려온다.

"너와 나 지금 여기에 두 손을 마주잡고. 찬란한 아침햇살에 너

---

1. 독실한 가톨릭 신자이자 축구 열혈팬으로 알려져 있는 오페라 가수 조수미가 2002년 FIFA 월드컵 때 응원가로 불러 선풍적인 인기를 끈 노래이다.

의 다짐 새겨봐. 멀지 않아 우리 함께 라면. We are the champions.
tonight 이기리라……"

잠결에 한참 감상하다가 뭔가 느낌이 이상했다. 시계를 봤다. 시
간은 벌써 아홉시를 가리키고 있었다. 아 늦었다. 팀장의 짜증 섞인
얼굴 표정이 떠올랐다. 제길. 무슨 핑계를 댈까 고민하던 중에 오늘
은 일요일이란 사실이 생각났다.

'아, 다행이다. 오늘 주말이구나'

다시 잠자리에 누웠다. 뉴스는 계속 되고 있었다. 무슨 일요일에
마라톤[2] 특집을 하나? 마라톤 하는 사람들은 정말 인간도 아니다.
얼마 전 새벽에 한강까지 뛰어 갔던 일이 생각났다. 십여 분 정도,
그것도 천천히 달렸는데도 숨이 턱에 차고 다리가 후들거렸었다. 왜
사서 고생을 하나. 아무튼 오늘 일요일인 게 다행이다 싶다.

상태가 좀 양호해진 것 같아 회사에는 구정이 지나고 다시 출근하
겠다고 했었다. 여전히 하루에도 약 수십 알을 복용하고 있지만 그
래야 했다. 어쨌든 돈을 벌어야 먹고 살지 않겠는가? 그놈의 카드
회사 빚 독촉에도 이제 내성이 생겼는지 전화가 오면 받아서 사정
이야기를 하고 조금씩 갚겠다는 약속을 했다. 기한은 1개월이었다.

---

2. 마라톤은 육상경기의 한 종목으로 42,195km의 거리를 달리는 도로 경주이다. 마라톤은 그리스의 아테
네에서 북동쪽으로 약 30km 떨어진 곳에 위치한 지역의 이름으로, 기원전 490년에 이곳에서 페르시
아군과 아테네군 사이에 전투가 열렸는데 아테네의 승전 소식을 아테네까지 뛰어가 전한 전령 페이
디피데스를 기리는 뜻에서 1896년에 올림픽에 채택된 육상 경기 종목이다. 하지만 그리스 역사가 헤
로도토스(BC 484?~ BC 425?)는 다른 설명을 하고 있어서 후대에 지어낸 이야기가 아닌가 싶다. 어
쨌든 마라톤 전투에서 패한 페르시아의 후예국인 이란은 마라톤을 절대 금기시하고 있다. 42,195km의
거리는 1908년 런던 올림픽 때부터 공식 채택되었는데, 당시 영국 왕실에서 마라톤의 출발과 결승 광
경을 편안히 보기 위하여 윈저 성의 동쪽 베란다에서 마라톤이 시작되어 화이트 시티(White city) 운동
장에서 마치도록 요청한 결과 종래의 거리 40km 235m보다 약 2km가 더 긴 마라톤 코스가 정해졌다.

손 선생을 만난 지 며칠이 흘렀다. 하지만 손 선생을 만났을 때 한 번 해봐야지란 각오는 빚 독촉 전화에 시달리면서 잊고 있었다. 카드 값에 대한 고민이 하루 중 절반을 차지했다. 카드 값이 내 인생을 야금야금 갉아 먹고 있었다. 무언가 변화가 필요하다는 생각만 하고 있을 뿐 뭐부터 어떻게 해야 하는지 갈피를 잡을 수가 없었다.

다음 날도 그 다음 날도 또 그 다음 날도 나는 어제와 다름없었다. 그래서 나란 놈은 안 되는 거다. 그래서 어제와 똑같은 행동을 하면서 결과가 바뀌길 바라는 우매한 인간임을 부인할 수가 없는 거다. 순간 자괴감이 밀려왔다. 역시 이런 것인가?

한동안 멍하니 있다 보니 오줌이 마려웠다. 화장실을 가야겠다. 그러고 보니 요즘 약기운인지 부작용인지 화장실을 자주 간다는 생각이 들었다. 저놈의 지긋지긋한 약 봉투. 집중이 안 되고 계속 우울한 것도 저 약 때문이 아닌가 싶다.

이번 달도 2주 정도가 남았는데 팀장은 계속 가동을 부르짖고 있고, 나는 뭘 어떻게 해야 할 지도 모르고 있다. 괜히 병가를 풀었나. 두 달은 병가를 낼 것을 한 달 만에 다시 회사에 나갔는데 오히려 스트레스만 받고 있는 셈이다.

정말 먹고 사는 게 원수다. 핸드폰을 켰다. 핸드폰 진동이 마구 울려댄다. 꺼놓은 동안 온 문자다. 눈에 걸리는 문자가 있다. 이번 주까지 팀 전원 가동을 해야 한다는 팀장의 단체 문자다.

도대체 팀장이란 사람은 이런 문자나 날리는 사람인가? 하는 일이 도대체 뭐야. 주말에 이런 문자나 보내고 말이다. 부아가 치밀어 올랐다. 바로 삭제. 이 참에 문자 받은 것 정리나 다 해야겠다.

정리를 하다 보니 손 선생을 만나고 헤어질 때 주고받은 문자가 눈에 들어 왔다.

'집에 돌아가서 반드시 비밀노트를 읽고, 노트에서 제시된 숙제를 하나씩 해야만 합니다. 비밀노트가 다음 전수자에게 전달되고 안 되고는 강산 씨에게 달려 있습니다'

아, 그렇다. 비밀노트를 받고 나서 그날 아이 문제 때문에 와이프랑 다투면서 며칠 동안 잊고 있었다. 둘 다 요즘 너무 예민해 있다.

그게 어디 있더라. 자리에 누워 천장을 멀뚱히 쳐다보며 아무리 생각해 봐도 기억이 나지 않았다. 그리고 보니, 며칠 동안 내 책상에서도 또 가방에서도 그 노트를 본 적이 없었다. 그날 집에 들어오자마자 거실탁자 위에 올려놓은 것 같은데…….

거실에는 아들과 아내가 한바탕하고 있었다. 방을 또 엄청 어질렀나 보다. 일방적으로 어느 한 쪽이 터지는 모양새다. 물론 터지는 쪽은 아들 녀석이다. 아내는 오로지 말로 따귀를 때릴 수 있는 내공이 있는 듯 했다. 어리디 어린 애를 쥐 잡듯 잡는다. 이러다 옆집에서 쫓아오겠네.

몇 달 동안 생활비를 구경 못한 아내는 아이한테 그동안 쌓인 스트레스를 몽땅 푸는 듯 했다. 나도 모르게 몸이 움츠러들었다. 방문을 못 나간다고 생각하니 오줌이 더 마려워지는 것 같았다. 왠지 감옥에 갇힌 것 마냥 숨죽여 거실에서 들리는 소리에 눈치 보는 나란 인간은 무엇일까?

아들 녀석도 대단하다. 그렇게 혼나는 데도 울음을 참으며 견디고 있으니…….

"또 그럴 거야? 방으로 들어가 있어!"

아내의 앙칼진 소리가 들렸다. 정말 순하디 순한 사람인데 남편에게 뭐라고 말은 못하고 애마저 속을 썩이니 그야말로 구석에 몰린 생쥐 마냥 목소리가 소프라노 저리가라다. 애가 자기 방으로 들어가 훌쩍 훌쩍 우는 소리가 들렸다. 더 이상 오줌 마려운 걸 못 참겠다. 방문을 빠끔히 열고 거실을 지나 화장실에서 볼일을 보고 나오는 순간이었다.

"여보, 이거 자기 책 아냐?"

아내의 소리가 내 등을 찔렀다. 한참을 아이 방 청소를 하던 아내가 파란 표지의 노트를 내게 가져왔다. 비밀노트다. 아이 엄마가 아마도 탁자 위에 놓여 있던 노트를 애들 책과 같이 애들 방 책장에 꽂아 놓았던 모양이다.

"어, 그래 내가 찾던 건데 왜 자기가 갖고 있어?"

"글쎄요. 자기가 함부로 놓으니까 그렇지!"

"아, 그랬나? 알았어요."

그러니 내가 어디에 놓았는지 알 수가 없었지. 순간 보물을 찾은 것처럼 묘한 기분이 들었다. 아직 화가 풀리지 않아 씩씩거리는 아내의 눈치를 살피며 노트를 들고 조용히 방으로 들어와 첫 페이지를 읽어 보았다. 편지식의 글이 너무도 친근하게 느껴졌다. 마치 손 선생의 말이 들리는 듯한 착각에 빠졌다.

인생에서 성취력은 목표수립Goal Setting과
실행습관Do-habit의 곱이다

안녕하세요. 반갑습니다. 이 비밀노트를 갖게 된 것은 성공을 갈구하는 당신의 마음이 하늘에 도달한 것입니다. 스스로에게 박수를 쳐주세요. 이 책은 일반적인 서적하고는 다릅니다. 어떤 책이라고 소개받았나요? 네, 한 번 전달 받으면 반드시 읽고 실행에 옮겨야 되는 책이라고 소개 받았을 겁니다. 이 책을 통해 여러 각 분야에서 성공을 거둔 사람들이 많습니다. 그리고 그 사람들을 통해 이 노트가 바로 당신에게까지 온 겁니다.

이 책은 바로 당신이 만들어 가고 전수해야 할 비밀노트입니다. 다시 말해서 지금 읽고 있는 당신이 간절하게 성공을 갈구하고 적극적으로 실행에 옮겨야지만 또 다른 사람에게 전수될 수 있습니다. 당신은 전수자가 되실 건가요?

그럼 전수가가 가져야 할 마인드에 대해 먼저 말씀드리겠습니다. **첫 번째는 내 영혼에게 고백을 하는 겁니다. 이제까지 살아온 나에게 미안하다고, 용서한다고, 고맙다고, 사랑한다고 진정을 담아 말해주는 겁니다.** 내 자신을 소중한 존재로 인식할 수 있어야 합니다. 그리고 이 우주에서 그 무엇보다 중요한 사람임을 인정해야 합니다. 그렇지 않으면 그 어떠한 일도 의미가 없을 것입니다.

만일 혹시라도 지금 내 인생이 엉망진창이라고 생각하십니까? 그렇다면 그런 사실에 대해 먼저 내 자신에게 미안하다고 말해 주세요. 내 안의 나와 대화를 하세요. 미안하다는 말을 들었으면 용서를 할 겁니다. 그러면 고맙다고 말해주세요. 내 안의 나는 사랑한다고 답변을 할 겁니다.

아주 오래 전 고대 하와이인들이 해온 주술 중 하나로, 지금은 심리치료로 각광을 받고 있는 '호오 포노포노'라는 심리치료를 소개합니다. 호오는 삶과 목표를 뜻하고, 포노포노는 완전함을 뜻하는데요. 삶과 목표의 완전함을 이루기 위해서는 내 안에 있는 작은 아이한테 네 가지 말을 해주어야 한답니다. 바로 '미안해', '용서해', '고마워', '사랑해'입니다.

그러면 요령을 설명 드리겠습니다. 먼저 자기 자신을 안아주세요. 그리고 눈을 감으시고 이름을 먼저 부른 후 네 가지 말을 내 안에 있는 작은 아이한테 소리 내어 해주시면 됩니다. 강산아 미안해, 용서해, 고마워, 사랑해.

마음이 말랑해지셨나요? 내 마음을 다스리는 것이 가장 첫째입니다. 마음이 닫혀 있으면 아무리 좋은 말도 귀에 들어오지 않으니까요. 그리고 그러한 마음으로 주위에 소중한 사람도 안아 주세요.

지금은 스무 살이 된 쌍둥이 자매인 언니 카이리 잭슨과 동생 브리엘 잭슨의 이야기를 들려드릴게요. 1995년 10월에 쌍둥이 자매가 세상에 태어납니다. 하지만 동생이 1kg도 안 되는 조산아로 태어나 얼마 안 있어 심장이 멈추게 되지요. 부모는 오열합니다. 그 후 마지막 인사를 하기 위해 쌍둥이 언

---

1. 레이먼드 조가 지은 《관계의 힘》, 한국경제신문사, 2013년 출간, '프롤로그 세상에서 가장 작은 포옹'에 잘 설명되어 있다. 인터넷에서 '쌍둥이 자매'로 검색해도 된다.

니를 데려와 인큐베이터에 넣자 언니가 한쪽 팔을 뻗어 동생을 포옹합니다.

그 순간 기적이 일어납니다. 동생의 맥박이 다시 뛰기 시작한 거죠. 백 마디의 말보다 한 번의 포옹이 사람을 살릴 수 있습니다. 옆에 사랑하는 가족이 있나요? 한 번 안아주세요. 포옹이 자연스러워지면 따스한 마음이 전달되어 불가능한 일이 가능해집니다.

두 번째는 나를 소중한 존재로 인식했다면 이제부터는 긍정적인 단어만 생각하고 사용하는 겁니다. 사람의 뇌에 문장이 입력되면, 잠재의식은 긍정문이든 부정문이든 그 안에 들어 있는 단어만을 각인하게 됩니다. 예를 들어 볼까요?

아이가 집 안을 시끄럽게 뛰어 다닙니다. 아래층에 사는 사람의 항의가 들어옵니다. 엄마가 화가 나서 아이에게 소리칩니다. "뛰지 마!" 순간 잠시 아이가 잠잠하더니 이내 곧 다시 뛰어 다닙니다. "뛰지 말라니까!" 엄마가 다시 소리칩니다. 하지만 다시 아이는 뜁니다. 어떻게 해야 할까요? 엄마는 아이한테 "걸어 다녀라."라고 말했어야 합니다.

아침에 회사에 출근하는데 자꾸 늦잠을 자서 지각을 합니다. 스스로에게 '내일은 늦잠자지 말아야지, 지각하지 말아야지'라고 되뇝니다. 하지만 또 늦습니다. 어떻게 해야 할까요? '내일 일찍 일어나야지, 일찍 출근해야지'라는 말로 바꾸어 주세요.

빚이 산더미처럼 있습니다. 하루 종일 빚을 생각합니다. 빚을 생각하면 할수록 빚이 점점 불어납니다. 생각을 완전히 바꾸어야 합니다. 빚을 완전히 갚은 상황을 생각해야 합니다. 구체적으로 어떻게 갚아 나갈지를 계획 세우고 나서는 빚에 대한 생각은 잠시 접어 두고, 계획 실행에 집중해야 합니다.

마지막으로 세 번째는 인생이든 영업이든 내 안에 기세가 충만해야 합니

다. 즉, 자신감이 있어야 합니다. 내 안에 자신감의 에너지를 빨리 충전할 수 있는 방법을 알려 드리겠습니다. 아주 기본적인 방법인데, 너무 잘 알기에 하지 않는 방법이기도 합니다. 하지만 지금 해보는 겁니다.

지금 바로 거울을 보고 얼굴에 미소를 지은 다음 '나는 할 수 있다!'를 세 번 크게 외치세요. 듣는 사람이 있어도 되고 없어도 됩니다. 하실 수 있으세요? 할 수 있다고요? 네, 좋습니다. 하지만 저는 믿지 않아요. 연습을 해보겠습니다. 세 번 외쳐보겠습니다. '나는 할 수 있다!'라고 하면 됩니다. 바로 외쳐봅니다. 준비되셨지요. 자, 시작! "나는 할 수 있다! 나는 할 수 있다! 나는 할 수 있다!"

인생을 역전하기 위해 가장 중요한 것은 아침에 일어나 거울을 보면서 '나는 할 수 있다!'라고 자기 스스로에게 외치고 그 소리를 내가 듣는 것입니다. 내가 할 수 있다는 자신감이 있어야 움직일 수 있습니다. 행동하지 않고 되는 것은 아무 것도 없습니다.

자, 그러면 이 비밀노트를 통해서 당신이 할 것은 두 가지입니다. **바로 목표와 계획을 수립하는 것, 그리고 그 계획을 실행하는 습관을 만드는 것입니다.** 먼저 목표 수립에 대해서 이야기 해보죠.

목표는 우리 삶에서 등대와 같은 역할을 합니다. 내 삶의 배가 방향성을 잃고 갈피를 못 잡을 때 저 멀리 보이는 등불을 보고 어디로 가야할지 알 수 있습니다. 하루하루가 답답하고 무의미하게 반복되는 것 같은 느낌이 드는 것은 목표가 뚜렷하지 않기 때문에 그렇습니다.

슬럼프는 왜 생길까요? 목표를 잊고 있거나 잃어 버렸을 때 생깁니다. 목표를 달성하면 어떤 느낌이 드나요? 성취감이 생기고 자신감이 생깁니다. 목표를 세우고 그것을 달성하는 횟수가 많아질수록 자신감은 점점 더 강해집니다. 나는 할 수 있다는 강한 믿음이 생깁니다. 그러한 믿음도 반복된 연습을 통해 만들 수 있습니다.

먼저 큰 목표를 세우고 또 그 목표를 이루기 위해 잘게 나눈 작은 목표를 세웁니다. 그리고 그 작은 목표를 하나씩 달성해 나가는 습관을 만듭니다. 목표에는 수치가 있어야 하고, 기간이 정해져 있어야 합니다. 즉, 자기와의 약속을 지켜가면서 스스로의 자부심을 가질 수 있습니다.

하지만 목표를 수립하면서 스스로에게 물어볼 것이 있습니다. 바로 지금 나 자신에 만족하느냐는 질문입니다. 지금 현재에 충실히 살고 있는지, 지금 순간순간을 즐기고 있는지 물어 보세요. 만일 그렇지 못하다면 목표를 현재로 잡으세요. 작지만 현재의 작은 목표를 달성하도록 스스로를 격려해 주세요. 지금 상황에 감사하는 마음 갖기, 1분 동안 미소 짓기, 주위 소중한 사람에게 사랑한다 말하기 등의 목표를 세워보세요. 그리고 스스로를 믿으세요.

유리컵에 갇혔던 벼룩은 유리컵을 치워도 그 높이만큼만 뜁니다. 우리는 우리의 가능성을 스스로 제한하고 있지는 않은가요? 도전이 없는 삶은 재미가 없습니다. 모험이 없는 인생은 스토리로써 가치가 없습니다. 내가 가장 원하는 나의 모습은 어떤 걸까요? 지금 바로, 지금 여기서 그렇게 작은 것부터 하나씩 시작하는 겁니다.

지금은 작고한 스티븐 코비[2] 박사가 한 유명한 말 중에 목표 수립의 중요성에 대해 언급한 명언이 있습니다. '인생의 가장 중요한 열쇠는 얼마나 자신의 의도대로 완벽한 삶을 살았느냐가 아니라 얼마나 자신의 목표를 끊임없이 되

---

2. 스티븐 코비(Stephen R. Covey, 1932. 10. 24~2012. 7. 16)는 코비 리더십 센터의 창립자이자 프랭클린 코비사의 공동 회장으로, 타임지로부터 '미국에서 가장 영향력 있는 25명' 가운데 한 사람으로 선정되기도 했다.

새겼는가이다'라는 말입니다.

우리는 신년 목표를 세워놓고 여름쯤 되어서는 어떤 목표를 세웠는지도 잊어버리고, 다시 쳐다보기도 민망해 합니다. 그리고 이런 생각이 듭니다.

'도대체 목표는 세워서 뭘 해? 어차피 달성하지도 못하는데'

이는 한 번 세워 놓고 지속적인 수정 보완이 뒤따르지 않기 때문에 그렇습니다. 목표를 정하면 이를 달성하기 위한 세부 계획을 세워야 합니다. 계획 역시 한 번 세우고 끝나는 것이 아니라 계속해서 끊임없이 점검하고 이에 따른 수정과 보완이 뒤따라야 합니다. 그리고 이 또한 습관으로 자리 잡아야 합니다. 계획 수립과 관련된 명언을 하나 소개합니다. 한 번 크게 따라 읽어봅니다.

"계획한 대로 되는 일은 없다. 하지만 계획을 세우지 않고 되는 일은 없다

Plans are worthless, but planning is everything"

제2차 세계대전을 승리로 이끈 명장이자 미국 34대 대통령이었던 아이젠하워[3]가 한 말입니다. 무슨 말이겠습니까? 인생에 아무리 완벽한 계획을 세운다 하더라도 그렇게 되기는 어렵다는 겁니다. 그렇다고 계획 없이 살면 원하는 대로 살 수 있을까요? 그렇지 않겠지요.

나에게 계획이 없으면 다른 사람의 계획대로 인생을 살게 됩니다. '어차피 계획대로 되지 않는데 뭐 하러 계획을 세워?'라고 생각했다면 이제 그런 바보 같은 짓은 그만 하길 바랍니다. 계획을 세우는 행위 그 자체, 그것이 내 인생의 전부입니다.

그렇습니다. 우리는 어떻게 하면 성공하는지 방법은 압니다. 목표를 정하

---

3. 드와이트 데이비드 아이젠하워(Dwight David Eisenhower, 1890. 10. 14~1969. 3. 28)는 미국의 34대 대통령이자 제2차 세계대전 당시 유럽에서 연합군 최고사령관이었으며 애칭은 아이크(Ike)다. 전임인 민주당 트루먼 대통령 당시 발생한 한국 전쟁을 종결시켰다.

고 계획을 수립하는 것, 그런데 생각과 실제는 큰 괴리가 존재하죠. 그 간격을 성공의 간극이라고 합니다. 우리는 살아가면서 수많은 교육을 받고, 수많은 책을 읽습니다. 하지만 좋은 강의를 듣고 좋은 책을 읽는 것만으로 성공하게 되나요? 어떻게 해야 내 것이 될까요?

한 마디로 '실행'하고 '행동'하라는 거죠. 실행하고 행동하는 습관을 가져야 합니다. 습관이 뭔가요? 내가 생각지도 않았는데 저절로 하는 행동, 그것을 습관이라고 하죠. 내가 머릿속으로 아는 지식은 살아있는 지식이 아닙니다. 몸으로 체득하여 습관화된 지식만이 실제로 쓰여 내가 원하는 목표까지 도달할 수 있도록 합니다. 습관화된 행동이 나를 움직이게 합니다. 그래야지만 바뀔 수 있습니다. 몸으로 일단 부딪쳐야 합니다. 깨지면서 익혀야 합니다. 그것을 두려워해서는 안 됩니다.

행동은 감정과도 밀접한 관계가 있습니다. 사람은 행복해서 웃을까요? 웃기 때문에 행복할까요? 예를 하나 들어 보겠습니다. 어느 나라든 군대 분위기는 결코 유쾌할 수 없습니다. 전쟁이 없을 때에는 단순노동도 많고, 집을 떠나 외롭기 때문에 여러 사건사고도 많습니다.

하지만 어느 군대에서는 사건사고를 획기적으로 줄이는 방법이 있다는데요. 바로 웃음벨이라는 겁니다. 단조롭고 반복적인 일을 계속하면서 능률이 떨어질 때 웃음벨이 울리면 어떤 상황에서건 10초 동안 박장대소를 해야 하는 규칙인데, 웃다보면 내가 마치 행복해서 웃는 듯한 착각이 들고, 또 그러다 보면 실제 행복해져서 계속해서 웃을 수 있게 된다고 합니다.

결국 사람은 웃기 때문에 행복해질 수 있습니다. 나의 행동이 나의 뇌를 속이는 것이거든요. 즉, '행동이 감정을 만들고, 감정이 생각을 만든다'는 거에요. 이것이 행동심리학입니다. 자, 한 번 같이 읽어 봅니다.

'어떤 상황을 원한다면 이미 그러한 상황인 것처럼 행동하라'

가정원칙as if principle. 이것이 행동심리학의 이론입니다. 심리학자이자 철학자인 윌리엄 제임스[4] 박사가 1884년 정립한 이론인데, 140여 년이 지난 지금 각광을 받고 있습니다. 생각대로 T, 론다 번의 시크릿, 꿈은 이루어진다, 꿈꾸는 다락방 등이 다 이런 류인거죠.

즉, **어떤 사람처럼 되길 원한다면 이미 그러한 사람처럼 행동해 보세요.** 당당하게 걸어 보세요. 이미 성공한 사람처럼 행동하다 보면 어느새 자신이 그 위치에 도달해 있게 됩니다. 성공한 사람이 되길 원하세요? 성공한 사람처럼 행동한다는 것은 성공한 사람이 생각하는 것처럼 생각하고, 성공한 사람이 취하는 자세와 태도를 한다는 것을 말합니다.

얼굴 표정과 눈빛은 그 사람에 대해 많은 것을 말해줍니다. 거울을 보고 얼굴에서 말하고자 하는 것이 무엇인지 스스로 알아보세요. 어떤 생각이 보이는지, 어떤 고민거리가 있는지, 지금 기분이 어떠한지, 무엇을 이루고자 하는지가 표정과 눈빛에 나타나고 있습니다.

자신감과 여유로움을 나타내 보일 수 있는 작은 성공 행동 하나를 만들어 보세요. 주먹을 불끈 쥐는 것이 될 수도 있습니다. 허세가 안 들어간 자연스러운 웃음도 좋습니다. 가끔 팔을 쭉 펴고 몸을 활짝 열어보는 행동은 어떨까요? 활기차게 걸으면서 콧노래를 불러보는 것도 스스로 자신감을 고취시킬 수 있을 것입니다. 인생에 변화를 꾀하려면 행동을 해야 하는데, 여기에는 무의식 중에 성공의 행동을 하는 실행 습관이 핵심입니다.

'우리 삶이 일정한 형태를 띠는 한, 우리 삶은 습관 덩어리일 뿐이다'

---

4. 윌리엄 제임스(William James)는 미국의 심리학자이자 철학자이다. '의식의 흐름(Stream of Consciousness)'이라는 용어를 처음 사용하였으며, 빌헬름 분트와 함께 근대 심리학의 창시자로 일컬어지고 있다. 소설가이며 비평가로 유명한 헨리 제임스(Henry James)의 형이다. 두산백과 참조.

윌리엄 제임스가 한 말입니다. **어떤 습관이 있느냐에 따라서 인생의 결과물은 천지 차이를 가져온다는 겁니다. 당신은 과연 어떠한 습관을 갖고 있습니까?**

미식축구팀 중에 이기는 것보다 지는 것을 먼저 배운 팀이 있습니다. 만년 꼴찌 팀인 그린베이 패커스팀입니다. 빈스 롬바르디(1913~1970)는 이 팀을 맡아서 9년 동안 5번의 우승컵을 차지하고, 74%의 놀라운 승률을 올렸습니다.

그가 항상 강조한 것은 성공하는 습관과 이를 위한 완벽한 연습이었습니다. '한 번 포기하는 것을 배우면 그것은 습관이 된다. 이기는 것은 습관이다. 불행히도 지는 것도 습관이다. 연습이 완전함을 만드는 것이 아니라, 완전한 연습만이 완전함을 만든다'고 말한 그를 기려 롬바르디컵이 만들어졌습니다.

그러면 성공습관을 만들기 위해서 어떠한 노력이 뒤따라야 할까요? 바로 반복입니다. 자, 제가 산수문제 하나 내겠습니다. 1 더하기 1은? 2입니다. 그러면 12 곱하기 17은? 바로 계산이 안 되시죠? 하지만 여러 번 계산을 하면 무의식적으로 바로 답을 말할 수 있게 됩니다. 삶의 중요한 순간에서 무의식적으로 행하는 나의 행동, 성공 습관이 있어야 합니다.

습관을 형성하기 위해서는 지속적이고 진지한 반복이 뒤따라야 합니다. 하인리히 법칙(1-29-300)을 들어 보신 적 있으세요? 1930년대 초에 미국의 한 보험회사 관리자인 하인리히[5]H.W Heinrich가 보험사고 5,000건을 검토하면서 놀라운 사실을 발견했습니다.

---

5. 하인리히 법칙(Heinrich's Law)이란 대형사고가 발생하기 전에 그와 관련된 수많은 경미한 사고와 징후들이 반드시 존재한다는 내용으로, 1931년 허버트 윌리엄 하인리히(Herbert William Heinrich)가 펴낸 《산업재해 예방 : 과학적 접근(Industrial Accident Prevention : A Scientific Approach)》이라는 책에서 소개된 법칙이다. 하인리히 법칙은 1 : 29 : 300 법칙이라고도 부르는데, 큰 재해와 작은 재해 그리고 사소한 사고의 발생비율이 1 : 29 : 300이라는 것이다.

한 번의 커다란 대형사건이 일어나기 전에는 29번의 작은 사고가 있었고, 그 이면에는 300번의 작은 징후들이 있었다는 것이지요. 야구를 예로 들면 이렇습니다. 아나운서의 멘트가 이렇죠.

처음에는 "볼 컨트롤이 잘 안되네요. 볼이 자꾸 높게 들어와요." 그러다가 이런 멘트가 나와요. "쳤습니다. 다행히 홈런은 아니네요." 그러다가 결국은 " 넘어가나요. 넘어가나요. 아~ 네! 넘어갑니다. 결국 홈런을 맞네요!"

화재의 경우에는 이렇습니다. 사람들이 그러죠.

"아니 이 큰 건물에 소화기가 달랑 두 개야." 그런 말들이 누적되다가 이런 말이 나오게 됩니다. "또 정전이네. 어디 자꾸 누전이 되는 것 같은데." 그러다가 뉴스에서 아나운서가 그 건물을 언급합니다. "대형화재가 발생했습니다. 화재원인은 누전으로 추측되며, 건물에는 소화기조차 제대로 비치되어 있지 않았다고 합니다."

그런데 이것을 뒤집어 볼까요? 한 번의 큰 성공 이면에는 이와 같은 확률로 29번의 작은 성공이 있었고, 그러기 위해서는 300번의 진지한 반복이 있더라는 것입니다.

인생에서 원하는 바를 이루기 위해서는 그 무엇 하나도 급하게 해서 되는 건 없습니다. 지속적인 노력과 작은 성취들이 모여서 소망을 달성하게 되는 것이지요. 지금 내가 하고자 하는 목표를 달성하기 위해서 꾸준히 반복하는 행동과 말과 생각은 무엇일까요? 어제까지 해 온대로 해도 오늘이 바뀔 거라고 생각하는 것은 바보 같은 짓입니다.

변화를 하려면 지금부터 나만의 작은 성공 습관 하나를 만들어 보세요. 일정한 시간에 내가 좋아하는 운동을 하며 땀 흘려보는 것, 매일 아침에 일찍 일어나 따뜻한 물로 샤워하며 콧노래를 불러 보는 것, 매일 새벽에 동네 뒷산이

나 혹은 강가에 달려가서 함성을 외쳐보는 것, 아침마다 일정한 시간에 홀로 명상을 하거나 목표와 계획을 점검하고 수정해 보는 것, 이러한 작은 습관의 실천 하나가 당신을 성공의 반열에 들어서게 할 것입니다.

고개만 끄덕이지 말고 결단을 해서 지금 바로 이 자리에서 시작해 보세요. Right now here! 지금 바로! 시작이 절반입니다.

변화는 놀라운 기획력이 아닌 뛰어난 실행력에서 시작된다

무엇을 해야 하나 잠시 고민에 빠졌다. 나는 내 인생의 성공을 위해 과연 어떤 목표를 세우고, 어떤 습관을 만들어야 할 것인가? 지금 나에게 급한 것은 무엇인가? 나에게 중요한 것은 무엇인가? 무엇을 시작해야 하는가?

그래, 빚에 대한 고민을 끝내야 한다. 하루 종일 하는 빚 걱정이 내 정신과 육체를 갉아 먹고 있다. 아내에게 솔직히 털어 놓고 방법을 모색해야 했다. 방법을 찾아야 했다. 빚 독촉 전화만이라도 안 오게 해야 내가 전력을 다해 일을 할 수 있을 것 같았다. 그래서 그 날 잠자기 전에 아내에게 할 말이 있다고 했다.

이제까지 나란 놈과 같이 살아줘서 정말 고맙다고, 그런데 나는 남편으로 자격이 없다고, 사고를 크게 쳤다고 말했다. 그러면서 그간 있었던 이야기를 했다. 카드 값을 들은 아내는 한참을 멍하니 있더니 바닥이 꺼지게 한숨을 내쉬었다. 아내의 눈을 마주 볼 수가 없았다. 정적이 흘렀다.

"그래서 앞으로 어떻게 할 거에요?"

아내의 목소리는 의외로 차분했다.

"다시 한 번 죽을 각오로 영업을 해보려고 해요."

"이제까지 안 됐는데 다시 한다고 되겠어요?"

"배수의 진을 치고 할게요. 1년만 기다려 줘요."

"카드 값은요?"

"……"

"전세금 빼서 갚아요. 그런데 전세대출 받은 게 있어서 그거 제
하면……."

아내는 말꼬리를 흐렸다. 아니 흐느끼는 것 같았다. 미안했다. 분
했다. 내 대답을 듣기도 전에 아내는 자리를 일어나서 방으로 들어
갔다. 난 아무 말도 할 수가 없었다. 참담했다. 그 날 밤을 하얗게
지새웠다.

아침에 일어나 인터넷 사이트를 뒤지기 시작했다. 나와 같은 처지
에 있을 때 어떤 방법이 있을지를 찾아보았다. 나 같은 사람을 구제
하기 위해 나라에서 만든 기관이 여러 개 있었다. 전화를 했다. 그
러자 개인회생을 하라는 답변이 돌아왔다. 한 번도 생각해 보지 못
했던 방법이었다.

회생전문 대행업체를 소개받아서 의뢰를 했다. 이자를 더 이상 내
지 않고 원금을 분할해서 갚아나가는 전략으로 가면 충분히 회생 가
능성이 있다는 말을 들었다. 물론 그러기 위해서 몇 가지 구구절절
한 진술서와 서류를 작성해야 하고, 법원을 몇 번 들락날락해야 했

다. 하지만 자존심이 문제가 아니다. 아니 앞으로의 자존심을 지키기 위해 지금 잠깐의 자존심은 접어두어야 했다.

진작 이 방법을 쓰지 않았던 내가 바보 같은 놈이다. 대행업체에서는 법원 판결이 나올 때까지 몇 주 걸릴 거라고 그동안 기다리라고 했다. 서류접수를 모두 마친 후 아내한테 전세금을 안 빼도 되겠다고 말했다. 이제 진인사대천명, 하늘의 뜻에 맡기고 나는 일에 집중하리라.

그 다음에는 허약해진 몸을 회복해야 했다. 건강한 몸에 건강한 정신이 깃든다고 했다. 폐결핵 진단을 받은 이후로 담배는 안 피우고 있다. 하지만 건강을 제자리로 돌리기 위해서는 규칙적인 식사와 함께 운동을 해야만 했다.

내가 지금 할 수 있는 운동이 과연 무엇이 있을까? 그래, 달리기다. 며칠 전 아침 잠결에 들은 마라톤 대회 뉴스가 떠올랐다. 그러고 보니 요즘 마라톤이 인기던데. 그래, 마라톤 대회에 도전해보는거다. 까짓 거 못할게 뭐 있을까?

하고자 하는 게 있으면 바로 그 자리에서 시작하라고 손 선생이 그랬다. 이 또한 습관이다. 바로 컴퓨터 앞에 앉아서 네이버를 검색해 보았다. 마라톤 대회가 줄줄이 검색되었다. 왜 이리 마라톤 대회가 많지? 마라톤 코스도 다양했다.

생각에 이왕 달릴 거 풀코스인 42.195km를 뛰어야 되지 않을까 하고 스스로 결정내렸다. 3개월 정도면 충분히 준비할 수 있겠지? 넉넉잡아 6월 초에 열리는 대회를 찾아보기로 했다.

규모가 메이저급이라고 하는 마라톤 대회에 풀코스로 덜컥 신청을 했다. 먼저 질러 놓아야 결심이 변하지 않을 것 같았다. 지금이 2월 말이니 6월 초까지 준비기간은 100일이 남아 있었다. 사이트에는 대회 참가인원이 수천 명에 달할 것이며 세계적인 마라톤 대회로 발전할 것이라는 주최 측의 거대한 포부가 구구절절이 나열되어 있었다. 그리고 그날 방송사에서도 취재하러 온다는 설명도 친절하게 안내되어 있었다. 도에서 주최하는 대회이니만큼 사이트는 잘 만들어져 있어 마라톤 초보자들을 위해 어떻게 준비하라는 등의 설명도 잘 되어 있었다.

온라인 마라톤 카페에 가입해서 정보를 좀 얻어 볼까 했지만 평소 이용하는 네이버 카페에는 아쉽게도 마라톤 동호회가 없었다. 어차피 마라톤은 나와의 싸움 아닌가? 혼자서 연습하는 거야. 그까짓 거 뭐 혼자 해보는 거다. 왜 그런지 할 수 있겠다는 강한 확신이 들었다. 왠지 도전한다는 결심만으로 새로운 투지가 솟아올랐다.

우선 아침마다 한강까지 달려갔다 오기로 했다. 3개월 동안 매일 운동하면 마라톤 풀코스 완주 못할까? 집에서 한강까지 거리를 재보니 4km가 채 안될 것 같았다. 시간이 얼마나 걸릴까? 지난번에 몇 십분 걸렸는데, 그때보다는 체력이 괜찮으니 충분히 달려서 갔다 올 수 있지 않을까 싶었다.

이왕 결심한 거 쇠뿔도 단김에 빼라고 오늘 한번 달려갔다 오자. 아, 아침을 아직 안 먹었는데. 음, 운동하고 나서 먹지 뭐. 주섬주섬 옷을 챙겨 입고 문을 나섰다. 아직 바람이 차다. 칼바람이 온몸을 베었다. 아 춥다.

하지만 사나이가 칼을 뽑는데 이대로 집어넣을 수는 없다. 주말 아침 날씨가 쌀쌀해서 그런지 길가에는 사람이 많이 보이지 않았다. 천천히 달리다 보니 몸도 훈훈해져서 이렇게만 가면 너끈히 가능할 것 같다는 생각이 들었다.

십여 분 달리다 보니 여의도가 보인다. 조금만 더 가면 된다. 그런데 힘들다. 다리가 무겁다. 숨도 가빠져 온다. 지난 번 새벽에는 어떻게 이 먼 거리를 달려 왔을까? 그때는 죽을 생각에 초인적인 힘을 발휘했나 보다. 아 힘들다. 더 이상 못 뛰겠다. 걷자. 그래 걷다 보니 좀 낫다.

이제 여의도 초입에 도달했다. 여의도만 가로지르면 한강이다. 지난 번 새벽에 한강에 갔다 온 경험이 도움이 되었다. 그때 손과 귀에 동상이 걸릴 뻔했다. 오늘은 나올 때 장갑을 끼고 귀마개를 했다. 안 했으면 큰일 날 뻔했다. 장갑을 껴도 이렇게 손이 시리니. 볼이 좀 시리고 코에서 콧물이 좀 나오는 것만 빼고는 추위는 견딜 만 했다.

그런데 문제는 저 멀리 고지가 보이는데, 1km도 채 남지 않은 것 같은데, 다리가 딱 얼어붙어 떨어지지가 않는다. 마음은 저 멀리 가고 있는데 몸이 말을 안 듣는다. 이게 웬일인가?

멈춰서 다리를 주물러 보았다. 똑바로 서서 다리를 쭉 펴고 몸을 아래로 구부려 허벅지 근육과 종아리 근육을 이완시키기를 몇 분 하니 또 다리가 움직여졌다. 그런데 이젠 허리도 아파온다. 아니, 등도 아프다. 걸어야 했다. 이래가지고 뭘 하겠나 싶었다. 너무 대책 없이 마라톤대회를 신청한건 아닌가라는 후회가 밀려왔다.

주말이라 그런지 길거리에 사람은 없었다. 배도 고파왔다. 문 연 음식점도 없다. 그냥 여기서 버스타고 집에 돌아갈까? 아 그러기에는 여기까지 뛰어온 게 너무 아까웠다. 게다가 복장마저 등산복 차림인데 좀 창피하기도 하다. 조금만 더 걸어가서 한강을 보고 그 다음을 생각해 보자.

왼쪽 다리는 견딜 만한데 오른쪽 다리는 영 신통찮다. 왼쪽보다 오른쪽이 더 힘이 셀 텐데 왜 그럴까? 지금 거의 오른쪽 다리를 끌고 간다고 해도 과언이 아니었다. 오늘 따라 서울의 모든 교통수단이 눈에 들어 왔다.

택시다. 탈까? 하는 순간에 지나간다. 버스가 눈앞에 섰다. 횡단보도 신호 대기다. 버스의 번호판에 '어여 여기 그냥 타'라고 쓰여 있는 것 같다. 사람들이 횡단보도를 건너간다. 나도 본능적으로 건너간다. 버스를 스쳐 지나간다. 버스 헤드라이트가 웃는 것 같다. 왜 웃지?

오른쪽 다리를 질질 끌며 걷고 또 걷는다. 군대에서 아침마다 몇 킬로미터씩 구보하던 시절이 생각난다. 그때는 잘 뛰었는데, 지금 나의 체력은 유치원생보다도 못한 것 같다. 몇 백 미터가 마치 수십 킬로미터처럼 길고도 길었다. 한강이 이렇게 멀었나? 한 걸음 한 걸음이 고행이다.

멈췄다. 이제 도저히 못 걷겠다. 그냥 여기서 택시타고 집에 갈까. 뭣 하러 내가 이렇게 힘들게 달리고 있지? 나는 도대체 무엇 때문에 이곳에서 이러고 있는 거지?

순간 바람이 뒤에서 내 등을 밀어 댔다. 어찌나 세찬지 몸이 앞으로 한 걸음 갔다. 마치 앞으로 계속 가라고 하는 듯 했다. 바람은 '정신 차려라. 포기하지 마라. 끝을 봐라'라고 얘기를 한다.

울음이 북받친다. 여기까지 왔는데. 여기까지 열심히 살아 왔는데. 어머니…… 아버지…… 내 아이…… 아이 엄마…… 나 혼자 살아온 삶이 아닌데. 나만을 위해 살아온 삶이 아닌데. 그냥 여기서 포기하는 건 모든 것을 저버리는 거다. 여기까지 온 것만으로도 고생했다. 이왕 고생한 것 조금만 더 가자. 힘내자. 바람이 뒤에서 또 밀어 댄다. 이 세상에는 너 혼자만이 아냐. 바람은 마치 힘내라는 것처럼 계속 내 뒤에서 등을 밀어대고 있다.

한강공원을 안내하는 표지판이 눈에 들어온다. 고개를 들어 앞을 보았다. 아, 저 멀리 한강이 보인다. 세상에 이렇게 기쁠 줄이야. 갑자기 없던 힘이 났다. 조금씩 뛰어 보았다. 한강이다. 얼마 전 새까만 밤중에 달려서 와보았던 한강과는 완전히 다른 모습이다. 제방까지 이르러서 팔을 펴서 어깨높이까지 들고 숨을 깊게 들이마셨다.

청량한 강바람이 코를 통해 온몸을 적셨다. 해냈다는 작은 성취감이 온몸을 휘감아 왔다. 순간 강에서도 메아리가 들릴까란 궁금증이 일었다. 함성을 지르고 싶어졌다. 나도 모르게 두 팔을 번쩍 들고 소리를 외쳤다.

"나는 할 수 있다! 나는 할 수 있다! 나는 할 수 있다!"

무슨 용기였을까? 저 먼발치에 사람들도 보였건만 나는 미친 사람마냥 고래고래 고함을 외쳐댔다.

"나는 챔피언[1]이다! 나는 챔피언이다! 나는 챔피언이다!"

---

1. 챔피언은 보험회사마다 기준과 대우가 각각 다르다. 예로 메트라이프 생명의 경우 1월부터 12월까지 1년간의 실적으로 매년 3월 MPC(MetLife Presidential Conference)를 개최하는데, 대략 MDRT 기준(연봉 7,500만 원)을 달성한 에이전트가 해당되며, 그 실적 기준에 따라 시상과 가족해외여행의 특전이 주어진다. 특히 이 중 최고의 업적을 달성한 챔피언은 시상식에서 챔피언 재킷을 걸치고 챔피언 트로피를 거머쥘 뿐만 아니라, 모든 에이전트의 존경을 받게 된다.

세일즈 정신Salesman-ship은 에이전트Agent의 심장이다

세일즈맨십은 왜 필요한가? 성장하기 위해서이다. 생명보험 비즈니스 사업은 가격 상한이 정해져 있는 물건을 파는 일이 아니다. 내가 어떤 고객을 만나느냐에 따라 보험료의 크기가 달라지고, 업적에 따라 소득이 달라진다. 소득수준이나 자산규모가 큰 가망고객을 만나 계약을 체결하려면 그만큼 반대급부로 갖춰야 할 서비스의 수준이나 비용 및 시간적인 측면에서 에이전트도 투자해야 할 것들이 많다. 무엇보다도 가망고객 주변의 수많은 에이전트 중에서 내가 계약을 체결하겠다는 강한 집념이 필요하다. 내가 제공하는 서비스와 제안한 해결안이 가장 합당하다는 자신감과 확신, 그리고 나의 생존과 가족의 생계를 위해서라도 반드시 계약을 체결하고야 말겠다는 강력한 정신력이 있어야 한다. 그 사실을 심장에 새겨 놓았을 때 나의 목표를 달성할 수 있다.

모든 사람에게 보험은 필요하다. 고객은 내가 아니더라도 결국 다른 에이전트에게 본인의 소득 한도까지 보험을 가입하고야 만다. 빚을 내지 않는 한도 내에서 말이다. 그렇기에 내가 스스로 확신이 있다면 어차피 가입할 상품, 나한테 하도록 해야 하는 것이다. 에이전트의 역할은 고객으로 하여금 불확실한 미래에 대비할 수 있도록 하는 것까지 완결이 되어야 한다. 잊고 있던 것을 깨닫게 하는 정도로는 직업을 잘못 선택한 거다. **우리는 상담가가 아니라 '체결가'이기 때문이다.** 따라서 계약종결까지 마무리가 되어야 한다. 효과적인 체결이란 가장 빠르게, 가장 최대치의 보험료를 효율적으로 이끌어 내는 것을 말한다.

이러한 세일즈맨십은 반드시 필요한 마인드이지만, 고객 앞에서는 드러내지 않는 연습이 필요하다. 고객은 에이전트가 진정 고객을 위해서 상품을 추천하는지 에이전트 본인을 위해서 계약을 체결하려 하는지 느끼기 때문이다. 하지만 에이전트의 말투와 눈빛에서 느껴지는 세일즈맨십에 근거한 신념과 확신은 고객이 계약서에 서명을 하는 데 주저하지 않을 수 있는 힘이 된다.

그러면 세일즈맨십은 어떻게 측정할 수 있을까? 그것은 목표의식의 정도에 기인한다. 목표를 체계적으로 설정하는 것, 치밀하게 실행 계획을 세우고 철저하게 달성해 나가는 근성이 필요하다. 호랑이는 토끼 한 마리를 잡더라도 목숨을 건다. 병사는 전투 중에 한 눈을 팔지 않는다. 과연 당신은 어느 정도의 세일즈맨십이 있는가? 영업 목표가 마음속과 머릿속에 단단히 박혀 있는가? 목표는 달성 기한이 있어야 하고 수치로 측정이 가능해야 한다. 실적수치이든 활동수치이든 말이다.

영업 목표를 설정하라. 이는 반드시 꼭 달성할 영업 목표다. 연간 목표, 월간 목표, 주간 목표를 세밀하게 세워라. 그리고 치밀하게 실행 계획을 세우고 철저하게 실행해라. 실행 계획은 활동량 목표 수치와 이를 달성하기 위한 세부 전략이다. 매일 매시 매분 점검하고, 달성한 자신에게 그에 응하는 풍성한 보상을 아낌없이 해라. 그리고 66일 동안 지속했는가를 점검하라.

▶미션 : 목표 수립하기

다시 일어서는 용기 **3**월

영업의 활동 원칙을 정하고, 성공 습관을 만들어라

　3월을 맞이하면서 나에게 무엇보다도 필요한 건 패배의식에 갇혀 있던 나 자신을 구원하는 것이었다. 아침마다 필사적으로 일어나서 한강까지 달려갔다 오기를 매일 했다. 새벽 5시에 일어나서 달려갔다 오면 6시 정도가 되었다. 어둑어둑한 제방에서 한강을 바라보며 '나는 할 수 있다!'라고 외치고 나면 정말 모든 일이 뻥하고 시원하게 해결되는 듯 했다. 이건 나와의 약속이고 나를 시험하는 것이라고 생각했다.

　때로는 아침에 일어나기조차 어려울 때도 있었다. 하지만 이것도 못하면 내 인생에 할 수 있는 일은 아무 것도 없다. 마라톤대회가 앞으로 100일 남았다. 나는 반드시 완주하리라. 그리고 내 인생도 역전을 하리라. 영업 챔피언을 하리라.

　손 선생의 비밀노트에 쓰여 있던 첫 번째 숙제는 '간절한 목표와 계획을 수립하고 규칙적으로 활동하기'였다. 어떠한 행위이든 66

일을 반복하면 습관이 된다고 했다. 이를 악물고 미친 사람처럼 해야 한다.

목표를 세우고 행동강령을 수립했다. 목표는 올해 전국 챔피언! 너무 돈키호테 같은가? 객관적으로 논리적으로 말도 안 된다는 것 나도 안다. 그런데 나라고 그런 목표 못 세울쏘냐? 일단 세워보고 그렇게 되기 위해 노력이라도 한 번 해보고 수정하련다. 한 달 월 보험료로 대략 5백만 원에서 1천만 원 정도의 업적을 매달 1년 동안 하면 될 것 같았다. 감이 안 왔다. 나는 매달 가동 자체가 어려운 에이전트였으니까.

어쨌든 이 목표를 달성하기 위해 감을 잡아야 했다. 보험료 금액은 노력해서 안 될지라도 건수는 노력한 만큼 할 수 있다고 생각했다. 먼저 활동량을 극한까지 높여 보기로 했다. 하루에 몇 명의 가망고객을 만나 상담할 수 있을까? 그걸 알아야 챔피언을 하든지 고물장수를 하든지 이후에 명확한 계획을 세울 수 있었다.

그러기 위해서 나름대로의 행동강령을 정했다. 새벽에 일어나서 운동을 한 후 출근 전에 내 인생에 성취하고자 하는 목표를 다시금 되새기고, 이를 달성하기 위해 반복해야 하는 업무와 그날의 스케줄을 점검한다.

아침에 일찍 사무실에 출근하여 상담 리허설을 한다. 상담 리허설은 보험 영업에서 끊임없이 반복해야 할 업무이자 성공으로 가는 습관이다. 주위 환경이 어떠할지라도 나에게는 목표를 향한 자극제일 뿐이다. 나는 긍정적인 생각만 한다. 일에 목표를 집중한다. 거절을 세차게 당한 날에는 오히려 두 배로 거절처리 리허설을 했다. 그리고 다음날 활동을 위해 최소한 밤 12시에는 눈을 붙였다.

이어지는 두 번째 숙제는 '각 영업과정별 활동전략을 세우고 실행하는 것'이었다. 당시 나는 만날 사람도 없었고, 만나서 무슨 말을 해야 하는지도 몰랐으며, 또 만나고 나서도 고객관리가 안 되어 한 번 만나고 그만인 경우가 대부분이었다.

그래서 손 선생의 비밀노트에 적혀 있는 내용대로 다시 재정비를 했다. 이제까지 만났던 가망고객들과 내가 삼십 평생 살아오면서 알아온 모든 지인들의 리스트를 정리해 보았다. 주소를 아는 사람들의 명단은 대략 백여 명 되었다. 이 중에는 한 번 만났는데 보험 얘기를 못 꺼내서 어설픈 관계가 된 사람도 있고, 아예 전화조차 못한 사람도 있었다.

나는 이들을 다섯 명씩 지역별, 관계별로 분류를 나누고 손 편지를 쓰기 시작했다. 보험 이야기는 전혀 적지 않고, 그 사람에 대한 나의 솔직한 느낌과 꼭 한번 만나서 우리 인연을 길게 가져가 보고 싶다는 내용의 글을 썼다. 글 마지막에는 날짜와 편지를 쓴 장소, 이름과 서명도 남겼다. 처음에 한 줄 쓰기가 어렵다가 한번 봇물이 터지니까 두 장이 넘어갔다.

문제는 그렇게 두세 명을 쓰기가 힘들다는 것이었다. 결국 편지지는 아니라고 판단, 카드에 쓰기로 했다. 내용은 한 사람에게 최대 일곱 줄로 제한했다. 한결 수월했다. 보낼 때는 작은 선물을 동봉했다. 그러다 보니 등기로 보내야 했다. 편지를 보내는 목적은 만나기 위함이었기 때문에 우편물을 보내고 나서 받을 때 즈음에 전화를 하는 것이 핵심이었다. 따라서 백여 통을 한꺼번에 보내서 백 통의 전화를 할 수는 없는 노릇이었다.

그래서 하루에 다섯 통씩 써서 보내기로 하고 3일 정도 지나서 편지를 받았을 때쯤 전화를 했다. 반응은 정말 다양했다. 그런데 놀라운 것은 내가 가면 보험 이야기를 할 줄 알면서도 예전과 달리 한번 보자고 하는 것이었다. 이렇게 수월하게 만남 약속이 잡힐 줄이야.

편지를 보내서 약속 잡는 것과 기존 방문 약속까지 하루에 다섯 번의 활동 횟수를 채우는 것을 목표로 전화를 했다. 물론 일주일 스케줄을 체계적으로 작성하고 관리하는 것도 빼놓지 않았다.

세 번째 숙제는 일명 롤 플레이Role Play라고 하는 상담 리허설을 하는 것이었다. 입에 단내가 날 때까지 했다. 우선 내가 만날 사람들의 직군과 마켓에 맞는 상담 콘셉트를 설정하고 선배들의 상담 내용을 그대로 타이핑해서 그야말로 오며가며 잠자는 시간 빼놓고는 입에 달고 살았다.

급기야는 카메라로 녹화해서 다시 보고 다시 하기를 마음에 들 때까지 했다. 아무 생각 없이 자동으로 입에서 나올 정도까지 연습했다. 바로 이것이 핵심이었다. 생각하지 않아도 입에서 튀어 나오도록 하는 경지에 이르는 것.

처음에 선배들의 상담 내용을 받아 적는 것과 내가 직접 나만의 상담 스크립트를 만들어 보는 것까지가 어려웠을 뿐, 입 밖으로 소리 내서 연습을 해보았더니 되었다. 정말 되었다. 더듬더듬 거리며 시작했지만 수십 번을 해보았더니 어디를 가도, 누구를 만나도 보험에 대한 나의 생각을 십여 분은 말할 수 있게 되었다.

네 번째로 외모를 점검해 보았다. 내 타깃시장에 맞는 외모인가?

내가 만나는 사람들이 나를 보았을 때 거부감이 들지 않고 신뢰가 가는 복장인지를 스스로 체크해 볼 수 있어야 했다. 옷을 입고 거울 앞에 서 보았다. 구깃구깃한 양복, 색의 빛이 바랜 와이셔츠, 국물 자국이 선명하게 보이는 넥타이, 귀를 덮는 머리스타일. 아, 이렇게는 안 되겠다. 뭔가 변신이 필요하다.

이를 위해 과감하게 투자를 했다. 닳아버린 구두 굽을 수선하고, 더러운 넥타이는 버렸다. 와이셔츠도 새로 맞추었다. 머리는 미용실에 거금을 주고 손질을 봤다. 양복만 새로 사면 좋으련만 그러기에는 돈이 좀 부족했다. 양복은 세탁하는 걸로 패스하자. 그래, 거울 앞에 나는 달라 보였다. 자신감 있게 당당하게 고객을 만나자.

매일 아침마다 달리기로 각오를 다지며 영업활동에 몰입한지도 어느덧 한 달이 지났다. 변화는 놀랍게도 그리 오래 걸리지 않았다. 3월 마감까지 일주일 정도 남겨 놓았을 때다. 손 선생이 건네준 비밀노트의 숙제를 해나가면서 가망고객을 만나는 횟수가 비약적으로 늘어나자, 계약이 나오기 시작했다.

물론 매주 한 건의 계약을 하는 정도였지만, 나에게는 기적과 같은 일이었다. 예전에는 고객을 만나기도 어려웠거니와 만난다 하더라도 그 다음 단계로 넘어가지 못했었다.

하지만 지금은 다르다. 상담 스크립트를 달달 외운 것만으로 초회 상담에서 프레젠테이션까지 50%, 프레젠테이션에서 체결까지 50%. 즉, 새로운 가망고객을 만나서 체결까지 1/4의 확률이었다.

꽤 높지 않은 확률이지만 나에게는 영업의 신세계를 만난 셈이었다. 가망고객 네 명을 만나면 한 명의 고객이 창출된다는 결론이 도출되니까. 그리고 고객 한 명당 평균 1.5건의 계약을 체결했으니 수치적으로만 봤을 때 그 달에 새로운 가망고객 24명을 발굴하면 9건을 체결할 수 있다는 통계가 나온다.

이 24명의 가망고객 발굴을 위해 매달 목숨을 걸듯이 뛰어 다녔다. 아내는 그런 나를 보며 안쓰러워했다. 하나님이 우리 가족과 당신을 보호할 거라고 했다. 독실한 천주교 신자였다.

어쨌든 그렇게 뛰어다닌 결과 3월 달에 4건을 했다. 입사한 지 1년이 다 지난 시점에 매주 1건씩 한 달에 4건을 하다니 그야말로 깜짝 놀랄 일이다. 매달 1건으로 자기 가입시키고 월초에 철회해서 미가동으로 전전하던 사람이었다는 것을 감안한다면 정말 기적 같은 일인 셈이었다.

지점 전체 월 마감회의에서 지점장이 갑자기 달라진 이유를 물어보며 앞에 나와 소감발표를 하라고 했다. 한사코 손을 휘저으며 못한다고 그랬다. 당황스러웠다. 할 말이 없다고 그랬다. 다음에 지점 시상 받을 때 나가고 싶다고 말했다. 그런 나를 팀장도 그렇고 지점장도 겉으로는 축하한다고 하면서 '이거 어디서 해 온 거지?'란 의문스러운 눈초리로 쳐다보았다. 아무래도 좋았다.

아침마다 운동을 하면서 몸도 건강해져 갔다. 어느 순간 약을 먹지 않았다. 기침도 없고 전보다 밥도 많이 먹었다. 식욕이 더 좋아졌다. 약을 멈춘 지 2주일이 지나 보건소에 가서 엑스레이를 찍어보았다. 의사가 놀라면서 회복력이 빠르다고 했다. 약 효과가 좋은 것 같다고 했다. 웃음이 나왔다. 무엇보다도 아침에 출근을 일찍 하니 사무실 동료들이 바라보는 시선이 달라졌다. 이제 더 이상 꼴찌 강산이 아니다.

아침 조회 중에 문자가 한 통이 왔다. 조회가 끝나고 나서 확인해 보았다. 잘못 봤나 싶어서 눈을 비비고 다시 봤다.

'강산 개인회생 면책 결정되었습니다. 자세한 사항은 전화요망'

회의실에 얼른 들어가서 소리 없는 파이팅을 수십 차례 외쳐 댔다. 미친놈처럼 회의실 탁자 주위를 빙글빙글 돌았다. 수개월간 시달렸던 대부업체의 빚 독촉 전화에서 해방되는 순간이었다. 이제 정말 일에만 집중하면 된다. 내 생애 그렇게 기쁜 순간이 또 있을까?

어처구니가 없는 성취감이지만 나중에 이 순간을 잊지 않을 것이다. 다시는 이런 모멸스러운 일을 만들지 않기 위해 돈을 벌고 모을 것이다. 아내에게 바로 전화를 걸어 이 사실을 알렸다. 아내는 그저 나를 믿는다고 그랬다.

어느 날 새벽 달리기를 하기 위해 집을 나서는데, 거실에 아내가 탁자 위에 엎드려 자고 있었다. 뭐지 하고 지나치는데 눈에 뭔가가 확 들어 왔다. 탁자 위에는 성경책과 수십 명 아이들의 사진이 펼쳐져 있었고, 아내 손에는 묵주가 걸려 있었다. 아마도 새벽에 기도를 하다가 잠이 든 것 같았다.

신자들끼리 돈을 모아 한부모 아동들에게 후원을 해 오고 있었는데, 얼마 전 아내가 신자들과의 전화 통화에서 최근 돈이 없어 미안하다고 한 것이 이거였나 하는 생각이 들었다. 가슴 속 깊숙한 곳에서 묵직한 게 맺히는 것이 느껴졌다. 손 선생을 만난 지 벌써 한 달이 저물어 가고 있었다.

에이전트의 불문율,
영업 방정식Sales Equation을 고수하라

영업을 잘 하는 방법? 의외로 단순하다. 영업은 결국 기세 싸움과 분위기이다. 밖에서는 기세 싸움, 안에서는 분위기 싸움. 다른 게 없다. 이 두 가지이다.

고객을 만나서는 보험십이 되었든 세일즈맨십이 되었든 반드시 고객보다 기가 세야 하며 자신감이 보여야 한다. 이 자신감은 회사에 대한 확신이 되었든 본인의 상담능력이든 상품지식, 또는 보험에 대한 마인드가 그 바탕이 될 수 있다. 그래야만 계약이 나온다. 상담을 순조롭게 잘 했다 하더라도 기가 약하면 계약 성사단계에서 주춤하게 되는 경우가 많다.

그러면 '기'는 어떻게 키울 수 있을까? 많은 경험을 통해서 몸으로 습득하던지, 영업 감각이 남다르던지, 아니면 수많은 롤 플레이를 통해 키울 수 있다. 당신은 영업 감각이 남들보다 뛰어난가? 아니라고 생각한다면 치열한 롤 플레이 훈련이 수반되어야 한다.

밖에서는 기, 사무실에 들어와서는 분위기가 중요하다. 그렇기에 동료들의 도움이 필요하다. 나만의 힘으로 되는 것이 아니다. 에이전트들이 필드에 나가서 고객과 기 싸움을 하고 나면 에너지가 방전이 되는데, 충전을 하는 장소가 동료들이 있는 사무실이다. 즉 조직 내에 영업 분위기가 되어 있지 않으면 필드에서 방전만 되다가 사망하게 된다. 따라서 사무실 내 영업 분위기는 그만큼 중요하다. 분위기는 곧 문화이고, 그 문화를 만들기 위해서는 에이전트 각각의 영업습관이 모여야 한다. 그렇다면 성공적인 영업습관은 무엇일까?

보험 영업을 컴퓨터에 비유해 보자. 컴퓨터는 골격을 구성하고 있는 하드웨어와 프로그램인 소프트웨어가 모두 있어야 그 역할을 할 수 있다. 하드웨어가 아무리 최신기종이라도 소프트웨어가 구 버전이라면 컴퓨터가 잘 돌아가지 않고, 하드웨어가 오래되면 최신 소프트웨어를 장착조차 할 수 없다.

그러면 보험 영업의 하드웨어와 소프트웨어는 무엇일까? 하드웨어는 4대 핵심요소로 이루어져 있는 영업 방정식이고, 소프트웨어는 세일즈 프로세스 7단계이다.

흔히 영업 현장에서 이야기하는 KASH(지식Knowledge, 태도Attitude, 기술Skill, 습관Habit) 중에서 영업 방정식은 태도와 습관에 해당하며, 세일즈 프로세스는 지식과 기술에 해당한다.

보험 영업 = 영업 방정식 + 세일즈 프로세스

영업 방정식은 컴퓨터의 하드웨어로서 본인이 어떤 세일즈 스킬을 갖고 있든지, 어떤 영업 스타일이든지를 불문하고 지켜야 할 기본자세를 말한다. 어떠한 마켓이나 콘셉트이든 다 마찬가지다. 하나하나 풀어 보자. 프로 대면조직, 즉 프로 에이전시 채널에서 영업을 잘하기 위해서는 활동량과 체결률의 증대가 절대적으로 필수이다. 동의하는가?

사람을 만나지 않고 상담이 이뤄질리 없고, 상담 없이 계약이 나올 수 없다. 따라서 활동량은 필수적이다. 또한 아무리 사람을 만나고 다니더라도 상담만 하고 체결이 이루어지지 않으면 아무 소용이 없다.

그래서 우리는 활동량과 체결률을 높이기 위한 방법을 강구한다. 활동량과 체결률의 증대는 건전한 영업문화를 만들기 위한 개개인의 습관 형성의 토대와도 맞물린다. 실적을 올리려면 이 두 가지가 전부이기 때문이다.

그렇지 않은가? 이 두 가지는 곱으로 되어 있다. 그래서 이 중 한 가지라도 안 되면 실적은 없다. 활동량 곱하기 체결률, 이것이 영업 방정식이다.

실적 = 활동량 X 체결률

그렇다면 활동량을 증대시키기 위해서는 어떤 노력이 뒤따라야 할까? 활동량은 개인의 태도와 싯플랜Sit Plan(주간계획 수립)이 근간이다. 활동량이 아무리 높아도 계약이 나오지 않는다면 헛수고다. 따라서 체결률도 같이 높여야한다. 체결률을 높이기 위해서는 롤 플레이와 리뷰가 핵심이다.

다시 말해 태도Attitude, 싯플랜Sit Plan, 롤 플레이Role Play, 리뷰Review를 일컬어 4대 핵심요소Core Factor라고 하며, 이것이 보험 영업에서 골격을 갖추는 요소가 된다. 공식화한다면 이와 같다. 그렇게 어렵지 않다. 외우자.

4대 핵심요소 = 태도, 싯플랜, 롤 플레이, 리뷰

실적을 올리기 위해서는 활동량과 체결률이 동시에 증대되어야 한다(실적 = 활동량 X 체결률). 방금 이야기한 영업 방정식이다. 그리고 활동량은 태도와 싯플랜의 합이다(활동량 = 태도 + 싯플랜). 체결률은 롤 플레이와 리뷰의 합이다(체결률 = 롤 플레이 + 리뷰).

즉, 실적을 공식화하면 태도와 싯플랜을 더하고 롤 플레이와 리뷰를 더한 것을 곱한 것이다. 영업실적을 올리려면 이 네 가지 요소를 모두 지켜야 하는 것이다.

실적 = (태도 + 싯플랜) X (롤 플레이 + 리뷰)

세일즈 프로세스 7단계는 컴퓨터로 따지면 소프트웨어로 시장발굴, 초회접촉, 초회상담, 정보파악, 솔루션 제안 및 계약종결, 증권전달, 소개 요청, 그리고 다시 시장발굴로 이어지는 7단계 순환과정이다. 물론 이러한 단계를 거치지 않고도 선천적으로 타고난 감각으로 세일즈를 하는 사람도 있다.

하지만 이는 두 가지로 분류가 된다. 알게 모르게 세일즈 프로세스가 몸에 익혀진 사람일 수 있고, 아니면 마구잡이 판매로 일관하다가 종국에는 힘에 부쳐 낙오하는 경우다.

세일즈 프로세스를 지키는 궁극적인 목적은 지속적인 가망고객 창출을 위해서이다. 가망고객 창출은 영업에서 혼과 같으며, 영업의 시작이다. 이제부터 영업 방정식을 구성하고 있는 4대 핵심요소와 세일즈 프로세스 7단계를 하나씩 알아보자. 그러기 위해서 하나 외우고 가자.

▶미션 : 세일즈 프로세스와 영업 방정식 핵심요소 암기하기

영업력에 1%가 부족하다면
외모Shape에 신경을 써라

상담하는데 고객의 시선이 내 시선을 피해 어깨로 가있던 적이 있는지, 노트에 적으며 상담 중 고객이 내 손톱을 유심히 보고 있던 적이 있는지, 말하고 있는데 고객이 코를 손으로 막은 적이 있는지 한 번 생각해보자. 십중팔구 상담이 안 되었을 것이다. 영업 이전에 먼저 점검해야 할 것이 나의 외모다.

사람은 처음 만나서 단 3초 만에 첫인상이 결정된다고 한다. 그리고 단 10초 만에 그 사람과 비즈니스 이야기를 할지 안할지를 결정한다고 한다. 그만큼 외모에 신경 쓰지 않는다면 그 세일즈맨은 처음부터 단추를 잘못 꿴 채 영업을 시작하는 것이다.

최초 만남에서 5분 이내에 형성될 만큼 눈 깜짝할 정도로 빠르게 이루어지는 것이 첫인상이다. 나쁜 인상이 형성되면 좋은 느낌으로 반전시키는 데 많은 시간과 노력이 소요된다. 에이전트를 처음 만난 최초 5분의 첫 인상이 계약의 성사여부에 직결되기도 한다.

첫인상을 좋게 남기기 위해서 무엇을 신경 써야 할까? 약속 시간을 지키는 것이 될 수도 있고, 절제된 용어와 자신감이 곁들어진 어조로 이야기하거나,

부드러운 미소와 반짝이는 눈빛으로 고객을 매료시킬 수도 있을 것이다. 그러나 무엇보다 복장만으로도 성공을 느끼게 할 수 있다.

세일즈맨이 외모에 신경을 써야 하는 이유는 가망고객이 외모가 깔끔한 세일즈맨을 선호할뿐더러 이런 세일즈맨의 권유가 그렇지 않은 사람들보다 훨씬 더 신뢰성 있게 비춰져 최종적으로 계약 성사율 자체가 높아지기 때문이다. 외모부터 성공한 사람의 이미지를 풍겨야 한다.

그렇다면 어떤 부분을 신경 써야 할까? 머리부터 발끝까지 한 가지씩 점검해 보자. 우선 헤어스타일을 보자. 내가 어떤 고객층을 만나느냐에 따라 바꾸어야 할 것이다. 하지만 해당 고객층보다는 조금 보수적으로 하는 것이 실수를 줄여 준다.

그리고 머리는 자주 감자. 진한 색의 양복 어깨 위에 하얀 비듬이 떨어져 있는 것만큼 눈살을 찌푸리게 하는 것도 없다. 오늘 혹시 늦잠을 자서 머리를 못 감았는가? 그렇다면 진한 색의 양복은 입지 마라. 가급적 밝은 색의 양복을 입어서 비듬이 보이는 걸 방지해야 한다. 또한 세수를 했더라도 눈곱이 있을 수도 있다. 거울을 보자. 남자의 경우 코털이 나온 것은 최악이다.

식사를 한 후라면 혹시라도 치아 사이에 음식물이 있는지 확인해라. 세일즈맨이라면 양치도구나 구강청결제를 가지고 다녀야 한다. 담배 냄새나 음식 냄새를 펄펄 풍기면서 고객과 상담할 생각은 아예 상상도 하지 마라. 상담을 하다 보면 고객과 가까이에서 대화를 나눌 수밖에 없다.

고객이 세일즈맨의 입에서 악취를 맡는 게 좋을까? 향긋한 냄새를 맡는 것이 좋을까? 선택은 당신에게 달려있다. 고객은 절대로 당신의 입에서 고약한 냄새가 난다라고 이야기하지 않는다. 다만 그 냄새가 강한 인상으로 남아 계약 성사 여부에 영향을 미칠 것이다.

다음으로 본인의 옷 스타일을 점검해라. 어떤 상황, 어떤 고객인가에 따라 옷차림은 달라야 하겠지만 보험은 금융이다. 금융업에 맞는 건 정장 스타일이다. 그렇다면 보수적인 것이 무난하다. 보수적 스타일이란 감색, 검정색, 회색의 클래식한 양복에 밝은 색 넥타이와 깨끗한 와이셔츠, 진한 색 양말과 구두 착용이다. 그런데 간혹 가다가 아버지 옷을 입은 것처럼 헐렁한 양복을 입는 사람도 있다. 양복과 와이셔츠는 몸에 꼭 맞는 것을 착용해서 전문가적인 인상을 남겨라.

양복과 와이셔츠는 남자 스타일의 핵심이다. 소매와 목깃이 너무 닳아 있지는 않은지, 색의 조화는 잘 되어 있는지 확인한다. 간혹 식사를 할 때 넥타이가 음식물에 닿을까봐 와이셔츠 단추를 풀어서 넥타이를 넣고 나서는 잊어버리는 사람이 있는데, 그런 어처구니없는 실수는 하지 않도록 항상 화장실을 들러 거울을 보자.

또 시간을 아끼기 위해 넥타이 매듭을 풀지 않고 그대로 매는 경우가 있는데, 같은 넥타이를 그런 식으로 자주 맬 경우 매듭 부분에 때가 끼게 된다. 같은 넥타이인데 매듭과 매듭이 아닌 부분의 색깔이 다르다고 생각해 보라. 보는 사람이 민망해 진다.

여름철이나 땀이 많이 나는 남자의 경우 간혹 가다가 와이셔츠를 이틀씩 입을 수도 있는데, 그러면 암내가 심해진다. 고객을 만나는 걸 미루는 한이 있더라도 청결하게 한 후 일정을 소화해라.

고객을 만나서 인사를 하고 악수를 하는 그 몇 초간의 순간이 첫 인상을 결정한다. 낯선 사람과의 첫 육체적인 접촉은 악수다. 악수를 할 때 너무 힘을 빼지도 말고, 주지도 말면서 자연스럽게 손을 잡는 것이 중요하다.

그런데 손에 너무 땀이 많아 축축한 느낌을 주게 되면 왠지 불결한 인상을 심게 된다. 반대로 겨울에 너무 손이 차가운 상태에서 악수를 하면 가망고객은 자신의 열을 빼앗기는 것 같아 안 좋은 인상을 갖게 된다. 따라서 겨울에 세일즈맨은 장갑을 끼고 다녀야 한다.

자, 여기까지 점검을 했으면 손을 보자. 손은 펜을 잡고, 서류에 서명을 하고, 제스처의 중심이 된다. 고객의 시선이 자주 가는 곳이다. 손톱이 너무 길거나 손톱에 까만 때가 있지는 않은지, 너무 요란스런 장신구가 손목에 매달려 있지는 않은지, 와이셔츠 손목이 지저분하지는 않은지 확인한다.

간혹 가정방문 약속을 잡아서 상담할 경우가 있다. 이때는 집안을 들어가기 때문에 양말에 신경을 써야 한다. 구두를 벗고 거실까지 걸어가면서 남긴 땀에 찬 발자국 하나하나에 냄새가 난다고 생각해 보라. 어떤 주부가 좋아할까? 게다가 양말에 구멍까지 나 있다면? 생각만 해도 아찔하다. 아무래도 외부 활동이 많기 때문에 항상 땀에 차 있겠지만, 여분의 양말을 준비하는 건 조금만 신경 써도 가능한 일이다.

마지막으로 구두를 점검하자. 얼마나 걸어 다녔는지 흙먼지가 내려앉고 닳아 없어진 뒷굽. 일을 열심히 해서 성공한 보험세일즈맨으로 볼까? 글쎄, 별로 신뢰가 가진 않을 듯하다. 결론은 결국 청결을 유지하자는 거다. 본인의 외모에 신경을 쓰고 고객을 만나기 전 항상 거울을 보고 점검을 해 보자. 그리고 자신감을 고취시키자. 스스로에게 주문을 걸어라. 나는 할 수 있다고.

▶미션 : 외모 점검하기

다시 일어서는 용기

4월

진인사대천명盡人事待天命,
최선을 다한 후 하늘의 뜻에 맡기다

"연락 한 번 주라."

새싹이 돋아나고 만물이 성장한다는 4월이다. 비밀노트의 숙제를
하기 시작한 지 거의 두 달째 되는 날, 사무실에서 월요일 조회 중
에 한 통의 문자를 받았다. 최규철 선배다. 학교 졸업 후 보석상을
크게 하는 선배였다. 보험 영업을 하기 전에는 자주 보았었는데, 왠
지 껄끄러워 못 찾아가고 있다가 지난번에 편지를 보내고 한 번 만
났었다.

"지금 미팅 중인데 끝나고 전화 드릴게요."

조회가 끝나자마자 전화를 했다.

"네가 전에 보험 얘기한 거 잊고 있었는데, 며칠 전에 옆 가게 사
장이 암에 걸렸어. 내 암보험이 얼마나 되지?"

"선배님, 제가 직접 찾아뵙고 말씀드릴게요. 이번 주 제가 화요일
하고 목요일 괜찮은데 언제가 편하세요?"

110

"아무 때나 전화하고 올래?"

"네, 선배님, 그러면 화요일에 찾아뵐게요. 오전이 좋으세요, 오후가 좋으세요?"

"오전이 낫지."

"네, 그러면 화요일 오전 10시에 찾아뵐게요. 혹시라도 변동사항 생기면 미리 연락주세요. 따로 전화 드리지 않고 갈게요."

규철 선배는 암 보험에 대해 관심이 있는 것 같았다. 전에 만났을 때는 준비가 안 되었을 뿐더러 대뜸 무슨 보험이냐고 핀잔을 주는 바람에 말 한번 제대로 못 꺼냈었다. 하지만 이제는 다르다. 그동안 입에서 단내가 나게 연습한 시간이 있었다.

게다가 규철 선배는 옆 가게 안경점 사장이 암에 걸린 걸 보고 생각이 좀 바뀐 것 같았다. 전화를 안 하고 바로 간다고는 했지만 떠나기 전에, 그리고 도착해서 확인전화를 한 후 보석상으로 찾아갔다. 선배는 종업원한테 일을 맡기고 나를 가게 안쪽 방으로 안내했다. 거기에는 형수님이 미리 와 계셨다.

"오래간만이야."

"네, 형수님, 오래간만이네요."

형수님은 선배가 연애할 때부터 나를 소개해줘서 벌써 십여 년 알고 지낸 사이였다. 딸아이가 이번에 초등학교 들어간 걸로 알고 있는데, 학교 보내놓고 가게에 바로 들른 모양이었다. 형수는 평소 보험에 관심이 많아서 주위에 보험 하는 친구들이 많이 있었다. 아마 선배가 나를 불렀다는 걸 알고 내 애기를 한번 들으러 왔을 것이다.

여기서 승부를 내야겠다란 생각이 들었다. 오늘 확실히 내 고객으로 만들지 않으면 틀림없이 다른 보험설계사한테 가입할 것이 뻔했다. 선배와 형수가 듣고자 하는 건 무엇인지 알고 있다.

보험 영업에서 고객의 니즈를 파악했으면, 구체적 니즈로 환기시킬 수 있어야 한다. 한 번의 상담에 승부를 걸어야 한다. 비밀노트에는 훌륭한 질문이 훌륭한 상담을 만든다고 했다. 고객의 말을 충분히 경청한 후 내가 말한 시간이 되었을 때, 이제까지 연습한대로 후회 없이 말하리라. 이 순간을 위해 처절하게 상담연습을 했다. 최선을 다하리라. 이후는 하늘에 맡긴다.

"선배님, 오늘 제가 어떤 말씀을 드리면 될까요?"

"전에 네가 말한 암보장 관련해서 다시 검토가 필요할 듯 해."

"네, 그러면 제가 암보장에 대해 말씀드리기 전에 여쭤보고 싶은 것이 있습니다. 선배님, 저는 어떤 일을 하는 사람일까요?"

"보험 컨설팅 하는 사람이지."

"네, 저는 선배님을 부자로 만들어드리는 사람은 아닙니다. 하지만 선배님 인생에서 사랑하는 가족들이 돈 때문에 당황하거나 굴욕적이지 않게 미리 대비할 수 있도록 도와드리는 사람입니다. 선배님, 만일 지금 가게에 불이 났어요. 뭘 하시겠어요?"

"소방서에 신고해야지."

"그리고 뭘 하시겠어요?"

"소화기를 찾아야겠지."

"어디에 있는지 아세요?"

"글쎄……."

"가게에 소화기가 있다는 건 알지만 평상시 우리는 그 존재가 있다는 것조차 잊고 삽니다. 아니 돈 주고 산거라면 돈이 아깝다는 생각이 들 수도 있겠네요. 하지만 불이 나면 우리 머릿속에 제일 먼저 떠오르는 물건은 바로 이 녀석입니다. 소화기. 소화기는 평상시에는 한쪽 귀퉁이에서 불필요하게 먼지만 쌓여 가고 있지만, 긴급할 때는 사람의 목숨도 구할 수 있는 도구가 되잖아요. 그런데 소화기가 고장 나 있다는 사실을 불이 난 상황에서 알게 되었다면?"

"……"

"보험은 어떤가요? 전 보험도 마찬가지라고 생각해요. 평상시에는 불필요한 것 같지만 긴급할 때는 나와 우리 가족을 지켜주는 중요한 역할을 하거든요. 이번에 선배님께서 옆집 사장님이 암에 걸리신 걸 보고 제게 연락을 주셨지만, 만일 선배님께서 걸려서 제게 연락을 주셨는데 보험이 부족하다는 것을 알게 되었다면 그때는 이미 늦다는 거죠."

"선배님, 우리가 위험을 보장받기 위해 보험을 가입하는데, 위험은 세 가지로 나뉩니다. 치명적인 위험, 중대한 위험, 일반적인 위험. 선배님, 치명적인 위험은 어떤 것이라고 생각하세요?"

"암 같은 병에 걸리는 거 아닐까?"

"네, 대부분 암 같은 질병이 치명적인 위험이라고 생각하는데, 치명적인 위험은 갑작스럽게 사망하거나 평생 장애인으로 살게 되는 겁니다. 선배님께서 말씀하신 암이나 성인병은 중대한 위험이라고 하고요. 내 발로 걸어 들어가서 치료받고 내 발로 걸어 나올 수 있는 모든 질병이나 상해사고를 일반적인 위험이라고 합니다. 치명적이고 중대한 위험은 주로 생명보험에서, 중대한 위험과 일반적인 위험은 주로 실비보험에서 보장이 됩니다. 보험 가입할 때 앞서 말한 세 가지 위험 중에 딱 한 가지만 보호를 받는다면 무엇을 보호받고 싶으세요?"

"치명적인 위험을 보호받아야 되나?"

"네, 그런데 사실 이 중 한 가지 위험만 보장받는 보험을 가입하고 있다면 보험을 잘 가입한 게 아니겠지요? 이 세 가지 위험을 잘 보장받을 수 있도록 제대로 보험을 가입하고 계셔야 합니다. 선배님, 그리고 보장은 몇 세까지 받으면 좋을까요?"

"경제활동을 하는 동안은 보장을 확실히 받아야겠지."

"네, 선배님, 경제활동 시기에 보장은 꼭 필요하지요. 그리고 저는 이렇게 생각합니다. 보장은 평생 동안 되어야 된다고요. 혹시 주변에서 100세가 넘으신 분을 뵌 적이 있나요? 우리나라 100세 이상 인구[1]는 얼마나 될까요? 안전행정부 주민등록통계에 따르면 2014년 기준 1만 4천 명이 넘습니다. 어떠세요? 상상이 가시나요? 선배님이 100세가 되는 생일에 100개의 초가 꽂혀있는 케이크를 한 번 머릿속에 그려보세요. 흐뭇함과 동시에 어떤 모습일까 궁금하진 않으세요?"

"그렇다면 이웃나라 일본은 얼마나 될까요? 무려 5만 4천 명이 넘습니다. 이제 장기생존은 선택이 아니라 필수입니다. 누구도 피할 수 없는 현실인 거죠. 하지만 오래 사는 것이 문제가 아니라 어떻

---

1. 국내 100세 이상 노인인구는 안전행정부 주민등록인구통계를 보면 2014년 8월 말 기준으로 14,672명이다. 이 중 11,235명이 할머니다. 노화연구 권위자인 서울대 의대 박상철 교수의 말에 따르면 전 국민 건강보험 도입이 장수노인의 증가와 맞물린다며, 건강보험의 확대가 고령자의 의료 혜택을 높였다고 한다.

게 사느냐, 어떤 모습으로 사느냐가 더 문제인 것 같아요. 현재 한국인의 평균 수명은 80세가 넘습니다. 그런데 건강수명은 70세 정도밖에 안됩니다. 평균수명에서 건강수명을 빼면 질병으로 고생하는 기간이 나오는데요. 개인마다 편차는 있겠지만 투병으로 고생하는 기간, 즉 유병기간²은 8.4년 정도가 됩니다. 의료 기술의 발달은 인간의 평균수명, 기대수명을 늘려 놓았지만, 앓는 기간도 늘려 놓은 셈입니다."

"그리고 현재 우리나라 65세 이상의 고령인구 1인당 평균 3.34개의 만성질환을 보유하고 있다고 합니다. 80세를 살면서 8.4년의 유병기간이 있으니, 사는 인생의 20%는 병으로 고생한다는 뜻이지요. 만일 지금 80세가 넘었는데 다들 100세까지 살고 있고, 열흘에 이틀은 병원에 가야 하는데 보험이 없다면 어떤 마음이 들까요? 우리는 몇 살까지 보장받는 보험이 있어야 할까요?"

"네 말을 들으니 평생 보장받는 보험을 가입해야겠구나."

"형님하고 형수님, 그리고 저하고 나란히 손을 잡고 서로를 한 번 바라볼게요. 세계적인 통계로 보면 7명 중에 1명이 암³에 걸린다고

2. 노화는 더 이상 어쩔 수 없이 받아들여야 하는 시대가 되었다. 한국인의 평균수명은 경제협력개발기구(OECD) 평균을 넘어선 81세에 달한다. 다만 문제는 말년을 얼마나 '건강하게' 보내느냐다. 평균수명이 '사람이 태어나서 그냥 생존하는 기간'을 가리킨다면, 건강수명(healthy life expectancy)은 '질병에 걸리지 않고 건강한 상태로 살아가는 기간'을 말한다. 따라서 건강수명은 삶의 질을 따지는 건강지표라고 할 수 있다. WHO는 부정기적으로 세계 각국의 평균수명과 건강수명을 비교한 자료를 공표하고 있으며, 미국 워싱턴 대학 건강측정평가연구소가 WHO의 최근 자료를 분석한 보고서에 따르면, 한국인의 평균수명과 건강수명의 차이는 8.4년으로 나타났다. 이제 우리는 수명이 늘어나는 것만 생각하는 것이 아니라 건강수명 이후 약 10년을 어떻게 건강하게 보낼 수 있을지를 고민해야 한다.

3. 암(cancer)은 조직 내에서 질서를 무시하고 무제한 증식하는 미분화 세포로 구성된 종괴(腫塊), 또는 종양을 형성하는 병이다. 궁극적으로는 주위의 정상조직이나 기관을 침윤하여 파괴시키고, 원발병소(原發病巢)에서 개체의 어떤 기관이든 전이하여 새로운 성장 장소를 만들 수 있어 개체의 생명을 빼앗아 갈 수 있는 질환군을 총칭한다.

합니다. 그런데 우리나라는 식습관 때문에 3명 중에 1명은 암에 걸린대요. 지금 손잡고 있는 세 분 중에 한 분은 암에 걸린다는 겁니다. 그리고 3명 중에 1명은 60세 전에 죽고요. 손잡은 우리가 모두 여성이라면 이 중에 한 명은 요실금에 걸립니다. 결코 남의 얘기가 아니라는 거죠."

"그리고 보건복지부의 통계에 따르면 평균수명까지 생존 시 암 발생률이 37%에 달한다고 하는데 정말 가장 큰 문제는 암 환자들과 보호자들의 실직률입니다. 암 진단 후 환자들은 84%가 실직하고, 말기 암환자를 돌보는 보호자의 19.8%는 간병 도중 실직한다고 합니다. 암 치료비도 그렇지만 생활비에 대한 부분도 고려를 해서 암 진단 금액을 충분히 준비해 두어야 한다는 거지요. 서울 경기권에 4인 가정 한 달 생활비가 200만 원이라고 가정한다면 1년에 2,400만 원, 5년에 1억 2천만 원입니다."

"선배님, 일산에 있는 국립 암센터에 가시면 암 환자가 자기 옷을 입고 가만히 누워만 있어도 암 치료가 가능한 치료방법이 있습니다. 몸에 칼 하나 안 대고 완치 가능한 기술로 양성자요법[4]이라고 합니다. 열 번 들어갔다 나오는데 수천만 원이 든다고 합니다. 예전처럼 원무과에서 하라는 대로 자신의 몸을 도화지처럼 도려내

---

4. 양성자 치료는 양성자(수소원자 핵을 구성하는 소립자)를 가속하여 암 치료에 활용하는 방법이다. 양성자가 가진 브래그 피크(Bragg Peak)를 이용해서 정상조직에는 에너지 흡수를 최소화하고 암 조직에 특이적으로 에너지 흡수를 높여서 방사선 치료 시 생길 수 있는 부작용을 거의 없애기 때문에 '꿈의 치료'라고 부른다. 다만 치료비용이 한 번에 수천만 원에 달하고 건강보험이 적용되지 않아 다른 치료방법보다 비용부담이 크다. 1947년 윌슨에 의해 치료에 처음으로 활용되었으며, 1990년 미국에서 실용화되었다. 2012년 기준 양성자 치료시설은 전 세계에서 400여 곳이 가동되고 있으며, 우리나라는 국립암센터에서 양성자 가속치료기(Proto Therapy)를 국내 처음으로 설치해 2007년 6월부터 양성자 치료를 시작했다.

는 그런 수술을 받으시겠습니까? 아니면 더 좋은 최상의 치료를 하시겠습니까?"

"그런데 더 놀랍게도 양성자 치료기보다 암세포 파괴력이 4배에 달하고, 부작용도 훨씬 덜한 중입자 가속기[5]라는 치료기계도 있습니다. 우리나라 부산 기장에 중입자 가속기 치료센터가 지어지고 있는데요. 전 세계적으로 8대만 운영되고 있어, 부산에 센터가 완공되면 아마도 암 환자들에게는 다시 한 번 포기할 수 없는 희망을 가져다 줄 것입니다. 문제는 의료보험이 적용 안 되는 치료비용인데요. 중입자 가속기의 경우 약 5천만 원 가량 치료비가 들 것으로 예상됩니다."

"정작 문제는 돈이 아닐까요? 이제는 암 보험금 1억 원 시대입니다. 죽을 때까지 보장받고 고혈압이나 당뇨환자들도 가입 가능한 시대입니다. 선배님의 암 보험이 80세에 만기가 끝나서 고령화 시대에 대비할 수 없는 건 아닌지 살펴보세요. 그리고 암 보험금이 2~3천만 원밖에 나오지 않아 양성자요법 같은 아주 좋은 기술들이 나오더라도 제대로 치료비로 쓸 수 없다면 나중에 후회하실 수도 있으니 반드시 살펴보세요. 이런 부분을 모두 검토해서 보장 설계가 이루어져야 합니다."

규철 선배와 형수는 내가 얘기하는 동안 묵묵히 듣고 있더니, 한

---

5. 중입자 치료(Carbon ion radiotherapy)는 빛의 속도와 가깝게 가속한 탄소 원자핵(carbon ion)을 사용하며, 암세포를 죽이는 생물학적 능력은 양성자 치료보다 3~4배 정도 뛰어나다. 2014년 기준 유럽 및 일본에 6개의 치료 가능한 시설이 있고, 우리나라는 부산 기장 동남권 원자력 의학원에 1,750억 원을 들여서 건립 중으로 2017년 오픈 예정이다. 이 치료방법 또한 건강보험이 적용되지 않으며, 한 번 치료에 수천만 원이 책정될 예정이다.

마디를 툭 내던졌다.

"그럼 내가 어떻게 하면 되냐?"

"우선 제가 선배님이 갖고 있는 보험증권을 아주 객관적이고 명확하게 분석을 해보겠습니다. 그리고 선배님이 가족들을 위해 정말 제대로 잘 준비할 수 있도록 도와드리겠습니다. 제가 선배님의 보장을 설계하기 위해서 알아야 할 것이 어떤 것이 있을까요?"

"보험료는 얼마나 되니?"

"선배님이 생각하고 계신 보험료는 어느 정도세요? 제가 판단하기에 선배님의 한 달 평균 수입의 10%인 이 정도가 적당하리라 생각합니다. 괜찮으신지요?"

"그 정도면……."

"그렇다면 다음에 제가 선배님의 솔루션을 짜서 올 텐데 어떠한 방향으로든 결정하실 수 있는 거죠?"

충분히 경청하고 속 시원히 말했다. 받아 온 보험증권은 꽤 많았다. 증권 분석은 그리 오래 걸리지 않았다. 이틀 후에 솔루션을 들고 다시 찾아 가서 내 고객이 될 수 있도록 진행을 해 드렸다. 선배님과 형수님의 종신보험과 암보험을 각자 가입할 수 있도록 말이다.

보험정신Agent-ship은
에이전트의 영혼이다

보험이란 단어의 의미를 사전에서 찾으면 다음과 같다. '재해나 각종 사고 따위가 일어날 경우의 경제적 손해에 대비하여, 공통된 사고의 위협을 피하고자 하는 사람들이 미리 일정한 돈을 함께 적립하여 두었다가 사고를 당한 사람에게 일정 금액을 주어 손해를 보상하는 제도'

회사나 조직의 경우에는 전략적으로 일을 진행할 때 반드시 보험을 가입한다. 하지만 개인의 경우는 좀 다르다. 미래의 삶을 전략적으로 생각하며 살아가는 사람이 그리 많지 않다. 내가 갑자기 죽을까봐 매일 걱정하며 사는 것도 정상은 아니다. 너무 오래 살까봐 몇 십 년 후를 걱정하며 사는 사람도 이상하다.

가망고객들은 오늘 하루를 최선을 다해 살다보면 별 문제없이 지금까지 산 것처럼 내일도 모레도 미래의 삶도 그렇게 살 것으로 생각한다. 게다가 주위에 보험 영업하는 사람도 많으니 아무리 좋은 말을 해주어도 보험 가입시키려고 하는 소리겠거니 하고 방어막을 친다.

직접 아는 사람도 있지만 한 다리만 건너면 수십 명이다. 언제든지 마음만

먹으면 가입하는 건 문제없다. 수요보다 공급이 더 많은 셈이다. 살아가며 수십 번 수백 번 보험가입 권유를 받는다.

그래서 보험세일즈맨이 고객의 잠재적 니즈를 환기해서 가입하는 것이 아니라 반대로 고객이 직접 보험을 가입하는 경우 역선택을 의심해야 한다. 보험금을 받을 만한 확률은 그리 높지 않기 때문이다. 설마 나에게 그런 리스크가 발생하리란 생각은 평소에 하지 않는다. 아니, 평소에 그런 걱정을 하며 사는 사람은 좀 이상하다.

매일 이런 걱정을 하며 산다고 해보자. 내가 암에 걸리면 어떻게 하지? 내가 뇌졸중으로 쓰러지면 어떻게 하지? 내가 교통사고가 나면 어떻게 하지? 내가 죽으면 어떻게 하지? 내가 너무도 오래 살면 어떻게 하지? 이상하지 않은가?

그래서 나한테 그런 일이 벌어질 것이란 생각은 하지 않는 것이 정상이다. 하지만 문제는 설마 우려했던 일들이 실제로 나타나는 경우이다. 그럴 경우는 백 퍼센트 확률이 된다. 그때 가서 후회하는 건 이미 늦다.

주위에 정말 소중한 사람들의 보장을 점검해 보자. 그 사람들이 우리 마음 같지 않더라도 우리는 우리 소임을 다하면 된다. 후회 없이 아쉬움 없이 진정성을 담아서 말해줘야 한다.

▶미션 : 가족 보장 점검해 보기

가망고객 발굴은
에이전트에게 가장 중요한 능력이다

4월 달 그 주에 나는 규철 선배한테 4건과 또 다른 지인한테서 3건을 하는 바람에 일주일에 총 7건을 해서 지점 주간 챔피언을 달성했다. 거의 1년 반만의 쾌거였다. 지점 사람들은 '소 뒷걸음치다가 쥐 잡았겠지'라는 반응이었다. 하지만 나를 바라보는 눈빛은 확연히 달라졌다.

언제 그만 두나 했던 탈락 1순위의 녀석이 약을 잘못 먹었는지 1년 동안 해온 실적을 일주일 만에 갱신을 하는 것도 놀랄 노자이지만, 그보다도 사람이 달라졌다는 소리가 나왔다. 그도 그럴 것이 아침에 사무실에 출근했나 싶더니 바로 사라지고, 밤늦게 다시 사무실에 와서 솔루션을 엄청 뽑아서 퇴근하는 것이 마치 전국 챔피언이라도 노리는 양 미친놈처럼 일을 했기 때문이다.

물론 동료들은 내가 가망고객을 얼마나 많이 만나고 다니는지 알지 못했다. 사실 만나는 사람에 비해서 많은 계약이 나오지는 않았다. 아직은 내가 마음대로 계약을 체결할 정도의 내공이 되지는 않은 것이다.

그런데 문제는 정작 다른 데 있었다. 만날 사람이 이제 바닥이 나고 있다는 것이었다. 처음에는 지인을 대상으로 백여 통의 편지를 보내고 전화를 해서 수월하게 만날 수 있었는데, 이제는 중간에 비는 시간이 점차 늘어나고 있었다. 비상시국이다. 두 달째에 벌써 만날 사람이 바닥나다니.

그래서 손 선생의 비밀노트에 적혀 있는 가망고객 발굴 기법을 다 활용해 보기로 했다. 지인 발굴은 물론이거니와 소개 요청에 주력했다. 소개 요청은 어떠한 상황에서도 말이 나올 수 있도록 스크립트를 달달 외워서 상담이 끝나면 반드시 말하고 나왔다.

그럼에도 불구하고 소개 요청하는 것을 자꾸 까먹어서 나중에는 양 손바닥에 '소'와 '개' 그림을 그려서 다녔다. '소개'하면 손사래를 치던 고객들이 손바닥 그림을 보며 박장대소를 하며 도와줬다. 계약자한테 선물을 못해도 소개를 해 주는 사람한테는 아낌없이 선물을 주기도 했다.

또한 요일별로 세미나 셀링, 동호회 활동, 개척을 하기로 계획했다. 특히 개척 활동은 예전에 동대문시장에 바쁠 때 가서 명함을 돌리다가 눈앞에서 찢김을 당한 후로는 쳐다보지도 않다가 이번에는 방법을 좀 바꿔서 하기로 했다.

처음부터 명함을 돌리는 것이 아니라 동네에 안면이 있는 가게 형님들 중심으로 계속 매일 얼굴도장을 찍어서 지인화를 만드는 방법을 택했다. 시간은 한참 걸리겠지만 나처럼 소심한 사람한테는 장기적 전략으로 맞겠다 싶었다.

집 근처 지하철역에서 집까지 걸어가는데 있는 가게를 매일 방문하기로 했는데 슈퍼마켓 두 군데, 빵집, 호프집, 김밥집 등 밤늦게까지 문을 여는 데가 많았다. 그냥 걸어가면 집까지 10분 정도가 걸리는 거리다.

퇴근해서 집 근처 전철역에 도착하면 11시, 문을 연 가게마다 들러서 슈퍼마켓에서는 양파나 우유 등을 사고, 빵집 가서 빵을 사고, 호프집에 가서 맥주 한 잔 마시고, 김밥집에서 김밥 사고 그렇게 수십 군데를 들러 집에 가면 12시였다. 그렇게 매일을 했다.

물론 예전에도 계획을 세운 적은 많았다. 하지만 실제로 실행에 옮기는 것이 어려운 법이다. 획기적인 기획보다는 비범한 실행이 중요한 것. 그러기 위해서는 두 가지가 있어야 했다. 재미적인 요소를 가미해서 일을 즐기거나, 처절하게 간절하거나. 그렇게 반복하고 습관으로 재창조 하리라.

하지만 내 상담률을 계산해 보았을 때 가망고객 24명을 창출하기 위해서 새로운 사람만 찾아다니는 것은 시간적으로 역부족이었다. 새로운 시장을 개발하는 것은 장기적인 전략 중 하나로 가져가야 했다. 결국 가장 효율적인 방법을 강구했을 때 소개마케팅을 해야 했고, 이를 위해서는 기존 고객 관리가 핵심이었다. 기존 고객의 만족도가 높아야 소개가 나올 수 있고, 계약 유지를 못하면 오히려 계약을 안 하느니만 못하기 때문이다.

손 선생의 비밀노트에 나와 있는 대로 고객관리 시스템을 만들어서 실행에 옮겼다. 또 가망고객 한 명에 대해 세일즈 프로세스를 끝까지 진행하기 위해서는 최소한 평균 세 번의 만남이 필요했다.

고객이 된다면 계약 체결 후 증권을 전달하는 것까지. 계약을 못 했으면 왜 안 했는지 물어보고 소개 요청을 해야만 했다. 따라서 초회 상담에 실패했다 하더라도 추가 만남을 요청해서 왜 계약이 성사되지 못했는지에 대해 물어봤다.

한 달 동안 새로 만나는 사람은 24명이면 되었지만 기존 고객 방문과 신규 고객 창출을 위한 방문까지 포함해 보니 평균적으로 동일인 중복만남 포함 한 달에 80번의 만남 횟수가 이루어졌다. 일요일을 빼고 한 달 25일로 계산한다면 하루에 평균 세 번, 한 명당 3.3번을 만난 셈이었다.

어떤 날은 네다섯 명을 만나는 날도 있었고, 어떤 날은 약속이 없어서 한두 명만 만나고 사무실로 돌아오기도 했다. 사무실에 돌아와서는 그날 만났던 사람에게 감사 문자를 보냈고, 특별한 경우는 손 편지를 썼다. 물론 서너 줄의 짧은 편지였지만 이는 다음에 만날 약속이행 확률을 높여 주었다.

초회상담을 한 사람의 제안서를 그날 저녁에 미리 만들어 놓는 것은 기본. 너무 늦은 시간이라면 내일 전화 통화할 가망고객과 기존 고객의 리스트를 미리 작성해 놓았다. 퇴근하면 늦은 밤, 동네에 도착해서 자영업을 하는 이웃 사장님들 가게에 잠깐씩 들러서 인사하는 건 빼놓지 않는 일과다.

집에 들어오면 밤 11시에서 12시. 아이 엄마가 퇴근하고 들어오는 내 눈빛을 보고 다른 사람 같다고 말했다. 조금만 기다려라. 1년 동안 뭔가를 해내리라. 몸은 천근만근이다. 하지만 정신은 말짱했다.

나는 이 순간을 이겨낼 것이다.

4월 중반에 접어들었는데 마침 그 달에 다들 영업상황이 어려웠는지 어찌해서 지점 60명 중에서 내가 열 손가락 안에 들었다. 지난 주에 운이 좋아서 또 한 건을 했다. 이번 달 중반임에도 벌써 8건이다. 내심 욕심이 났다. 이러다가 나 지점에서 챔피언 하는 거 아냐?

지난 1년이 넘게 지점 부동의 꼴찌였던 내가 지난달에 이어 이게 웬일일까? 해가 서쪽에서 뜰 판이었다. 팀장도 언제 그랬냐는 듯이 나에게 대하는 대우가 달라졌다. 여기서 멈출 수는 없었다. 사실 이 정도만 하고 쉬고 싶은 생각도 들었다. 하지만 매일 아침 한강까지 달리면서 1년! 1년만 끝까지 미치도록 하자고 외치던 기억을 끄집어내면서 스스로를 달랬다. 나에게 멈춤은 없다.

4월 마지막 주에 2건을 더 해서 이번 달은 모두 10건으로 마감을 했다. 보험료는 모두 100만 원 정도가 되었다. 지점에서는 10등 정도를 했다. 챔피언? 챔피언은 언감생심이다. 역시 마지막에 잘하는 사람들이 무시무시하게 계약을 집어넣었다. 일주일에 20건을 계약한 사람도 나왔다. 마지막 주차에는 1건에 월납 보험료로 200만 원짜리를 해 오는 사람도 있었다. 어마어마했다.

어쨌든 나는 스스로에게 자랑스러웠다. 대견했다. 고생했다고 말해 주었다. 불과 두 달 전만 해도 나는 구제불능 인생 꼴찌 강산이었다. 무가동의 퍼레이드를 펼치던 내가 지난달에 4건을 한 데 이어 이번 달에는 무려 10건을 한 것이었다. 무려 수백 배 이상의 믿기 어려운 성장이었다.

가망고객 발굴Prospecting의 제일은
소개 요청Referral Lead이다

보험 영업을 정의하면 사람을 만나는 사업이라고 하고 싶다. 시장발굴이
란 내가 보험을 판매할 공통된 특성을 갖고 있는 가망고객군을 발굴하는 것
이다. 그리고 고객발굴이란 시장발굴을 포함해서 그 시장에서 일대일로 만날
수 있는 가망고객을 개별적으로 소개받거나 접촉하는 것을 말한다. 여기서는
고객발굴로 통일하겠다.

그리고 가망고객이라 함은 보험에 가입할 경제력이 있고, 가입할 수 있는
몸 상태이며, 에이전트가 만날 수 있는 사람을 총칭한다. 이 세 가지를 바로
알 수 있고, 금방 접촉할 수 있는 가망고객군이 지인시장이다. 지인시장이 다
끝난 시점에 실적이 하락하고 나서야 만날 사람이 없다고 하는 것은 백이면
백 시장발굴과 고객발굴에 실패한 것이다.

보험 세일즈의 성공적인 전개에 세 가지 필수능력을 꼽으라면 대화 능력,
상담 능력, 그리고 고객발굴 능력이다. 고객발굴의 중요성은 세일즈 프로세스

---

1. 세일즈 프로세스Sales process는 보통 7단계로 구분하며 가망고객 발굴, 초회접촉, 초회상담, 솔루션
   제안, 계약종결, 증권전달, 소개요청으로 이어지는 영업 과정을 뜻한다. 이 과정에 대한 자세한 설명
   은 앞에 나와 있다.

7단계에서 절반 이상의 비중을 차지한다. 따라서 가장 고심해야 하는 부분이기도 하다. 세일즈 프로세스를 다시 한 번 정리해보면 다음과 같다.

세일즈 프로세스는 고객발굴, 초회접촉, 초회상담, 정보파악, 솔루션 제안 및 계약종결, 증권전달, 소개 요청의 7단계로 이루어져 있다. 이러한 세일즈 프로세스의 첫 단계인 고객발굴을 위해서 내가 활용할 수 있는 모든 방법을 총동원해야 한다.

계약 성사 가능성을 기준으로 보면 무엇보다도 첫 번째, 지인을 통한 접촉이 계약할 확률이 높다. 친지나 친구, 동창, 전 직장 동료 등이다. 두 번째는 이 장에서 자세히 설명할 소개 시장이다. 세 번째는 추천자에게 영향력을 행사할 수 있는 키맨 시장을 만드는 것이다. 그리고 네 번째는 동호회나 사교모임 등을 통해 한 명씩 지인으로 만들어 가는 방법이다.

다섯 번째는 세미나 혹은 소규모 단위의 특강을 통하여 발굴하는 방법이 있다. 이는 직업군별로 분류해서 타깃을 정해서 진행한다. 여섯 번째는 직군별로 상호간 업무적으로 도움이 되는 네트워크를 구성하고, 그 중심에서 가망고객을 발굴하는 방법이다. 특히 은행의 개인자산관리사나 세무사, 회계사, 변호사 등 전문직 종사자들 간의 정보 공유 협력 관계를 구축해서 활용한다. 일곱 번째는 주소록이나 연락처를 입수해서 지속적으로 문자나 우편을 보내고 만남을 진행하는 방법이 있다.

여덟 번째는 개척, 즉 돌입방문이다. 그리고 아홉 번째는 온라인 사이트나 블로그, 요즘 유행하는 SNSSocial Network Service 등을 통한 가망고객 발굴이다. 열 번째는 동문회나 협회, 상가 수첩 등 각종 연락처를 입수해서 전화를 하는 콜드콜이다. 마지막으로 열한 번째는 처음에 가입했던 에이전트가 회사를 그만 두면서 관리가 소홀해진 계약고객을 찾아가는 방법이다.

자, 이 말을 기억하자.

'보험 영업은 혼자 하는 것이 아니라 함께 하는 것이다. 혼자서 모든 것을 처리할 수는 없다. 좋은 파트너는 필수이다' 이는 고객발굴을 이야기할 때 딱 맞는 말이다. 혼자서 고객발굴이 잘 안되면 마음이 맞는 동료를 찾아라.

첫 번째, 지인시장이다. 지인이란 나를 가장 잘 아는 사람들, 나의 성공을 간절히 원하는 사람들, 내가 꼭 지켜주고 싶은 사람들이다. 노트를 펼쳐놓고 적어 보자. 생각나는 사람의 이름은 모조리 적어 내려가는 것이다. 가족과 친지를 적어 보자. 친가, 외가, 처가 쪽 식구들이 있을 것이다.

이번에는 친구들이다. 초등학교, 중학교, 고등학교, 대학교 친구들…… 공부 잘 했던 친구, 반장했던 친구, 각 학년별 내 짝꿍, 결혼식에 참석한 친구 등 생각을 더듬으면 더듬을수록 이름이 새록새록 기억날 것이다. 또 교회, 성당, 법당 등 종교 모임도 있을 것이다. 전 직장 동료와 거래처 사람들도 생각해 보라. 기존의 활동 모임인 축구, 테니스, 등산, 골프, 스키, 와인 동호회 및 사회 활동 등도 있을 것이다.

지인이라고 절대로 쉽게 접근해서 계약하면 안 된다. 오히려 지인 계약에서 실효나 해약이 나올 확률이 높다. 특히 신입 에이전트는 지인시장에서 영업할 때 마음에 상처를 많이 받는다. 일단 보험 영업이라는 선입견 때문에 만남 자체부터 예전과는 다르게 불편하다. 그래도 어쨌든 만난다. 아는 사람이기 때문에 설명이 그렇게 필요한가 싶고 그냥 자신을 믿고 계약해 주었으면 하는 마음이 굴뚝같을 것이다. 계약을 안 해주는 사람은 절교다.

이때 내 편과 아닌 편이 구분되기 시작한다. 그런데 평소 잘 아는 지인과 계약을 하고 나서 고객관리를 하려니 왠지 쑥스럽고 더 이상하다. 하지만 지인 입장에서는 자주 연락은 하지만 업무적으로 이야기를 안 하니 주변의 보험세일즈맨과 비교가 된다. 지인은 말은 안 하고 생각한다. '나한테는 왜 고객관리를 안하지? 저런 식으로 해서는 오래 못하겠는 걸? 저렇게 영업하는데 내가 어떻게 소개를 해줄 수 있나?'

두 번째, 소개시장이다. 방금 얘기한 지인시장 발굴의 주 목적은 실상 '양질의 소개를 확보하는 것'이다. 따라서 초기에 서둘러 접근해서 계약체결에만 치중하면 '직업적 신뢰'를 얻지 못하고 그 다음 단계인 소개확보에 실패하게 된다. 그렇게 되면 영업 초기 지인시장에 들어가는 주 목적을 달성 못하게 되는 것이다.

지인시장의 주 목적은 계약 체결보다 직업적 신뢰를 쌓아서 시장 발굴을 하는 것이다. 어설프게 붙어서 계약이 되면 지인의 속마음은 '저런 식으로 영업하는데 소개는 무슨……. 그냥 보험 하나 적당히 들어 주고 말아야지'로 각인되게 된다. 따라서 아무리 이전에 '인격적으로' 친밀했고 신뢰를 얻은 지인이었다 할지라도 에이전트로서 만남을 시작하는 순간부터 '직업적 신뢰'를 새롭게 다시 쌓아야 한다.

양질의 소개는 '인격적 신뢰'와 '직업적 신뢰'가 결합되었을 때 나오기 때문이다. 그러면 직업적 신뢰는 어떻게 쌓아야 하는 것일까? 세일즈 프로세스에 입각하여 니즈에 근거한 판매가 이루어져야 한다. 소개를 요청하는 방법에 대해서는 다시 언급하도록 한다.

세 번째, 키맨 시장이다. 키맨은 한마디로 정의하자면 소개를 잘 해주는 사람을 일컫는다. 일 년에 키맨 4명을 만들면 우리 일이 지치지 않는다. 지인 시장에 성공적으로 안착하게 되면 이 중 키맨을 만들어야 한다. 그래야 효율적으로 소개 시장을 발굴할 수 있다.

키맨이란 COI라고도 하는데 Center Of Influence의 약자로, 영향력의 중심이란 의미이다. 사회적 지위와 권위가 있고 인격을 갖춰 주위 사람들에게 존경을 받는 사람을 말한다. 키맨은 나의 성공을 진정으로 바래서 가망고객을 소개해 주고, 잘 접근할 수 있도록 기꺼이 자신의 영향력을 발휘해 주는 사람이다.

그러기 위해서는 상품과 필요성에 만족하고 나와 자주 만날 수 있는 사람이어야 한다. 특히 사업 감각이 있고 조언을 아낌없이 해줄 수 있는 사람일수록 나의 보험 영업에 날개를 달아 줄 수가 있다. 나는 회사 캠페인과 무더위로 뜨거웠던 8월, 동네에서 우연히 들어간 식당사장이 키맨이 되어 영업에 날개를 달기 시작했다. 키맨을 통해서는 뜨거운 소개가 나온다.

'조 지라드의 250명 법칙'이 있다. 한 사람의 주변에는 250명의 가망고객이 있다는 말이다. 한 명의 키맨은 나에게 250명의 가망고객을 연결해 줄 수 있다. 그러면 키맨은 어떻게 생기는 걸까? 키맨은 절대로 저절로 생기지 않는다. 내가 만들어야 된다. 키맨 후보군을 만들어 시간과 돈과 마음을 투자하고, 지속적으로 교육을 시켜야 한다. 즉 이심전심이다.

내가 먼저 충분한 정성을 들여서 관계를 형성해야 하며, 보험 영업십에 근거한 직업적 신뢰와 인격적 신뢰가 차곡차곡 쌓여야 한다. 그러면 정식으로 키맨 요청을 한다. 그 뒤에는 보험 영업에 대해 자주 이야기할 수 있고, 조언을 서로 할 수 있는 관계로 발전시켜야 한다. 보험 영업을 시작하고 1년 안에 4명의 키맨을 만들 수 있으면 롱런한다. 몇 년이 지나도 키맨 없이 활동을 하고 있다면 본인의 고객관리방법을 다시 한 번 점검해 보아야 한다. 나에게 과연 몇 명의 키맨이 있는지 생각해 볼 일이다.

키맨은 소개를 잘 해주는 사람이라고 했다. 그렇다면 소개 요청에 대해서 자세하게 알아보자. 소개는 어떻게 받아내느냐가 중요한 것이 아니고, 어떻게 요청을 했느냐가 중요하다. 소개는 영업의 생명줄이다. 간절함과 절실함 없이 소개는 절대 나오지 않는다. 당신이 누구를 만나고 싶은지 떠올려 보고 그 사람들을 누가 알고 있는지, 또 누가 소개해 줄 수 있는지를 정리해 보아야 한다.

소개 마케팅의 핵심은 '키 피플 Key People**'의 확보다.** 우리말로 '핵심 고객' 정도로 이해될 수 있다. 앞서 얘기한 키맨의 연장선상으로 기존의 고객 중에서 에이전트를 전적으로 신뢰하며 상품에 대한 가치를 본인 스스로 깨달아 주변 지인들에게 적극적으로 소개하는 사람들이다.

만일 어떤 세일즈맨이 핵심고객을 열 명 정도 확보하고 있다면 그는 최고의 세일즈맨이 될 수 있다고 말할 수 있다. 왜냐하면 핵심고객 한 명 뒤에 200에서 250명 정도의 가망고객이 있기 때문이다.

그런데 정작 그러한 장점을 알면서도 소개 요청을 주저하는 경우가 많다. 왜 그럴까?

첫 번째는 거절에 따른 두려움 때문이다. 상담이 끝난 후 소개를 요청해야 하는데, 상담이 잘 되면 잘 된 대로 다음 약속을 이어가기 위해서, 잘 안 되면 잘 안 되었기 때문에 소개 요청을 못하게 된다. 고객의 심리를 잘 파악해서 불필요한 두려움을 떨치는 것이 중요하다.

두 번째는 소개를 요청하면 계약을 안 할지도 모른다는 두려움 때문이다. 보통 계약 체결 후 소개를 요청하는 경우가 많은데, 겨우 계약을 했는데 소개를 부탁했다가 '이번 계약마저도 안 한다고 하면 어떻게 하지?'라고 생각하는 경우이다. 이 또한 필요 없는 두려움이다. 요청을 했다가 거절을 하면 그냥 알겠다고 말하면 된다.

세 번째는 어떻게 소개를 요청하는지를 모르기 때문이다. 연습을 안 했으니 습관이 안 되어 말이 안 나오는 건 너무도 당연하다. 당연히 고객은 소개를 해야 하는지도 모르고 있을 것이다.

그렇다면 소개가 안 이루어지는 건 왜일까? 그 또한 세 가지 이유가 있다. 첫 번째는 세일즈 프로세스가 불완전했기 때문이다. 고객이 '내가 소개한 사람한테 네가 나한테 설명한 것처럼 하면 내 얼굴에 먹칠이다'라는 생각을 하기 때문이다. 에이전트는 몇 번 소개를 요청했다가 잘 안되니까 소개가 그다지 효과적이지 않다고 생각하는데 그건 본인이 훈련을 하지 않아서 나온 결과라고 생각해야 한다.

두 번째는 소개하는 걸 진짜로 싫어하는 사람을 만난 거다. 그건 어쩔 수 없다. 매달리지 말고 정중하게 알겠다고 해라. 부끄럼 없는 세일즈 프로세스가 진행됐다면 당당하게 소개를 요청해라. 세일즈 프로세스를 지키는 궁극적인 목표는 계약을 위해서가 아닌 소개를 받기 위함이다. 소개 요청에 대한 완벽한 거절처리는 없다. 그러니 소개 요청을 거절하면 알겠다고 해라. 소개 요청만큼은 거절을 두려워하지 마라. 그냥 거절당하면 되니까.

세 번째로 처음부터 소개 요청을 안했기 때문이다. 요청을 해야 소개를 하든지 말든지 할 것 아닌가? 믿음이 강한 사람이 하루는 울면서 하늘에 기도를 했다.

"하느님, 제가 벌써 천일 째 기도를 올리고 있습니다. 어찌하여 저는 로또 100억 원 당첨의 행운을 안 주시나이까?"

갑자기 하늘에서 우렁찬 음성이 들렸다.

"이놈아, 네가 로또를 사야 내가 당첨이 되게 하든지 말든지 할 게 아니냐?"

여기서 잠깐 세일즈 프로세스의 중요성에 대해 다시 한 번 짚고 넘어 가자. 세일즈 프로세스는 보험 영업하는 사람이라면 지겹도록 들었을 것이다. 그러나 시장발굴, 초회접촉, 초회상담, 정보파악, 솔루션제안 및 계약종결, 증권전달, 소개 요청으로 이어지는 7단계 세일즈 프로세스는 아무리 그 중요성을 강조해도 지나치지 않다.

세일즈 프로세스가 중요한 이유는 다음과 같다. 첫 번째, 각 일정마다 영업과정의 자세한 기록이 수반되어야 목표의 진척도와 성공적인 영업패턴을 확인하고 보완할 수 있다.

두 번째로 세일즈 프로세스의 정확한 수행은 소개를 이끌어 낸다. 모든 계약 과정이 다 동일할 수는 없다. 그렇기에 불필요한 과정을 꼭 할 필요가 있는 가란 생각이 들 수 있고, 실제로 건너뛰기도 한다. 아무 때나 오라고 하는 사람에게 꼭 미리 전화해서 일정을 정한 후 찾아가야 할까? 계약하겠다고 결심한 가망고객에게 처음부터 초회상담과 재무적 이슈 파악 등의 절차를 거쳐야 할까? 증권을 우편으로 보내라고 하는 사람에게 굳이 만나서 전달할 필요가 있을까?

대답은 '그렇다'이다. 계약을 이끌어 내는데 이것이 때로는 좀 비효율적일 수 있다. 우리의 표면적인 목적은 짧은 시간에 큰 금액의 계약을 하는 것이 효율적이기 때문이다. 하지만 고객의 만족도를 제고하고 무엇보다 소개를 받기 위해서 세일즈 프로세스는 반드시 지켜져야 한다.

내가 보험이 필요한 시점에 마침 연락 온 에이전트에게 보험가입을 했다고 하자. 그 에이전트가 후에 소개를 요청해 오면 나는 머릿속으로 어떤 소개해

줄 사람을 떠올리게 될까? 나처럼 보험가입을 하려고 하는 사람을 찾게 될 것이다. 얼마나 한정적이고 제한적인가?

친분에 의해서 계약을 했다고 하자. 물론 계약도 가입의사가 전혀 없는 사람은 아무리 친분이 있더라도 계약하지 않는다. 혹 계약했다하더라도 얼마 안 가 철회나 해지가 되어 에이전트를 힘들게 할 것이다. 어쨌든 친분에 의해 계약을 해줄 수는 있어도 만일 그 에이전트가 소개를 요청해 온다면 돌아오는 답은 뻔하다.

"내가 소개해주려 하는 사람들은 다 네가 아는 사람들이야."

왜 이런 대답이 나올까? 본인처럼 친분에 의해 계약할 사람을 머릿속에 떠올리기 때문이다. 에이전트와 친분이 있는 사람 중에 자기가 아는 사람을 떠올릴 수밖에 없는데 소개해 줄 사람이 과연 있을까? '내가 아는 사람이 네가 아는 사람인데 그냥 찾아가면 되는 거지'란 생각을 하고 있다는 것을 알아야 한다.

그러면 우리의 고객들은 소개 요청을 받을 때 어떤 마음이 들기 때문에 주저할까? 그 심리를 알고 있으면 거절에 대한 대처를 할 수 있다.

첫 번째로 고객은 친구나 지인들의 기분을 상하게 하는 것에 대해 두려워한다. 재정적인 문제는 본질적으로 사적인 문제라고 생각하는데다 친구나 지인들이 누군가 자신에 대해 말하는 것을 싫어하기 때문이다.

두 번째로 소개해 줄 사람의 자격을 고객들 스스로 제한하는 경향이 있다. 따라서 보험상품 그 자체의 소개보다는 서비스의 추천을 받을 수 있도록 해야 한다.

세 번째는 고객은 소개가 왜 필요한지, 왜 에이전트한테 중요한지 잘 모른다. 이러한 고객 심리를 알고 있어야 한다. 따라서 소개의 필요성에 대해서 충분히 설명하는 시간이 있어야 하며, 특히 세일즈 과정에 대한 만족도를 높여서 서비스에 대해 추천할 수 있도록 유도해야 한다.

가입을 했음에도 불구하고 소개를 해 주지 않는 고객의 심리는 뭘까? 이는 보험의 필요성을 못 느낀 상태에서 친분에 의해 가입한 경우로, 나는 너 바라보고 했지만 다른 사람은 너를 모르는데 어떻게 소개를 해줄 수 있느냐이다.

두 번째는 소개할 만큼 전문적이지 않다고 판단했기 때문이다. 한 마디로 인격적인 신뢰는 있지만 직업적인 신뢰를 심어주지 못한 경우이다.

세 번째는 해달라고 해서 가입한 것이지, 이 보험이나 서비스가 소개할 정도로 중요하지 않다고 생각하기 때문이다.

결국 거절처리 화법은 없다고 해도 과언이 아니다. 상담 자체에 문제가 있든지 아니면 상담 프로세스에 문제가 있기 때문에 소개 요청을 했을 때 거절이 나오는 것이다. 소개 요청은 전략적으로 해야 한다. 따라서 사전에 고객과 상담 중에서 얻어진 지인 명단을 지속적으로 작성해서 소개를 요청해야 한다.

에이전트는 신뢰하는 고객의 추천에 의해서만 시장을 확대한다는 것을 강조하면서 소개는 곧 고객의 의무임을 당당하게 요구해야 하며, 소개자와 소개한 사람 모두에게 피해가 가지 않고 도움이 된다는 것을 설명해야 한다.

다시 한 번 복습해 보자. 소개는 간청해야 하는 것일까? 아니다. 소개는 고객의 책임과 의무에 따른 추천이다. 그러면 계약이 먼저이고 그 다음 소개를 요청하는 것이 순서인가? 아니다. 판매와 소개는 병행해야 한다. 세일즈 프로세스의 모든 단계에서 소개를 요청할 수 있어야 한다. 소개 요청의 최적의 순간은 고객과 접촉하는 모든 과정에서 이루어진다.

따라서 체결 후 소개를 받는 것이 아니라 처음부터 소개를 의식해서 세일즈 프로세스를 진행해야 한다. 그럼 계약 체결을 잘하는 사람이 보험 세일즈를 오래할까? 뭐 그럴 수는 있겠지만 꼭 그렇지는 않은 것 같다. 하지만 양질의 소개를 잘 받는 세일즈맨은 반드시 롱런할 것이다.

소개를 요청하는 순서는 다음과 같다.

① 제안 내용에 대해 만족하는지 물어 본다. ② 추천이 고객의 의무와 책임임을 설명한다. ③ 일반적 소개 요청 화법을 구사한다. ④ 이름을 들어가며 구체적으로 소개를 요청한다. ⑤ 전화요령에 대해 알려준다. ⑥ 이후 과정에 대해 피드백할 것을 약속하고, 소개를 해준 것에 대한 감사 표시를 한다.

소개 요청을 할 때는 소개 양식을 꺼내서 요청해라. 양식이 있고 없고는 소개를 받을 때 큰 차이를 가져온다. 사람들은 일반적이고 통상적인 것을 좋아한다. 양식에 다른 사람이 소개해준 이름이 잔뜩 적혀 있는 것을 은근 슬쩍 보여주면서 요청을 하면 으레 하는 걸로 알고 흔쾌히 적어 준다. 최소한 5명의 이름과 전화번호를 적어주면 위치, 나이, 결혼유무, 관계 등의 정보는 나중에 물어 본다. 그리고 전화요령을 알려준 다음 반드시 전화를 부탁한다.

전화요령을 고객에게 알려주는 것은 다음의 사례와 같이 하면 된다.

"과장님, 오늘 이렇게 저하고 얘기를 나누셨는데, 어떻게 도움이 되셨나요?"

"네, 제게 유익한 시간이었고, 무엇보다 저한테 무슨 일이 생겨도 가족이 살아가는 데 재정적으로 보장이 되었다는 것이 안심이 되네요. 만족합니다."

"유익한 시간이었고 만족하셨다니 제가 다 뿌듯합니다. 제 얘기 중에 어떤 점이 유익하셨고 만족스러우셨는지 알 수 있을까요? 말씀해 주시면 제가 앞으로 일할 때 도움이 크게 됩니다."

"네, 많은 사람들이 본인 보장이 다 잘되어 있을 거라고 생각하고 있는데, 실제로 그렇지 않았다는 것을 알게 되었어요. 그리고 금액이 좀 부담은 되지만 제 보장을 다시 점검하고 보완한 것이 안심이 되네요."

"맞습니다. 많은 사람들이 그런 점을 모르는 경우가 많습니다. 역시 과장님처럼 깨어 있으신 분들이 미래를 잘 준비하시는 것 같습니다. 제가 앞으로 과장님의 평생 재정대리인으로서 일하도록 하겠습니다. 마음에 드십니까? 네, 그러기 위해서 도와주실 일이 있습니다. 무엇일까요?"

"글쎄요."

"과장님, 저는 제 고객을 아무나 만나 뵙지는 않습니다. 추천에 의해서만 찾아뵙고 인사를 드립니다. 왜냐하면 이런 소중한 정보를 잘 모르고 선입견이 있으신 분들이 대부분이기 때문입니다. 과장님도 처음에 부담을 느끼셨지만 어떠셨어요? 제가 실례되는 행동이나 부담을 많이 드렸나요?"

"……"

"그렇지 않았지요? 제가 최 과장님에게 했듯이 부담 가는 부분은 없을 것을 약속드리고요. 그래서 최 과장님의 소중한 분들을 한 10분만 소개해 주시면 감사하겠습니다."

"글쎄요. 마땅히 떠오르는 사람이 없는데요."

"지난 번 말씀하신 그 분 제가 인사드려도 될까요? 이 분들 중에서 가장 이 정보가 유익할 것 같은 분이 누구라고 생각하세요? 그럼 이 내용을 들었을 때 주위에 꼭 필요한 사람, 그런 분들을 소개시켜 주세요. 보통 이런 내용은 혼자 아는 것보다 나누는 것이 커지고 좋은 것 아니겠습니까? 가족 중에 누가 있을까요?(주위 친척 중에 누가 있을까요? 직장 동료 중에 누가 있을까요?)"

"제가 미리 전화해서 물어보고 알려 드릴게요."

"네, 당연히 먼저 얘기하고 하는 게 맞습니다. 불쑥 전화해서 만나자고 하면 당황할 수 있습니다. 하지만 과장님께서 만족하신 만큼 그 분께서도 당연히 도움이 되실 겁니다."

"그러면 공진철 과장하고 김국진 대리 연락처를 알려드릴게요."

"네, 감사합니다. 그럼 이 두 분만큼은 다음 주 월요일쯤에 전화할 테니, 지금 소개 전화를 좀 해 주시겠습니까? 제가 바로 전화하면 불쾌하실 수 있으니까요. 미리 전화해 주신다면 그 분도 그렇고 과장님도 그렇고 저도 부담스럽지 않고 오해도 안 살 것입니다. 그리고 이렇게 전화해 주세요. "보험 업무를 하고 있는 강산 씨한테 전화가 올 거야. 일반적으로 많은 사람이 알고 있는 정보가 아니라 최근 핫이슈가 되고 있는 유용한 정보를 제공할 텐데, 만나서 들어보면 도움이 되더라고. 강산 씨를 개인적으로 알고 있는 것만으로 너에게 손해 볼 일이 없을 테니 15분 정도 차 마실 시간만 투자해 봐. 보험가입을 할 필요는 없어." 이렇게 지금 휴대폰으로 전화해서 말씀드려 주시겠어요?"

(전화 후) "감사합니다. 제가 이후 과정은 바로 말씀드리겠습니다."

▶미션 : 소개 요청 스크립트 암기하기

다시 일어서는 용기 **5**월

인과합일因果合一,
콩 심은 데 콩 난다

알람시계 세 개가 나를 우렁차게 깨운다. 5월 3일 월요일이다. 새벽 다섯 시, 주섬주섬 옷을 입고 밖으로 나간다. 오늘 따라 새벽공기가 상쾌하다. 비밀노트의 숙제를 하기 시작한 것과 한강까지 왕복 조깅을 한 지도 어언 3개월째다.

마라톤대회는 한 달가량 남았다. 언제부터인지 이제 천천히 달려서 갔다 오는 건 그리 힘들지 않았다. 그동안 일어나기 싫을 때도, 가다가 근육통이 일어날 때도 있었다. 하지만 아이와 아이 엄마, 그리고 내 상처투성이 삶을 생각하며 포기하지 않았다. 달리면서 귓가를 스치는 바람이 나에게 속삭인다. 포기는 김장할 때나 쓰는 말이라고.

계절의 여왕 5월 봄이다. 한강변에는 꽃이 만발하다. 올해 초 처음 새벽에 한강에 도착했을 때는 어두움만이 고요하게 있더니 이제는 해도 일찍 뜨고 날이 풀려 사람도 제법 눈에 띈다. 그래도 나는 외친다.

"나는 할 수 있다! 나는 할 수 있다! 나는 할 수 있다! 나는 챔피언이다! 나는 챔피언이다! 나는 챔피언이다!"

두 팔을 허공에 휘저으면서 하늘을 향해 외친다. 마치 저 강 건너편에 행운이 있어서 내 외침소리를 듣고 찾아올 수 있도록 목에 핏대를 높여 외쳐댄다. 옛날 부정적이고 약해 빠졌던 나 자신에게 정신 차리라고, 이제는 절대 쉽게 포기하지 않으리라고 나 자신에게 다짐해 본다.

돌아올 때에는 이제까지 오던 길로 안 가고 다른 길로 돌아서 가기로 했다. 안양천과 도림천을 따라 빙빙 돌아가면 오던 길의 두 배가 넘는 거리이다. 대략 왕복 15km 정도 될 것 같았다. 자전거 전용도로라서 중간에 횡단보도에서 신호를 기다릴 필요가 없다.

이제까지는 중간에 틈틈이 쉬면서 달렸지만, 내천을 따라 달리면 멈출 일이 없다. 오로지 내 의지에 달렸다. 그렇게 일주일에 한 번 꼴로는 15km를 달렸다.

2개월을 꾸준히 달리자 정말 효과가 있었다. 우선 허벅지 뒤쪽에 근육이 붙은 걸 육안으로도 확인할 수가 있었다. 종아리도 제법 단단해지고, 특히 복근이 생긴 건 완전 서프라이즈다. 하지만 아직까지 빨리 달리면 호흡이 가쁘다. 달리기하는 시간은 나만의 온전한 명상시간이다. 지난 일에 대한 분석과 오늘 해야 할 일과 이미지 트레이닝을 한다.

아내 얼굴이 떠올랐다. 지난 4월 마지막 주 월 마감 때문에 신경이 곤두서 있을 때였다. 피곤함에 절어 집에 들어온 나에게 아내는 아주 조심스런 목소리로 할 말이 있다고 했다.

움찔했다. 무슨 말을 하려는 걸까? 이런 적이 없었는데. 아내는 불러 놓고도 주저주저 하면서 말을 꺼내지 못했다. 순간 내가 모르는 돈 문제가 터졌구나 싶어 눈앞이 깜깜했다.

"자기야. 무슨 일인데 그래? 사람을 불러 놓고. 할 말 있으면 빨리 말해요."

"여보, 나 임신했어요."

아내는 결심한 듯 나를 똑바로 쳐다보며 말을 했다. 아니, 이게 웬일인가? 어떤 말을 꺼내야 할 지 순간 난감했다. 전혀 예상치 못한 말이었다. 당황스러움을 감추지 못했다는 생각이 들자 무슨 말이라도 해야겠다 싶었다.

"오, 언제 안 거야?"

"며칠 전에 알았었는데, 오늘 병원 갔다가 왔어요."

"와, 그럼 나 이제 두 아이 아빠가 되는구나. 정말 돈 많이 벌어야겠네. 자기 뭐 먹고 싶은 거 없어?"

'확실한 거지?'란 말이 나오려다 목구멍에 걸렸다. 떡볶이를 먹고 싶다는 아내의 말에 집으로 나와 분식집을 찾았다. 밤이 늦었나 보다. 문 연 집을 찾아 한참을 헤매다 시장 한구석 문 닫고 있는 분식집을 겨우 발견했다.

빠알간 떡볶이를 들고 집에 가는 길목에서 목구멍까지 치밀어 오르는 것이 있었다. 다시 살기로 각오했을 때 가슴 속 깊은 곳에서 맺힌 단단한 그 무엇이었다. 아내는 임신 3개월째라고 했다. 알 수 없는 위기감과 죽기 아니면 까무러치기 식의 묘한 비장감이 한데 섞여

가슴 한구석에 박히고 있었다.

지난 달 급여일에 약간의 월급이 통장에 꽂혔다. 바로 그 즉시 분할 납부하기로 한 대출원금을 법원에 송금하고, 나머지를 몽땅 아내한테 생활비로 송금했다.

돈의 액수는 크지 않았지만 카드 돌려막기 하다가 두 손 두 발을 들고 집에 생활비를 못 준지가 벌써 6개월째였다. 남편 노릇을 하고 싶었다. 가족이 세 명에서 네 명으로 늘어난다는 건 더하기 일이 아니라 마치 두 배의 느낌으로 다가왔다. 와이프는 이게 무슨 돈이냐고 전화로 물어 보았다.

"이제 영업이 잘 되고 있어."

나는 그냥 그렇게만 말했다. 고맙다고 말하는 아내의 말을 뒤로하고 전화를 끊었다. 그저 미안할 뿐이었다. 그러고 보면 아내는 천사다. 아내는 내가 다니던 회사를 그만 두고 돈 벌겠다고 보험 영업을 시작할 때 동네에 작은 옷가게를 차렸다.

언뜻 봐도 잘될 리가 만무했지만, 그래도 현금장사라 가게세 내고 겨우겨우 풀칠은 하는 정도였다. 내가 보험 영업을 한다고 했을 때도 별 말하지 않았다. 착한건지 바보 같은 건지 생활비를 안 갖다 줘도 그렇게 별 말을 하지 않았다.

한 번 크게 싸운 적이 있었다. 돈 때문은 아니었다. 지금 생각해 보면 아주 사소한 문제가 발단이었다. 아마도 아이 교육에 대한 의견 차이였다. 그 때도 참은 건 와이프였다. 미안하다고 먼저 말한 것도 와이프였다. 나는 정말 지지리도 모자란 남편이자 아빠였다. 이제까지 헤어지지 않은 것도 와이프의 공덕이다. 아니 어쩌면 와이프가 그리도 기도하는 하나님 때문일지도 모르겠다.

 달리기를 일컬어 운동하며 명상을 할 수 있는 유일한 스포츠라고 누가 말했던가? 정말 그랬다. 누가 달리기를 통해 얻은 것이 무엇이냐고 물어 본다면 나는 건강해진 몸은 물론이지만, 그보다 내 자신을 다시 되돌아보게 되는 계기가 된 점을 말하고 싶다. 달리면서 내 주위 소중한 사람들을 생각하면 눈물이 났다. 가슴에 뭉클하게 피어오르는 감정이 있었다. 간혹 어려운 문제가 있어도 무아지경으로 달리는 시간 속에서 해결방법이 떠올랐다.

 이거 놀라운데. 달리다 보면 힘든 일도, 속상했던 마음도, 서운했던 감정도 다 날려 보낼 수가 있었다. 내가 가학성향을 갖고 있나? 몸이 힘든 것을 즐기나? 아무튼 그렇게 달리기는 내 삶의 일부분으로 점차 자리를 잡아 가고 있었다.

 이제 15km를 달리는 것도 익숙해지자 거리를 더 늘려야겠다는 생각이 들었다. 대회는 이제 20일가량 남았다. 대회 때 완주해야 할 거리는 42.195km다. 마라톤 풀코스. 한 번도 뛰어 보지 않은 거리. 상상이 가지 않았다. 집에서 여의도 한강변을 따라 잠실대교까지 왕복해야 하는 거리다.

 과연 내가 완주할 수 있을까? 갑자기 두려움이 밀려 왔다. 달리기 코스를 조금 수정할 필요가 있었다. 이제까지는 돌아올 때만 도림천과 안양천을 따라 달렸는데 이제는 갈 때도 도림천과 안양천으로 왕복하기로 했다. 약 20km 정도 되는 거리다.

 중간에 쉬지 않고 두 시간 이내로 달려갔다 오는 것을 목표로 삼

왔다. 남은 20일 동안 일주일에 한 번씩 이렇게 세 번 연습을 하고, 평일에는 원래대로 10km씩 뛰었다. 그리고 대회 때 이제까지 연습한 최고 거리의 두 배를 악으로 깡으로 뛰면 된다. 이렇게 생각했다.

매일 목숨을 걸고 빠짐없이 하는 건 달리기 외에 또 한 가지가 있었다. 새벽같이 출근해서 손 선생이 준 비밀노트를 다시 읽고, 내가 수립한 내 인생의 목표와 당일 계획을 점검하는 일이었다.

목표와 계획은 계속해서 수정하고 보완하는 것이라고 했다. 모든 일들이 계획대로 되지는 않지만, 계획을 세우는 과정 없이 되는 일은 아무것도 없다.

나는 언제부터인가 손 선생이 준 비밀노트의 내용을 다른 노트에 정리를 하고 있었다. 매일 하다 보니 습관이 되었다. 조각칼로 대리석에 아로 새기듯 손으로 직접 복기를 하면서 머릿속에 각인을 시켜갔다. 또 하루 할 일과 만남을 검토하고 치밀한 계획을 세웠다.

나는 앞으로도 계속 끊임없이 계획을 세우고 몸을 던져 실행에 옮길 것이다. 비밀노트의 미션은 나에게 계속 도전을 요구했다. 아침에 달리고 난 뒤 샤워를 하고 비밀노트를 읽고 나만의 노트로 정리하는 행위는 이제 나에게 동물적인 본능이자 성스러운 의식 그 이상이 되고 있었다. 어느덧 지점에 제일 먼저 출근하고 귀점을 한지 꼬박 3개월째에 접어들고 있었다.

태도Attitude는
에이전트의 성공 가늠자다

태도는 보험 영업의 기본이다. 영업 방정식을 구성하고 있는 네 가지 핵심 요소 중 제일 먼저이자 에이전트로서의 성공 가늠자이고, 활동량을 증대시키는 기본 중 기본이다. 출근이나 귀점만을 이야기 하는 것이 아니다. 직업을 대하는 마음가짐부터 직업의 명확한 정의와 하는 업무의 핵심을 파악하는 것, 더 나아가 직업의 소명의식과 사명감이 뼛속 깊이 있는지의 여부까지를 일컫는다. 그러기 위해서는 항상 적극적이고 긍정적인 태도를 견지해야 한다.

따라서 보험 영업을 시작하기 전에 나에게 그러한 자세가 되어 있는가를 먼저 점검해 보아야 한다. 일이 안된다고 남 탓을 하거나 환경적 이유로 돌리는 것만큼 바보짓이 없다. **우선 이 직업에 대한 긍지가 있는지 점검해봐야 한다. 이 일의 최상의 가치는 바로 고객을 위한 이타적인 일이라는 데에 있다.**

자신의 성공의 궁극적인 목적이 무엇인가. 성공한 에이전트에게 오랫동안 이 일을 꾸준하게 해올 수 있었던 동기를 물어 보면 '고객에게 재정적인 안정과 마음의 평화를 제공하는 것'이라고 한다. 내가 하는 일에 대해 어떤 가치를 불어 넣고 있는가에 따라 마음가짐이 달라진다.

잘 알려진 이야기로 세 명의 벽돌 쌓는 사람에 대한 비유가 있다. 길 가는 나그네가 그들에게 무엇을 하고 있냐고 물어 보았을 때 첫 번째 사람은 "보면 모르오? 벽돌을 쌓고 있소."라고 하기 싫지만 어쩔 수 없이 한다는 투로 대답했다. 두 번째 사람에게도 똑같이 물어 보았더니 "이 세상에서 제일 멋진 성당을 지을 것이요."라며 그 어떤 성당보다 크게 지으려는 욕망을 나타냈다.

마지막으로 세 번째 사람에게 물어 보았다. "당신은 지금 무엇을 하고 있습니까?" 그러자 벽돌을 정성스럽게 쌓으며 말하길 "저는 사람들이 편안히 기도할 수 있는 영혼의 안식처를 만들고 있습니다."라고 대답했다. 보험 영업을 시작하면서 우리는 어떤 생각을 갖고 있는지 점검해 볼 일이다.

두 번째는 회사에 대한 믿음과 판매하고 있는 상품에 대한 확신이 있는가이다. 어떤 회사이든지 에이전트를 하대하는 회사는 없으며, 에이전트를 골탕 먹이려고 상품을 엉터리로 만들지도 않는다. 자신이 속한 회사에 믿음과 자긍심을 가져라.

그리고 회사도 실수할 수 있다는 생각을 가져야 한다. 절이 싫으면 중이 떠난다고 회사를 옮기게 되면 철새처럼 계속 옮겨 다닐 수밖에 없다. 에이전트가 회사를 옮기는 건 전적으로 본인이 잘못해서이거나 본인이 더 잘 되어서인 경우이지, 회사나 상품의 탓은 아니다. 이 또한 관점과 생각의 차이다. 닭이 먼저냐 달걀이 먼저냐로 고민할 필요가 없다.

세 번째는 업무에 대한 적극성과 할 수 있다는 자기 자신에 대한 믿음, 고객의 입장을 배려하는 마음을 갖고 있는가이다. 올바른 태도는 영업현장에서 직·간접적으로 고객에게 영향을 줄뿐더러 결정적으로 계약의 성패를 결정짓는 요소이다. 긍정적인 태도는 에이전트 본인이 만드는 것이지 회사가 만들어 주는 것이 아니다.

에이전트의 열정과 자신감, 적극적인 태도에 고객은 감동받고 전염되며, 계약서에 서명하는 순간 에이전트에게 고마움까지 느끼게 된다. 스스로 새빨간 색이 되어야 고객을 연분홍색으로라도 물들일 수 있다. 고객은 어떤 에이전트를 신뢰할까? 자신의 이익보다 고객의 이익을 먼저 생각하고, 고객의 문제를 자신의 문제처럼 생각하여 고객보다 먼저 고객을 위해 웃고 울어 줄 수 있는 에이전트 아닐까?

물론 에이전트 앞에는 항상 순탄하고 보람 있는 일만 기다리고 있지는 않다. 고객으로부터의 심한 거절이나 반송, 철회나 실효, 민원 등 수많은 역경과 고난, 좌절이 기다리고 있다. 또 이보다 더 힘든 것은 자기와의 싸움이다. 주위 환경이 어떠하든 스스로 자신의 일을 위해 준비하고, 계획하고, 실천해야 하기 때문이다.

특히 자신만의 고유한 경쟁력을 갖고 자기 계발을 위해 치열하게 노력해야 하는데, 이러한 노력을 놓는 순간 스스로를 업계 퇴출 1순위 에이전트로 만들어 버리게 된다. 따라서 어쩌면 생명보험사업은 평범한 사람들에게는 성공하기 어려울 수 있지만, 그래서 더 도전해 볼만한 가치가 있다.

태도를 확립하는 가장 첫 번째 발걸음은 내가 속해 있는 조직의 룰을 지켜나가는 것이다. 즉, 출근과 귀점 등 아주 기본적인 것들이다.

태도는 영업인으로의 마음가짐이자 '동료애'이기도 하다. 정형화된 활동패턴이 있는 에이전트는 고객과의 접점이 어디든 사무실이 된다. 하지만 조금만 더 나아가 진정으로 동료와 성공을 함께 하는 에이전트는 정해진 시간에 출근해서 동료의 얼굴을 보고, 귀점해서 동료의 얼굴을 보면서 같이 성장한다. 조직의 로열티와 영업에서의 자기 확신은 이때 만들어 진다.

힘든 사람이 귀점해서 동료가 없으면 귀점을 하겠는가? 힘든 사람은 잘 되는 사람을 보며 힘을 얻고, 잘 되는 사람은 힘든 사람에게 힘을 불어 넣을 수 있다. 관점을 바꿔 생각해 보면 잘 되는 사람일수록 귀점을 하고, 잘하기 위해서는 귀점을 해야 한다.

귀점은 왜 해야 할까? 스스로 반문해 보자. 오늘 만난 사람에게 감사편지는 언제 쓸 것인가? 오늘 초회상담을 통해서 재무상담을 받은 사람의 솔루션과 프레젠테이션 자료는 언제 만들 것인가? 오늘 활동 결과에 대한 팀장과의 활동 면담과 자기 분석은 언제 할 것인가? 내일 전화할 명단은 준비가 되었는가? 귀점을 하지 않고 바로 퇴근해도 멘탈에 문제는 없을 것인가?

앞으로 66일 동안 본인의 태도를 점검해 보라. 그리고 아침마다 매일의 할 일 목록을 점검해 보자. 아침 일찍 현장 상담이 있는 날은 예외로 하고 누구보다 가장 먼저 사무실에 출근하는 거다. 아무도 없는 사무실에서 오늘의 할 일을 점검하고, 목표를 달성하기 위한 기도 또는 명상의 시간을 갖도록 한다. 그리고 저녁에 상담이 끝나면 사무실에 들어와서 마무리 정리를 한다.

사무실에 오면 그 날 상담한 고객의 카드를 정리하며 무엇이 잘 되었고 잘못되었는지 리뷰를 한다. 그리고 다음 상담을 위한 솔루션을 미리 수립한다. 또한 만났던 고객에게 편지쓰기와 SNS를 활용한 접촉을 해야 하며, 다음 날 만날 고객 상담 리허설을 한다. 그리고 새로운 상담 콘셉트와 상품 공부를 하고, 내일 전화할 가망고객 리스트를 작성한다. 이렇게만 해도 시간이 모자라다. 반드시 귀점해서 내일을 준비하자. 할 수 있다. 용기를 내라.

▶미션 : 매일의 할 일 목록 점검하기

싯플랜Sit Plan은
에이전트의 전략지도이다

싯플랜은 '앉아서 계획수립하기'라고 해석할 수 있다. 영업 방정식을 구성하고 있는 네 가지 핵심요소 중 태도와 함께 활동량을 증대시키는 요소이다. 싯플랜은 목표를 설정하고 달성하는 과정이다. 보험 에이전트에게는 한 주간의 사업계획서라고 볼 수 있다. 즉, 목표를 이루기 위해 무엇을 얼마나 어떻게 해야 하는지에 대한 내용이 수록되어야 한다.

목표가 세워져 있지 않으면 계획도 없고, 실행도 없다. 따라서 싯플랜에는 보험 영업을 성공적으로 하기 위한 본인만의 전략과 세부적인 전술이 담겨져 있어야 한다. 전 주에 전략을 짜지 않고 월요일을 맞이한다는 것은 일을 하지 않겠다는 것과 같다.

사업을 하는데 구체적인 사업계획서 없이 어떻게 사업을 할 수 있을까? 내년 사업계획서가 올해 수립되어야 하듯 다음 주 일정도 미리 나와야 한다. 싯플랜이라고 해서 앉아서 계획을 수립하는 것만을 말하는 건 아니다. 가망고객을 만나는 일련의 방문과정을 통해 다음 주간 약속이 절반 이상은 잡혀 있어야 한다. 각 일정마다 세일즈 프로세스, 즉 영업 포인트를 적어놓는다.

싯플랜을 잘 수립하기 위해서는 우선적으로 시장발굴과 방문 활동이 반드시 선행되어야 한다. 따라서 결국 많이 움직이고 활동하는 에이전트가 일도 잘할 수밖에 없다. 싯플랜은 항상 주간별로 세부 계획을 수립하며, 보통 전 주에 먼저 요일별로 지역 안배 후 다음 주 일정을 잡는다.

활동 약속을 잡는 요령은 각자 편한 방법이 있을 것이나 일반적인 방법이라면 편하게 잡을 수 있는 점심 약속을 확정하고 나서, 점심시간 전후로 근방 약속을 잡아나가는 방법을 해본다. 그리고 가능한 낮에는 원거리 약속을 잡고 차차 사무실 근거리로 약속을 잡아서 업무가 끝난 후 쉽게 사무실로 올 수 있도록 한다. 물론 솔루션 제안 및 계약종결 약속을 우선적으로 컨펌한다.

한 주에 3건을 하는 소위 3W를 하는 에이전트는 주초(월~수)에 계약체결 약속을, 주말(목~토)에 초회상담 약속 비중을 높여서 잡는다. 또는 월 단위로 건수목표를 세워서 활동하는 에이전트는 월초 중반(1일~20일)까지는 계약체결 약속을, 월말(21일~말일)까지는 초회상담 약속 비중을 높이도록 한다. 굳이 휴일까지 일한다면 주말에는 추가 계약에 주력한다. 계약체결과 초회상담을 중심으로 약속을 잡되 동선에 맞춰 기타방문이나 증권전달 등의 부수적인 약속을 잡는다.

동선과 일정이 충돌할 경우는 어떻게 해야 할까? 되도록 동선에 우선을 두고 일정을 조절하도록 한다. 에이전트는 시간이 돈이다.

사무실과 거리가 먼 약속은 하루 일과 중 오전 중에 잡고, 가까운 약속은 오후 늦게 잡도록 한다. 마지막 약속 장소가 사무실 주변이 아니라 집 근처면 끝나고 귀점을 하기 싫은 유혹에 빠질 수 있기 때문이다. 또한 약속 확인이 애매하게 잡힌 경우가 있다. 컨펌이 확실히 안 되어 취소될 가능성이 높은 약속이다. 그럴 경우는 근방에 다른 약속을 마련해 놓는다. '혹시 그 동네에 들리게 되면 전화할게, 잠깐 보자'란 식이다.

다시 강조하지만 싯플랜은 나의 주간 사업계획서이다. 따라서 그 전에 연간, 월간 계획서라는 큰 밑그림의 사업계획서가 당연히 있어야 할 것이다. 주간 사업계획서에는 주간 업적 목표와 각 영업과정Sales Process별 활동수치 목표가 반드시 들어가야 한다. 또한 한 주가 끝나면 반드시 결과를 기입하고 리뷰 하는 시간을 가져야 한다.

그리고 스케줄에 약속을 기입할 때는 정확한 시간과 가망고객 이름, 프로세스, 장소, 마켓구분, 직업을 적도록 한다. 약속이 취소될 것을 감안해서 그 주변에 만날 수 있는 가망고객 리스트도 미리 준비해 놓는 것도 중요하다. 연필과 볼펜을 적절히 사용해서 적고, 상담별 예상시간 및 동선에 따른 이동시간과 이에 따른 교통수단까지 정교히 메모해 둔다.

만날 사람, 즉 가망고객 확보가 안 될 경우 에이전트는 약속 시간과 장소에서 상대에게 양보하게 되곤 한다. 하지만 업계에 대를 거쳐 내려오는 이 말을 꼭 기억하라.

'전문가는 일정의 주도권을 고객에게 절대 빼앗기지 않는다!'

에이전트가 전문적으로 느껴질 경우 고객은 이를 받아들인다는 사실을 잊지 말아야 한다.

그러면 싯플랜은 언제 해야 할까? 싯플랜은 매일 수시로 해야 한다. 가망고객과 상담을 마친 뒤 소개요청과 추후 일정 컨펌은 필수다. 따라서 한 주간의 영업이 끝나면 다음 주 계획이 절반은 나와야 한다. 주간 단위로 시스템이 필요하다고 생각하면 이런 식도 좋다. 화요일과 금요일 오전에는 전화하는 시간을 갖는다.

사무실에 출근했다가 오전에 상담 나가기 전에 전화 연락을 한다. 화요일의 경우 지난주에 수립했던 주간 계획표를 보완하고 약속을 재확인한다. 금요일에는 다음 주 약속을 잡기 위한 전화를 하며 주간계획표를 수립한다.

그렇다면 성공적인 에이전트의 활동량은 어떨까? 짜임새 있는 주간 계획은 활동량을 유지함과 동시에 체결률을 높인다. 세일즈에서 중요한 것 중 하나가 활동의 정형화된 패턴 만들기라고 본다면, 싯플랜을 통한 활동량 관리는 정말 중요하다. 활동량의 기준은 영업단계를 지키고, 골든 룰Golden Rule에 입각한 활동이다. 즉, 10회의 전화연락을 통해서 5번의 초회상담 후 3번의 솔루션 제안 및 계약종결 노력 결과 계약 1건이 나온다는 수백 년간의 보험 영업 통계치이다. 이 골든 룰에 미달한다면 각 영업단계에서 영업스킬을 보완하기 위한 각고의 노력이 뒤따라야 한다.

가망고객과 효율적인 상담을 하기 위해서는 전화로 명확한 시간과 장소 약속을 잡는 것이 필수이다. 이것만으로 반은 먹고 들어간다. 그래서 초회접촉 역량 개발이 그만큼 중요하다. 가끔 전화를 걸어서 오지 말라는 말을 들을까봐 그냥 불쑥 방문을 하거나 불분명하게 약속을 잡고 확인도 안한 채 가망고객을 방문하는 에이전트도 많다.

그러나 소개받은 가망고객에게는 SNS로 미리 접촉을 하고 나서 전화연락을 하는 방법을 활용해야 하고, 기존 가망고객 혹은 고객들에게 전화할 때에는 그 전날 명단을 미리 작성해 놓는 것이 중요하다. 머릿속에 할 말을 이미지 트레이닝 할 시간이 필요하기 때문이다.

주간 계획을 수립할 때 반드시 유의해야 할 점이 있다. 수첩에 메모해서 갖고 다니면서 숙지하자. 주간 계획 수립할 때 유의사항 첫 번째는 요일별로 미리 싯플랜 시간을 정하고 추가적인 고객면담 일정과 겹치지 않도록 한다. 요일을 정해서 오전이나 오후에 자기만의 휴식 시간을 갖는다던지, 미팅이나 교육 또는 리뷰 시간이 있을 것이다.

두 번째로 영업에서 모든 계획의 수립은 가망고객 명단에서부터 시작한다. 가망고객 명단이 충분히 준비되지 않았다면 일주일에 충분한 만큼의 시간을 빼서 가망고객 발굴과 기존 고객 관리 일정을 먼저 수립하도록 한다.

세 번째는 전화연락과 초회상담, 소개를 위한 활동량 목표 수치를 반드시 설정해야 하고, 또 달성하는 습관을 가져야 한다. 실적 목표 수치는 일정 스킬이 없으면 의지대로 달성하지 못할 수 있다. 하지만 고객 발굴과 초회상담을 위한 활동은 의지가 있다면 달성할 수 있다. 반드시 지속적으로 반복하여 습관을 형성하고 그렇게 해서 역량을 키워야 한다.

개인의 역량이나 목표에 따라 다를 수 있겠지만 1건의 계약을 하기 위해 10번의 초회접촉, 5번의 초회상담, 3번의 계약종결 활동이 필요하다면 일주일에 3건을 하기 위해서는 일주일에 15번의 초회상담이 필요하다. 즉 일주일에 5일을 일한다면 하루 3명의 초회상담과 소개요청 5명 이상이 있어야 한다는 결론이 내려진다.

네 번째, 일주일에 한 번 이상은 반드시 동료 또는 선배나 팀장과 동행하는 일정을 잡아서 다른 에이전트의 활동 패턴과 고객 상담과정을 제3자의 시각에서 객관적으로 파악해서 배우고, 본인의 상담 스킬도 객관적으로 점검받을 수 있도록 한다.

마지막으로 저녁 시간은 되도록이면 귀점해서 상담노트 제작 및 고객카드 작성 등 하루를 정리하는 시간을 반드시 갖도록 한다.

상위 실적을 내는 에이전트의 정형화된 하루 일정을 보면 출근시간이 규칙적이고, 오전 중 지점 및 팀 미팅시간, 그리고 오전에 유효활동 1회, 점심은 고객 또는 혼자만의 정리하는 시간, 오후에 유효활동 3회, 하루에 가망고객 발굴 5명 이상, 귀점 후 리뷰 후 일정 정리 및 다음 날 상담 노트 준비 후 귀가하는 패턴이다.

자, 여기서 미션 하나 소화하고 다음으로 넘어가자. 뭔지 짐작할 것이다. 주간계획을 치밀하게 세워라. 66일을 꾸준히 할 수 있다면 성공의 습관을 향한 첫 발걸음을 옮긴 것이다.

주간계획에는 실적 수치는 물론 활동량 수치, 그리고 만날 사람과 영업 프로세스, 영업과 직결된 지점 및 팀 미팅, 영업 노트 분석과 공부 시간 등이 짜임새 있게 담겨 있어야 한다. 목숨을 담보로 잡혔다 생각하고 처절하게 덤벼보라. 할 수 있다. 66일을 해내면 1년도 할 수 있고, 그 1년이 인생을 풍요롭게 하는 주춧돌이 될 것이다.

▶미션 : 주간계획 작성하기

나만의
상담 스크립트 노트를 만들다

5월 달 영업 스타트는 순조로웠다. 이제 평균적으로 한 주에 두 건에서 세 건의 계약을 해냈다. 매일 목숨을 걸고 세 명의 유효상담을 했다. 약속이 연기되어 세 명을 다 만나지 못할 경우에는 회사에서 상담 리허설 열 번을 하고, 집에 가는 길에 동네 가게주인 사장님들을 더 만나고 들어갔다.

첫 달에 상담 콘셉트는 한 가지였다. 오로지 보장성 콘셉트로 상담을 진행했다. 열 명을 만나면 그래도 두세 명은 그 다음 세일즈 프로세스가 진행되었다. 하지만 상담을 하다보니 콘셉트가 다양하지 않으면 안 되겠다는 생각이 들었다. 고객의 니즈는 다양한데 나는 계속 내가 원하는 방향으로만 끌고 가려 하니 상담진행이 안 되었다.

특히 세 달째로 접어들어 만나는 가망고객 층이 다양해지면서 이제 상담 콘셉트를 다양하게 할 필요성이 느껴졌다. 우선 내가 주로 만나는 고객층을 분석해 보았다. 직장인이 대부분을 차지하고 있었고, 직장인 중에서 신입 미혼 직장인과 맞벌이를 하는 기혼 직장인이 절반 정도로 파악됐다. 자영업자는 손가락에 꼽을 정도였다.

자영업자 시장은 내가 시장개발을 늦게 시작한 것도 있지만, 그 시장에 맞는 콘셉트를 훈련하지 않아 보험 얘기를 꺼내지 못한 이유도 있었다. 어쨌든 이제는 이것저것 따질 때가 아니었다. 무조건 부딪쳐야 했다.

내가 가고자 하는 마켓을 연령별, 직군별로 나누어 보았더니 그에 맞는 콘셉트는 대략 열 개 정도로 분류가 되었다. 이제 각 콘셉트별로 10분 내외의 짤막한 스크립트를 만들어서 달달 외우기로 했다. 아무리 영업은 질문과 경청이라지만 결정적인 순간에 내가 말을 못하면 허당이다.

다음은 어떻게 스크립트를 만들 것인지가 문제였다. 처음에는 신문기사를 모아보았다. 그리고 회사에서 나온 팸플릿의 내용을 가지고 짜깁기를 해보았다. 하루 종일 걸려서 상담 콘셉트 하나를 만들었다. 그런데 내가 만들어서 내가 읽어봐도 이건 아닌 것 같았다.

너무 비효율적이다. 한참 골똘히 고민하다 보니 지난 번 지점에서 선배 한 명이 강의할 때 얘기하던 내용을 그대로 상담 스크립트로 만들면 되겠다는 생각이 들었다. 그 선배는 영업을 한 지 10년이 넘은 선임 에이전트로, 입사 이래로 매년 백만 불 원탁회원인 MDRT를 해내고 있어 회사 내에서 막강한 위치에 있는 사람이었다. 올해까지 MDRT를 달성하면 모두 10회째로 종신회원이 될 터였다.

본인 방이 따로 있어서 자주 마주칠 일도 없었다. 마침 사무실에서 그 선배가 눈에 띄었다. 귀찮다고 하면 어떻게 하지? 몇 번 심호흡을 하고 그 선배가 다른 사람과 얘기가 끝나길 기다려 방문을 노크하고 들어갔다.

"김성한 선배님, 부탁이 있어서요. 저번에 지점에서 강의하던 내용 있잖아요. 그거 다시 한 번 해주실 수 있어요? 제가 녹음 좀 해서 연습하려고요."

제길, 후배가 열심히 한다고 하는 건데 이 정도는 해줄 수 있겠지. 설마 자기 노하우라고 안 가르쳐 주는 건 아냐? 뭐야. 저 뜸 들이는 건. 선배는 나의 적극적인 자세에 조금 놀랐다는 듯이 앉은 자리에서 크게 기지개를 켜고 나서는 아주 심드렁하게 말을 내뱉었다.

"그거 회사 사이트에 영상으로 올라와 있어. 그거 보면 되는데. 내 이름으로 검색해봐. 왜 실제로 한 번 더 듣고 싶어?"

'아! 그렇구나. 왜 그걸 생각 못했을까?'

"아, 맞다. 아, 그거 보면 되는구나. 선배님, 감사합니다."

서둘러 자리를 떴다. 왜 그걸 생각 못했을까? 예전에도 몇 번 사이트에 들어가서 들어 보긴 했지만 들을 때만 '우와' 하고 나서는 내가 정작 외워서 상담 때 써보지는 못했었다.

사이트에 들어갔더니 김성한 선배의 강의 외에도 수십 수백 개의 영상이 있었다. 나한테 맞는 것을 골라서 들으면서 실시간으로 타이핑을 치기 시작했다. 이거다 싶은 콘셉트로 열 개를 골랐다. 처음에는 토씨 하나 빠뜨리지 않고 작성해서 그대로 암기를 했다. 각 콘셉트별로 약 10분 정도의 분량으로 정리했다.

처음에는 수십 번을 읽어도 외워지지 않았다. 결국 큰 소리로 읽으면서 백 번 정도를 소리쳐 보니 대략 가닥이 잡혔다. 입에서 단내가 나고 산소가 부족해 머리가 핑할 정도로 연습을 했다. 급기야는 목이 쉬었다. 툭 건드리면 나올 정도로 외웠다.

다음은 거울을 보고 제스처에 신경 써가면서 자연스러운지를 확인해 보았다. 주로 상담을 마치고 집에 일찍 가서 잠들기 전까지 계속 연습했다.

한참을 거울을 보면서 몰입하고 있는데 옆에 누군가가 있는 것 같다. 내려다보니 세 살 난 아들놈이다. 꼬맹이가 아빠가 그러는 것이 신기했는지 옆에서 따라 한다. 귀여운 녀석. 녀석을 보니 갑자기 눈물이 핑 돈다. 내가 떳떳한 아빠가 될게. 너를 보고 미안하다 말하지 않을 거야. 후회 없이 살고 너한테 최선을 다해 살았다고 이야기할게.

아침에 일어나 한강까지 달릴 때도 계속 소리쳐 외웠다. 샤워하면서도, 밥 먹으면서도, 회사 출근하면서도 중얼거렸다. 10분짜리 콘셉트 열 가지를 완전히 외우는 데는 꼬박 일주일이란 시간이 걸렸다.

다음은 촬영을 해 보았다. 내가 내 모습을 보고 마음에 들지 않는 한 고객 역시 마찬가지다. 아! 이런! 역시! 나는 카메라를 통해 비친 내 모습을 차마 끝까지 보지 못했다. 스크립트를 달달 외워서 줄줄 읊을 수 있었는데도 역시 어설프기 짝이 없었다.

책을 읽는 것도 아니고 이건 고객이 듣다가 졸 판이었다. 결국 주말 내내 수십 번을 촬영하고 나서야 내가 내 모습을 봐도 어색하지 않을 정도가 되었다. 이러한 과정을 거치면서 얻은 결론은 몇 가지가 있었다.

내 얘기만 하면 내용이 어찌되었든 지루하겠구나. 정말 중요한 건 질문을 많이 하고, 고객 말 자르지 말고 들어야겠구나. 질문은 대화를 통해 알 수 있는 것을 질문하지 말고, 불편한 부분이 없는지 또는 만족도를 확인하는 그런 질문을 주로 던져야겠구나. 내가 말할 차례가 왔을 때 내 사례를 들어서 이야기를 하면 몰입도가 높아지겠구나. 말할 때 몸을 움직이거나 너무 현란한 제스쳐를 하면 신뢰도가 떨어지겠구나. 말하는 중간 중간에 멈춤을 갖고 고객의 반응을 살피며 진행을 해야겠구나.

5월 초 일주일 내내 스크립트를 재정비하고 활동량을 대폭 늘렸다. 가정의 달이라 다들 가족들을 생각하는지 보험 영업이 잘 되는 편이었다. 단체 문자도 꾸준히 보냈다.

특히 5월에는 문자 내용에 신경 써서 보냈다. 매달 보내는 문자이지만 간혹 가다가 상담 문의가 들어오기도 했다. 또 열심히 일하는 모습을 보고 지인들도 도와주기 시작했다. 소개를 요청하면 열에 세 명 정도는 뜨거운 소개를 해주기도 했다.

가망고객의 범위는 다양했다. 저축을 이제 시작하는 신입사원도 있었고, 연금에 관심이 많은 고객도 있었다. 주로 직장인을 만나 상담을 했는데 대부분 두 가지의 문제가 많았다. 한 가지는 대출이었고, 나머지는 이것저것 가입만 많이 한 보험이었다.

무분별한 지출도 문제였지만 무엇보다도 리스크를 생각하지 않은 보장성 상품가입, 인생주기를 고려하지 않은 저축상품 가입이 문제였다. 자녀가 초등학생 이하인 고객들에게는 공책과 장난감을 돌렸다. 그러면 괜찮은 보험 상품이 뭐 있냐고 물어 보면서도 과도한 교육비 때문에 더 이상 저축할 돈이 없다고 얘기하곤 했다.

예전에는 돈이 없다고 하면 그대로 침묵을 지키는 경우가 많았다. 나 역시 돈이 없는 사람 중에 한 명이었기 때문이었다. 하지만 그동안 나는 스크립트를 목숨 걸고 외우면서 처절하게 연습을 해왔다. 고객의 상황을 충분히 이해하고 고객의 말을 충분히 경청한 후 내 이야기를 들려주었다.

롤 플레이Role Play는
고객에 대한 매너다

영업의 고수들은 강의를 자주 한다고 한다. 스스로 강의하는 감각이 떨어지는 것을 방지하기 위한 것도 있고, 강의하는 것이 본인의 사명이라고 생각한다고 한다. 그런데 강의를 시작하면서 반드시 하는 말이 있다고 한다. 그건 지금 이 강의 내용이 중요한 것이 아니라 실제로 해 보는 것이 중요하다는 것이다. 그러면서 어떤 내용에 대해 습득하는 다섯 가지 방법이 있는데, 이 중 '제일 완벽하게 내 것으로 되는 방법이 무엇일까?'라는 질문을 던졌다.

첫 번째, 이 책을 읽는 것처럼 어떠한 내용에 대해 읽는 거다. 두 번째, 녹음된 것을 듣는 거다. 오디오 북을 듣는 거라고 생각하면 되겠다. 세 번째, 강의를 듣는 것처럼 직접 현장에서 보고 듣고 느끼는 거다. 네 번째, 그 내용에 대해 한 사람한테 설명하는 거다. 시쳇말로 롤 플레이하듯이 말이다. 다섯 번째, 한 사람이 아닌 다수를 앞에 놓고 강의를 하는 거다.

과연 어떤 방법이 제일 효과적일까? 길게 생각해 볼 필요도 없이 마지막 방법이다. 바로 그렇다. 강의가 끝나고 나면 강의를 듣는 사람보다 강의를 한 사람이 더 성장속도가 빠르다. 설명을 들은 사람보다 설명을 하는 사람이 더

162

욱 그 내용에 대해 본인 것이 된다. 강의를 하고 롤 플레이를 해야 하는 이유가 바로 그것이다.

팀에서 세션을 본인이 스스로 주도할 때 성장이 된다. 이 단순한 원리를 모르고 많은 후배들은 실전에서는 말을 잘할 수 있겠는데, 롤 플레이는 못하겠다고 말한다. 이 얼마나 황당한 모순인가. 뭘 몰라도 한참 모르고 하는 소리이다. 롤 플레이만 잘한다고 실적이 오르는 건 아니지만, 실제 상담하듯이 연습을 하지 않고서 실적은 절대 오르지 않는다.

혹시 나는 롤 플레이를 안 하는데 실적은 곧잘 나온다고 생각하는 사람이 있는가? 그럴 수 있다. 사람을 많이 만나면 된다. 많이 만나서 실전으로 롤 플레이를 하면 된다. 그런데 잘 되는 방법으로 실제 상담을 진행해야지, 잘못된 방법으로 아무리 사람 만나봤자다. 한 주에 세 건씩 하는 3W를 장려하는 이유도 여기에 있다.

이도 저도 안하면서 어떻게 성장을 기대할 수 있을까? 본인이 강의도 안하고 롤 플레이도 안 하면서 잘하는 사람의 강의를 들으라고 하면 잘 안 들으려고 한다. 들어봤자 그건 그 사람들이니까 잘하는 거지, 자기랑은 안 맞는다는 것이다. 또 책도 안 읽는다. 이쯤 되면 주변에서는 이런 사람을 포기하고 싶은 생각이 든다.

완전히 습득하고 싶은 내용이 있으면 주위 친한 사람에게 다시 그대로 설명을 해보라. 잘 되는가? 잘될 때까지 반복적으로 해야 한다. 더 확실하게 하려면 몇 명 모아놓고 강의를 해라. 그러면 정제된 단어를 사용하게 되고, 여러 생각지 못한 질문에 대응하면서 깊이가 있어진다.

그렇다면 그 다음 단계는 무엇일까? 바로 내가 설명하고 질문에 대응하고 다수 앞에서 강의하는 모습을 처음부터 끝까지 녹화를 해서 보는 것이다. 물론 제3자가 객관적으로 보고 원 포인트 레슨을 해줄 수도 있다. 또는 다수에게 해보고 여러 조언을 구할 수도 있다. 하지만 조언이란 것이 각자의 성향에 따라 다르기 때문에 참조는 할 수 있겠지만, 그로 인해 상처를 받거나 반대로 우쭐해질 수 있기에 제일 정확한 것은 본인이 하는 것을 본인이 직접 보고 모니터링 해야 한다.

수십 번 보다 보면 자연스럽게 자신이 어떤 부분에서 어떻게 말을 하고 제스처를 취하는지 머릿속에 그려지게 된다. 그 정도 수준까지 가면 이제 실전에서도 자신의 모습을 머릿속에서 형상화할 수 있게 되어 자신을 제3자의 시각에서 객관적으로 바라볼 수 있는 눈을 갖게 된다.

롤 플레이는 영업 방정식을 구성하고 있는 네 가지 핵심요소 중에 활동량을 증대시키는 매우 필수적인 요소다. 롤 플레이는 실전처럼 할 수도 있고, 이미지 트레이닝으로 할 수도 있다. 나만의 롤 플레이 방법을 구상하는 자, 성공의 지름길에 들어섰다고 할 수 있다.

롤 플레이를 하자. 반드시 실전처럼 해야 한다. 세일즈 프로세스 일곱 단계별로 본인이 마음에 들 때까지 계속 한다. 초회접촉, 초회상담, 재무적 이슈파악, 솔루션 제안, 계약종결(거절 처리 포함), 증권전달, 소개요청의 각 단계별로 자신감이 있어야 한다.

이걸로 끝이 아니다. 가망고객은 성향도 상황도 제각각이고, 바라는 바도 다양하다. 그렇기 때문에 각 가망고객 니즈별 상담 내용도 달라야 한다. 본인이 지향하는 고객시장에 잘 맞는 콘셉트를 최소한 열 가지로 구분하여 연습하자. 아니 훈련이 되어야 한다. 무슨 말이냐면 생각해서 말이 나오는 것이 아닌 기계처럼 말이 나와야 한다는 이야기이다.

고객은 시간이 많지 않다. 본인이 적극적으로 나오지 않는 한 말이다. 가망고객이 먼저 연락 와서 보험을 가입하겠다고 하면 역선택을 의심해라. 99%는 우리가 가망고객을 찾아서 생각 없는 사람에게 잠재되어 있는 니즈를 파악해서 환기를 시켜야 한다. 그 시간은 단 3분 또는 5분에 지나지 않는다. 니즈를 파악했다면 짧은 시간 동안에 니즈를 환기시켜라. 그러기 위해서는 철저한 훈련이 되어야 한다.

본인이 스크립트를 만들어 봐라. 만일 그것이 어렵다면 선배들의 훌륭한 스크립트가 많이 있을 것이다. 회사에 자료도 엄청 많고, 시중에 관련 서적도 많다. 우선 그것을 달달 외워봐라. 소리쳐서 말해 보라. 읽고 이해한 것만으로는 아직 시작도 안한 거다.

자, 다시 정리한다. 세일즈 프로세스별 롤 플레이를 완벽하게 익힌다. 그리고 타깃고객 시장에 맞는 콘셉트 열 가지를 정리해서 철저히 익힌다. 3분짜리, 5분짜리, 10분짜리로 나눠서 훈련해라.

이번 미션이 힘들 수 있다. 콘셉트별 스크립트를 다 내 것으로 만들려면 거의 두세 시간짜리 강의에 해당하는 양일 수도 있다. 그러나 당연히 힘들어야 한다. 당연한 걸 이제껏 안 해왔었기 때문이다. 하지만 하고 나서는 이제까지 안 했던 것이 되레 이상할 것이다.

▶미션 : 세일즈 프로세스별, 콘셉트별로 3분, 5분, 10분 롤 플레이 스크립트 암기하기

하늘은 스스로 돕는 자를 돕는다
- 첫 도전

나의 가망고객 시장은 주로 직장인들이다. 지난 4월부터 동네에 있는 자영업 사장님들을 매일 꾸준하게 접촉하고는 있지만 아직 보험 이야기는 안 꺼낸 상태이다. 얼굴 도장만 무지하게 찍고 있었다.

그러다 보니 내가 계약하는 고객은 회사에 다니는 직장 초년생과 맞벌이 부부들이 많았고, 이들이 보험료로 낼 수 있는 금액은 극히 한정적이었다. 보장성 보험료는 대략 10만 원 내외였고, 저축성 상품으로는 30만 원, 아무리 많아도 50만 원 정도였다. 하지만 꾸준한 활동량으로 건수를 늘려갔다.

가정의 달인 5월, 이번 달에도 한 주에 2건에서 3건 정도를 꾸준히 계약해서 한 주가 남았을 때 10건, 보험료로는 200만 원 가까이 해 놓은 상태였다. 마지막 주가 되었다. 현재까지 2등이다. 나 스스로도 믿겨지지 않는 결과였다. 선두는 월납 보험료로 220만 원. 이번 달에는 지점 선두와 보험료로 불과 20만 원밖에 차이가 나지 않았다.

팀 동료들은 내 실적에 대해 진심으로 축하해 주면서도 의아해 하는 눈치였다. 지점 만년 꼴찌가 지점 챔피언이 되는 가능성은 어쩌면 야구 견습생이 프로야구에서 타격왕이 되는 것보다도 비현실적이다.

어쨌든 항상 삐딱했던 내가 바뀌니 팀장도 바뀌었다. 언제 그랬냐는 듯이 팀 회의 때도 지점 미팅 때도 내 이름을 연신 언급하며 추켜세웠다. 아침조회가 끝나고 필드에 나갈 때는 엘리베이터 앞까지 배웅을 나오며 격려를 해주었다.

"이번에 잘 하면 지점에서 챔피언 할 수도 있겠는데요. 한번 욕심을 내봐요."

사람이 이렇게 달라질 수가 있나? 매달 가동만이라도 하라고 핀잔만 주던 팀장이 이제는 나의 든든한 아군이 되어 있었다. 사실은 나도 내심 이번 달에는 지점 챔피언을 해보고 싶었다. 마침 가정의 달을 맞이해서 지점장이 지점 챔피언 상금을 크게 걸었기도 했지만, 그보다도 나에게는 상징적인 의미가 있었다. 새롭게 태어난 지 백일이 되는 날을 지점 챔피언으로 기념하고 싶었다.

현재 지점 선두는 지난 번 본인의 강의 영상이 회사 사이트에 있는 걸 알려준 김성한 선배였다. 영업을 한 지 10년이 넘어 올해 MDRT를 하면 종신회원이 되는 선임 에이전트였다. 객관적인 전력으로 따지자면 경쟁 자체가 될 수가 없는 처지이지만, 그 선배가 나를 경쟁 상대로 여기지도 않는다는 사실이 어쩌면 나에게 유리했다.

하지만 사실 유력한 지점 챔피언 후보는 영업한 지 5개월이 채 안

된 신입 에이전트였다. 현재 한 주 남기고 내 뒤를 이어 3등을 하고 있지만, 입사할 때부터 갖고 있는 화려한 인맥으로 인해 전국 챔피언도 할 수 있겠다고 모두들 혀를 내두르던 무서운 신인이었다.

보통 신입이 1개월 교육 수료 후 첫 달부터 한 주에 세 건씩 하는 것을 이 친구는 일주일에 다섯 건씩 해내었다. 보통 한 달에 서른 건 가까이를 하고 보험료도 3백만 원을 항상 넘었으며, 첫 달부터 4개월 동안 계속 지점 1등을 놓치지 않고 있었다.

지금 5월임에도 벌써 MDRT를 달성하고, 조만간 COT를 달성하고자 기염을 토하고 있는 괴물이었다. 시상 소감 발표 내용도 듣는 사람이 혀를 내두를 정도였다.

"나 유영찬을 벤치마킹하세요! 올해 전국 챔피언 제가 먹겠습니다!"

어떤 선배는 버릇이 없다며 은근히 누군가 유영찬 에이전트를 이겨주길 바랐다. 하지만 그 기세는 아무도 말릴 수 없을 정도로 엄청났다. 파죽지세란 말이 여기에 딱 맞는 표현이란 생각이 들었다.

지점에서 월 챔피언을 하려면 월납 보험료로 최소 3백만 원을 넘어야 했다. 일주일 남은 상태에서 1백만 원을 더 보험료로 해야 하는 상황이었다. 그래야만 이제까지 경쟁자의 실적 추이로 보았을 때 1등을 노릴만 했다.

나한테 로열티를 갖고 있는 지인들과 고객들에게 일일이 전화를 돌렸다. 내 고객이 되어 주신 것에 대해 감사하단 말을 함과 동시에 소개 요청과 추가계약을 말씀드렸다.

고맙게도 찾아오라는 연락은 계속 이어졌다. 하루에 다섯 명씩 만나며 그렇게 5월의 마지막 일주일을 발바닥이 뜨겁게 보냈다. 그리하여 5월에 내 최고 기록을 갱신했다. 마지막 일주일에 7건을 하면서 이번 달 총 17건에 보험료로 315만 원을 한 것이었다. 마감 하루를 남겨두고 역전이다.

선두를 달리고 있던 김성한 선배는 건수는 17건으로 동률에 보험료는 290만 원에 그쳐 있었고, 내 뒤를 바짝 따라오던 괴물 후배는 이 달 들어 극심한 슬럼프에 빠졌는지 고작 15건, 260만 원에 불과했다. 영업 5차월에 힘이 많이 빠진 듯 했다.

마감 마지막 날 저녁, 가정방문 약속이 잡혔다. 부부 상담이 잘 되면 모두 19건에 월납 보험료도 340만 원이 될 터였다. 이대로라면 지점 만년꼴찌가 지점 챔피언이 되는 역사를 쓰는 것이다.

고객의 집에서 두 시간이 넘도록 보장설계에 대해 설득을 한 끝에 부부 모두의 동의를 얻어 냈다. 서명을 하며 눈시울을 적시는 부부를 보며 이야기를 했다. 지금 두 분은 잠들어 있는 아이의 미래를 책임질 의미 있는 행동을 한 것이라고.

현관문까지 배웅하는 이제는 고객이 된 부부를 뒤로 하고 올려다보이는 달빛은 참으로 영롱했다. 집으로 돌아오는 차를 타면서 팀장에게 전화를 했다.

"부부상담을 해서 10만 원, 15만 원 종신보험 두 건을 하고 퇴근 중입니다. 현재 상황은 어떤가요?"

"축하합니다. 끝까지 수고했어요."

팀장은 약간 뜸을 들이더니 대답을 해주었다.

"그런데 오늘 김성한 선배가 저축성보험료로 20만 원짜리 세 건을 더 했어요. 그리고 유영찬 군이 지금 월납 보험료 1백만 원짜리 종신보험을 해왔다고 하네요."

팀장의 말은 점점 흐려져서 귀에 핸드폰을 꽉 대야 알아들을 수 있었다. 핸드폰 감이 안 좋은 건지 팀장이 말을 흐리는 건지 알 수가 없었다. 팀장의 말에서 아쉬움이 묻어 나왔다. 알겠다고, 기다리시느라 고생했다고, 이제 그만 퇴근하시라는 말과 함께 전화를 끊었다.

5월 달 순위는 유영찬 16건 360만 원, 김성한 20건 350만 원, 강산 19건 340만 원으로 건수 챔피언은 김성한 선배가 되었고, 보험료 순위 챔피언은 유영찬 후배가 되었다.

맥이 풀렸다. 아쉬웠다. 기분이 묘했다. 건수든 보험료든 보기 좋게 챔피언을 해서 손 선생에게 보란 듯이 자랑하고 싶었다. 보라고. 내가 이만큼 성장했노라고. 하지만 기분이 썩 나쁘지는 않았다. 최선을 다했다. 그리고 최선을 다한 만큼 후회도 없다.

집에 도착하니 자정이 넘었다. 아내가 아직 안 자고 있었다. 문을 열어 주는 아내를 두 팔을 벌려 꽉 안았다. 나도 모르게 눈물이 나왔다. 주책없이 하염없이 주르륵 흘러 내렸다.

다음 날 석회 시간에 지점 시상을 했다. 모두들 끝까지 선전한 나에게 축하의 메시지를 전했다. 건수와 보험료 각 부분에서 챔피언을 차지한 두 명도 나에게 찬사를 보내왔다. 사실 마지막 일주일을 남기고 나 때문에 초긴장했었다는 시상 소감도 발표했다.

그 날의 주인공은 나였던 셈이다. 게다가 나 덕분에 마지막 일주일에 피치를 올렸고, 그 바람에 두 명 다 이번 해 전국 순위가 껑충 상승했다고 했다. 전국 순위로 레이스를 하는 사람들이었다. 나와는 애초부터 상대가 되지 않았다.

궁금했다. 도대체 그 두 명의 영업비밀은 무엇일까? 어떻게 그렇게 계속 잘할 수가 있을까? 또 어떻게 마지막까지 기세를 올릴 수 있었을까? 나는 이번 달 한 만큼 다음 달에도 할 수 있을지 장담을 할 수가 없었다. 모든 물량을 총 동원한 한 달이었기 때문이다. 시상식과 석회가 끝난 후 나는 다음 달에 어떻게 영업을 전개할지 고민을 하고 있었다.

"뭘 그리 골똘하게 생각해? 지난달에 멋졌어. 사실 생각도 못했거든. 아니 어떻게 그렇게 갑자기 잘하는 거야?"

김성한 선배였다.

"선배님도 참, 저는 생계형 에이전트에요. 선배님처럼 우아하게 영업을 하는 스타일이 아니라서요. 선배님이야말로 어떻게 그렇게 계속 잘하시는 거예요?"

"영업은 기세싸움이잖아."

선배는 옆 자리에 앉더니 웃으면서 어깨를 툭 쳤다.

"유영찬 후배는 풀도 좋고, 워낙 기세가 좋아. 올 한 해 동안은 꺾이지 않을 것 같아. 하지만 길고 짧은 건 대봐야지. 아직 올해 레이스는 많이 남아 있잖아. 그런데 우리 일을 꾸준히 잘하려면 나만의 차별화된 경쟁력이 있어야 해. 강산 후배는 어떤 경쟁력이 있는지 궁금하네."

마지막 선배의 말이 귓전을 맴돌면서 길게 여운을 드리웠다.

'경쟁력이라……'

리뷰Review를 통해 나아갈 길을 찾는다

장기 훈수 둘 때는 왜 이렇게 수가 잘 보이는지. 다들 그런 경험이 있을 것이다. 하수일지라도 옆에서 구경할 때는 실제 게임을 하는 사람보다 더 수가 잘 보인다. 그래서 보험 영업에서도 리뷰가 필요하다. 이는 영업 방정식을 구성하고 있는 네 가지 핵심요소 중 체결률을 증대시키는 두 번째 요소이다.

리뷰를 하지 않으면 내가 내 벽을 깨지 못한다. 줄탁동시啐啄同時라는 선禪용어가 있다. 병아리가 태어날 때 안에서 껍질을 쪼는 것을 '줄', 어미닭이 밖에서 쪼는 것을 '탁'이라고 한다. 병아리가 알에서 깨어나려 해도 어미닭이 밖에서 동시에 알을 쪼아야만 부화가 가능하다는 의미이다.

내가 못 보는 것을 보기 위해서 남의 눈을 빌려라. 그렇지 않으면 평생 내가 왜 못하는지를 모르게 된다. 리뷰는 다른 사람의 의견을 수렴하는 것도 있지만, 본인이 상담하는 것을 녹음해서 다시 듣거나 재현해서 촬영한 후 녹화된 영상을 수차례 보면서 스스로 깨우치는 방법이 효과적이다. 제3자의 입장에서 본인이 어떻게 이야기 하고 제스처를 하는지 꼭 보아야만 한다.

또한 리뷰 하는 시간을 통해 스스로를 통제할 수 있다. 무슨 말이냐 하면 내가 오늘 한 일이 없는데 어떻게 리뷰할 것이 있겠는가? 리뷰를 하기 위해서라도 어떻게든 활동을 하고 귀점을 하도록 하는 것이다.

우리 에이전트는 고객의 삶에 게스트로 등장하는 배우와 같다. 고객이 풍요롭게 살 수 있도록 도와주기 위해서는 고객의 인생에 깊숙이 개입해야 한다. 고객의 인생이라는 무대에 우리와 같은 게스트가 필요하다면 그 어떤 배우보다 최상의 게스트가 되도록 노력해야 하지 않을까? 실제로 배우는 한 컷의 드라마를 찍기 위해 수백 번의 리뷰를 한다고 한다. 당신은 그렇게 하고 있는가?

본인이 궤도에 올랐다는 확신이 들기 전에는 매일 아침저녁으로 리뷰를 해야 한다. 자신을 객관적으로 판단해줄 수 있는 사람과 싯플랜을 펴놓고 아침에는 그날 만날 사람과의 상담 내용을 롤 플레이 하고, 저녁에는 그날 활동에 대해 케이스 스터디를 해라. 그리고 솔루션을 수립해 보고, 그 솔루션에 대해 같이 논의할 수 있는 사람을 만들어라. 또한 매일 목표로 한 활동수치와 실적에 대해 점검한다.

만일 같이 리뷰를 할 선배나 팀장이 없으면 동료를 섭외해라. 만일 동료도 없으면 후배와 같이 하면 된다. 후배를 가르쳐 주면서 본인이 배우게 될 것이고, 후배는 본인을 깨우쳐 줄 것이다. 어느 정도 궤도에 올랐다는 확신이 들면(예를 들자면 보험 영업에서 MDRT 정도 수준이다) 일주일에 한 번 정도 리뷰시간을 갖는다. 물론 스스로는 매일 해야 한다. 지금 말하는 건 일대일 리뷰를 이야기 하는 거다.

영업은 주간 단위 점검이 가장 효율적이다. 주간계획표, 즉 싯플랜을 펴 놓고 지난 주 활동했던 내용과 다음 주 활동에 대해 논의하는 시간을 가져 활동에 혹시라도 놓치는 부분이 있는지 검토한다. 다음 주 목표를 달성하기 위해 적절한 활동이 예정되어 있는지에 대한 부분과 지난 결과에 대해 목표를 달성했는지 확인하고, 달성하지 못했으면 그 이유와 향후 대책에 대해 검토하는 시간을 갖는다. 이로써 한 주간 및 월간 활동량 통계를 검토할 수 있고, 각 영업과정별로 성공률을 파악함으로써 과정별 어떤 영업방법을 보완할 수 있는지를 알 수 있게 된다.

본인이 팀에 속해 있으면 그 팀의 팀장이나 선배와 회의시간을 갖도록 하고, 그렇지 않으면 마인드와 활동이 좋은 동료와 시간을 맞춰서 활동에 대해 서로 공유하는 시간을 가져야 한다. 이런 활동 공유 미팅은 해도 되고 안 해도 되는 문제가 아니다. 마치 매끼 식사 후 양치질 하듯이 습관 또는 시스템이 되어 있어야 한다. 활동량 통계를 내는 시간을 가짐으로써 각 영업과정별 보완해야 할 점이 무엇인지를 파악해야 한다.

고객 발굴이 문제라고 파악이 되면 지인 시장 자체가 빈약한지, 소개 요청 기술이 없는지, 영업과정을 지키지 않아 소개가 안 나오는 건지, 고객 발굴 전략 자체가 없는 건지를 파악해서 대책을 세운다.

전화로 약속 잡는 과정이 문제일 수도 있다. 만날 사람 명단은 있는데 약속을 잡아도 번번이 취소가 된다면 싯플랜이 백지인 경우이다. 이는 전화에 대한 두려움이 있는 건지, 전화하는 내용에 문제가 있는 건지, 전화로 약속만 잡아야 하는데 보험 가입 권유에 대한 내용까지 이야기함으로써 상담약속을 못 잡고 있지는 않은 건지를 확인해 봐야 한다.

또한 약속은 잘 잡고 만나는 것까지는 되는데, 만나고 나서 그걸로 끝인 경우가 있다. 세일즈 프로세스의 진행 자체가 안 되기 때문에 이런 에이전트는 일은 열심히 하는 것 같은데 결과물이 안 나온다. 뭐가 문제일까? 이는 초회 상담에 문제가 있는 거다.

그리고 재무적 이슈 파악까지는 이끌어 냈는데 이상하게도 그 다음 솔루션 제안 및 계약종결 약속을 못 받아 내거나 일정을 잡았어도 정작 당일 가까이 되어 취소되는 경우가 있다면 이런 경우는 전반적으로 약속을 컨펌하는 과정에서 문제가 있는 것이다.

솔루션 제안까지는 하는데 계약종결이 안 되는 경우는 무엇이 문제일까? 고객의 니즈를 정확히 파악하지 못했거나, 고객의 입장에서의 간절한 마무리가 안 된 경우이다. 그리고 계약종결까지는 갔지만 추후 계약이 취소되는 경우는 계약 후 고객관리 능력이 부족해서 그렇다.

화장실 들어갈 때와 나올 때가 다르다고 고객이 되기 전과 된 후의 에이전트 모습이 다르다면 실망감과 배신감을 느낄 수밖에 없다. 지금에 와서 생각해 보면 예전 영업할 때의 모습이 떠오를 때마다 모골이 송연해 진다. 나 또한 계약 전후에 고객 응대가 달라지는 것에서 자유롭지 못하기 때문이다.

계약 전에는 그렇게 뻔질나게 찾아오다가 계약 후 전화 연락조차 뜸하다면 그 에이전트를 신뢰할 사람은 없을 것이다. 물론 나 또한 그런 에이전트 중 한 명이었다는 것을 인정한다. 계약 후에 다른 계약을 하기 위해 동분서주 하다 보면 예전보다 연락을 뜸하게 하게 되고, 그러다 점점 미안해서 연락을 더 못하게 되는 그런 악순환에 빠지기 쉽기 때문이다.

영업을 못 하는 에이전트일수록 이러한 악순환의 고리에 빠지게 되는데, 그래서 소개도 안 나오고 활동량도 감소하게 된다. 특히 계약 후 증권 전달 과정은 다시금 보험의 필요성을 인식시키고 좀 더 여유 있게 소개를 요청하거나 추가 계약을 이끌어 낼 수 있는 시간이다. 그럼에도 불구하고 과정을 생략해서 절호의 기회를 놓치는 우를 범하면 안 될 것이다.

태도와 싯플랜, 롤 플레이와 리뷰는 활동량과 체결률을 증대시키기 위한 영업 방정식을 구성하고 있는 4대 핵심요소이다. 다시 말하지만 4대 핵심요소는 영업력을 키우기 위한 골격에 해당된다고 볼 수 있다. 혹시 지금 이 요소를 지키고 있지 않은데 영업이 잘 되고 있는가? 체크해 보았을 때 부족한 요소가 지금 있다고 해서 실적이 바로 당장 곤두박질치지는 않는다.

암에 걸렸다고 바로 죽는가? 서서히 죽어갈 뿐이다. 빨리 암세포를 찾아내서 치료하지 않으면 반드시 수개월 이내에 사망에 이르게 되듯이, 내가 어떤 요소가 안 되고 있는지 빨리 알아차리고 행하지 않으면 반드시 슬럼프에 빠지게 된다. 그때 되어서 내가 왜 열정이 사그라졌고, 온갖 일하기 힘든 핑계거리가 생기는지 의아하게 생각한들 이미 늦었다. 게을러서 비만이 심해져도 당장 아픈 곳이 없다고 방심하다가 병이 나듯, 영업이 잘 된다고 영업 방정식을 구성하고 있는 핵심요소를 하나씩 안 하면 슬럼프에 빠지게 된다.

지금 바로 점검해 보자. 보험의 중요성에 확신이 떨어졌는가? 돈을 벌어야 한다는 간절함이 예전 같지 않은가? 출근과 귀점을 서서히 안 하게 되고, 아침에 일찍 출근을 안 하게 되는 각종 이유들이 생기는가? 주간계획표를 수립하는 것이 귀찮아지고 계획적인 활동보다는 계약을 좇고 있는가? 고객과의 상담 내용이 변함이 없고 본인 스스로도 상담 내용에 재미를 못 느끼는가? 매니저와의 면담이 그렇게 필요한지 의문점이 드는가? 동료와 업무 이야기 보다는 주변 잡담이나 회사나 매니저에 대한 입소문에 귀가 번뜩이는가?

혹시 이 중 한 가지라도 해당이 된다면 옐로카드이며, 거의 해당 된다면 레드카드다. 경고다. 영업 방정식의 4대 핵심요소를 지금부터라도 지켜라. 싯플랜에 리뷰시간을 반드시 할당하고 지켜 나가라.

▶미션 : 리뷰 계획 수립하기

다시 일어서는 용기

6월

유지경성有志竟成, 뜻이 있으면 반드시 이룬다
- 첫 마라톤 대회

벌써 내일이 대회 날이다. 5월 마감을 하고, 6월 달 가동에 신경 쓰고 있다 보니 어느새 대회 날이 성큼 앞으로 다가왔다. 긴장이 되었다. 그래도 매일 아침마다 달리기를 해 왔기에 은근 자신감도 있었다. 물론 최고로 많이 뛰어본 거리가 20km에 불과한 것이 걱정이다. 까짓것 그 이후는 악으로 깡으로 달리면 되지 뭐. 죽기 아니면 까무러치기다. 설마 죽기야 하겠나. 뛰지 못하면 걸어서라도 완주하리라.

몸 상태는 괜찮았다. 평소 달리던 속도를 조금 늦춰서 천천히 뛰면 충분히 결승점까지 달릴 수 있을 것 같았다. 목표는 완주다. 생전 처음 달려보는 마라톤 풀코스 42.195km. 텔레비전에서나 보던 마라톤 코스를 내가 달려보는구나.

다음 날이 대회일인 것을 감안해서 토요일 하루는 모든 상담 약속을 연기하고 집에서 충분히 휴식을 취했다. 아내는 어떻게 사람들이 그런 무식한 운동을 할 수 있냐고, 뛰다가 힘들면 그냥 집으로 돌아오라고 했다. 나는 절대로 중간에 포기하지 않을 테니 애들 데리고 마중오라고 했다. 한 놈은 세 살이고, 한 놈은 아내 뱃속에 들어 있었다.

"내가 어떻게 거기까지 가요?"

아내는 사람도 많을 거고, 배에 자꾸 힘이 들어가서 못 간다고 중얼거렸다.

"남편이 풀코스를 도전하는데, 결승점에 마누라가 없으면 정신력이 약해져서 완주 못해. 형님 꼬여서 차타고 왔으면 좋겠구만."

나도 당연히 올 수 없는 상황임을 알고 있음에도 괜히 투정을 부렸다.

"그러니까 괜히 욕심 부리지 말고 중간에 힘들면 그냥 집으로 돌아오세요."

아내의 하나뿐인 오라버니는 너무도 착해서 운전기사 노릇을 곧잘 해주곤 했다. 아내는 그런 오빠에게 많이 미안해했다. 잠이 안 온다. 누워 있다가 벌떡 일어나서 동네 한 바퀴 뛰고 들어왔다.

'과연 완주 자체를 할 수 있을까?'란 걱정만 들었다.

긴장했는지 새벽까지 뒤척이다가 결국 늦게 일어나게 되었다. 부랴부랴 짐 챙겨서 나왔는데 대회 장소 부근에 있는 전철역에 도착하니까 시간은 벌써 8시 반. 출발점인 보조경기장까지 워밍업이라고 생각하고 가볍게 뛰었다. 탈의실 뒤에서 옷 갈아입고, 배에는 제놀 쿨파스 붙이고, 얼굴에 썬 크림 바르고 물품 맡기고 출발지점으로 달려갔더니 경기장 안에는 들어갈 수조차 없을 정도로 사람이 많았다. 족히 수천 명은 되는 것 같았다.

어쩔 수 없이 밖에서 급한 대로 스트레칭하고 제자리 뛰기를 하면서 몸을 풀어야 했다. 그런데 순간 갑자기 "와~" 하면서 출발하는 소리가 들렸다. 벌써 아홉시구나.

수많은 달림이들 틈에 치어 경기장 아래 급경사 길을 내려가는데 기분이 묘했다. 어떻게 설명을 할 수 있을까?

'내가 기어서라도 완주를 해야겠다'

흥분을 했는지 속도가 빠르다. 페이스를 늦추어야 했다. 어떻게 해서든 최대한 초반에 힘을 비축해야만 완주를 노릴 수 있다. 앞쪽에서 출발해서 그런지 사람들이 계속 내 옆을 추월해서 지나갔다. 오직 달리는 것에 집중하면서 뛰다 보니 어느덧 5km 표지판이 보였다. 5km 통과기록 30분 6초.

예상보다 너무 빨랐다. 수많은 사람들 틈에 끼어 달리다 보니 나도 모르게 속도를 낸 것 같았다. 급수대에서 물을 마시면서 호흡을 가다듬었다. 더 천천히 달리자. 마음속으로 다짐을 하고 다시 뛰기 시작했다. 아직 무릎도 괜찮고 컨디션도 좋았다.

이대로만 가면 완주는 물론 4시간대도 가능하겠구나. 조금 더 뛰다 보니 7.25km 지점을 통과하고 금방 10km 지점에 도착했다. 기록은 1시간 3분 21초를 지나가고 있었다.

10km를 지나가면서 이 속도로 뛰어서 완주하기에는 힘이 좀 모자라겠다는 예감이 들었다. 좀 더 힘을 비축해야겠다는 생각에 이후부터는 급수대마다 들러서 스트레칭을 하고 휴식을 취했다. 15km

지점을 어떻게 통과했는지도 모른 채 오로지 완주하겠다는 일념 아래 달리는 데에만 집중하다 보니 어느덧 20km 지점을 통과하게 되었다. 20km 통과 기록 2시간 12분.

문제는 결국 반환점인 체크포인트 25km를 통과하면서 발생했다. 우려하던 오른쪽 무릎에 예리한 통증이 느껴졌다. 무릎 보호대 속으로 파스를 뿌려대고, 발라대고, 왼쪽 발에 지탱해서 뛰어보려 해도 마음처럼 되지 않았다. 결국 걸어야만 했다.

나도 모르게 눈물이 흘러내렸다. 이렇게 포기하게 되는구나. 수많은 달림이들이 내 옆을 스쳐 지나가면서 파이팅을 외쳐주었다. 철인3종 동호회 자원 봉사자들이 무릎에 파스를 뿌려주다가 부상 정도를 파악하고 그만 달릴 것을 조심스럽게 제안했다. 다음 기회에 도전하라는 진심어린 충고도 해주었다.

체크포인트를 지나 28km 지점까지 계속 걸은 것 같다. 약 3km 이상을 걸은 셈이었다. 처음 출발할 때 목표로 삼았던 4시간 20분 페이스메이커는 지나간 지 오래였다. 반환점에서 4시간 40분 페이스메이커도 지나갔다. 나도 모르게 눈물이 떨어졌다. 그토록 매일을 달렸는데. 아쉬움의 눈물이었고, 그동안 수고한 내 자신에 대한 보상의 눈물이었다.

한참 눈물을 몰래 훔치며 걷다 보니 몇 킬로미터 지점인가에서 무릎 통증이 좀 회복되는 것 같았다. 실낱같은 희망이 생겼다. 뛰지 못한다면 걸어서라도 완주하면 되지 않느냐는 생각이 들었다. 하루가 걸린다 하더라도 결승점까지 내 발로 걸어가리라.

30km 표지판을 뒤로 하고 한참을 걷다 보니 뒤에서 호루라기 소

리와 함께 하나 둘! 하나 둘! 구령을 외치며 뛰어오는 한 무리가 있었다. 마지막 페이스메이커 5시간. 살짝 뛰어보니 좀 참아보면 약간의 거리를 같이 뛸 수도 있겠다는 생각이 들었다.

5시간 페이스메이커 무리와 같이 약 2~3km는 뛴 것 같다. 하지만 도저히 무릎 통증을 참지 못하고 결국 다시 걷기 시작했다. 시간은 이제 달리기 시작한지 4시간이 지나가고 있었다.

'평상 시 10km 달리는 속도를 낼 수 있다면'

그런데 좀 걷다 보니 궁금한 게 있었다. 뒤에 걷다 뛰다 하던 사람들이 하나 둘씩 사라지는 것이었다. 하지만 그 이유는 금방 파악되었다. 저 멀리 뒤에서 회수차량이 지나가면서 앉아 있거나 걷고 있는 달림이들을 태우고 있던 것이었다. 순간 오기가 발동했다. 내가 기어서라도 완주하리라. 풀밭에서 일어나 뛰는 시늉을 하며 걷고 있는데 회수차량이 내 옆에 서서히 서더니 앞문이 스르륵 열렸다.

"고생했어요! 이제 그만 타세요! 조금 있으면 교통 통제가 풀려서 못 뜁니다!"

기사 선생님이 만면에 미소를 가득 띤 얼굴로 타라고 손짓을 했다. 열린 문으로 보이는 포기한 달림이들의 표정은 왠지 좋지 않았다. 버스 안에서 구겨져 있는 달림이들의 땀 냄새와 파스 냄새가 어우러져 열린 버스 문을 통해 닭똥냄새가 물씬 풍겨 나왔다. 회수차량이 왜 닭장차란 별명으로 불리는지 그제야 고개가 끄덕여졌다.

나는 못 탄다. 아니 안 탄다. 냄새 때문이기도 하지만 포기한 사람들과에 속하는 것도 싫었다. 내 상태를 생각해 준 기사 선생님한테는 고맙지만 웃으면서 괜찮다고 말하고, 버스 속도에 맞춰 묵묵히 뛰어갔다. 얼마 안가 앞에 걷던 달림이 두 명이 차에 탔다. 마음 한 구석에 말로 표현 못할 이상한 느낌이 들었다.

걷다 뛰다 걷다 뛰다를 수없이 반복했다. 포기하고 싶은 마음이 가슴 한 구석에서 스멀스멀 올라왔다. 아까 닭장차에 그냥 탈걸 그랬나란 생각도 들었다. 어느새 운영 측에서는 급수대를 철수하고 있었다. 아마도 33km 지점이었나 싶다.

멀리서 한 무리가 뭉쳐 응원을 하고 있는 모습이 보였다. 그 옆을 창피하게 걸어서 통과하고 싶지는 않았다. 뛰는 시늉을 했다. 가까이 가보니 자원봉사를 하는 여학생들이 급수대를 철수하면서 차에 싣던 박스를 뜯어 포기하지 않고 있는 달림이들에게 바나나와 초코파이, 이온음료를 주고 있었다.

"계속 뛰세요!"

"완주하는 아저씨 멋쟁이!"

"그동안 고생했어요! 조금만 더 힘내세요!"

모든 달림이한테 하는 걸 텐데 왠지 나한테 하는 소리로만 들렸다. 양쪽 손에 먹을 것을 받아 들고 다시 뛰기 시작했다.

이젠 무릎 아픈 것도 아픈 거지만 다리가 완전히 풀려서 서있기조차 힘이 들었다. 갑자기 세 살배기 아들 녀석이 생각났다. 지금 뭐하고 있을까? 힘들면 절대 무리하지 말라고 신신당부하던 아내 생각도 났다. 형님한테 부탁해서 차타고 올라나. 대회 게시판에서 훈련일지를 공유하던 분들도 생각났다. 얼마나 나름대로 최선을 다해 시간을 쪼개가며 연습을 했던가?

또 눈물이 흘러 내렸다. 그래 포기하진 말자. 별의별 생각을 다 하며 한참을 뛰다 걷다 뒤를 돌아보니 아무리 살펴봐도 뛰는 사람들이 보이지 않았다. 이제 정말 내가 마지막이구나. 추월당할 일도 없고, 회수차량도 벌써 지나갔고, 차비도 없고.

어차피 짐 찾으러 경기장에 가야 하니까 기어서라도 완주는 해야겠다 싶어 아예 인도 옆 잔디밭에 드러누웠다. 마음이 참 편했다. 햇빛만 가려지면 그냥 자도 좋겠다는 생각이 들었다. 5분 정도를 누워 있었던 것 같았다. 그런데 그때 으쌰! 으쌰! 하는 소리가 들려 실눈을 떠서 도로를 보니 반환점에서부터 같이 걷던 분이 홀로 구령을 외치며 지나가는 것 아닌가.

다시 힘내서 뛰기 시작했다. 34km에서 35km 지점까지 그처럼 1km가 멀게만 느껴진 적이 없었다. 30분은 걸린 것 같았다. 멀리 앞서 가던 사람도 시야에서 사라지고 이제 진짜 꼴찌인가보다 싶었다.

"회수차량 또 오더라도 타지마, 끝까지 완주해!"

무아지경으로 터벅터벅 걷고 있는데, 뒤에서 누군가 불쑥 나타나 말을 던지고 지나갔다. 반환점 부근에서 같이 걷던 그 어르신이었다. 힘이 났다. 뒤를 보니 두 명이 또 있었다.

'아! 아직 나처럼 포기하지 않고 뛰는 사람들이 있구나'

죽네 사네 하면서도 이제 36km 지점에 도달했다. 힘내서 다시 뛰었다. 이젠 교통 통제도 풀려서 인도로 뛰어야만 했다. 차들이 통제가 풀리기만 기다렸다는 듯이 옆으로 쌩쌩 달렸다. 달리는 차들이 신경 쓰이기도 했지만 횡단보도에서 신호를 기다려야 한다는 것이 차라리 쉴 수 있어 좋다는 생각도 들었다. 이젠 무릎 통증이 문제가 아니었다. 온 몸에 힘이 빠져 또 잔디밭에 드러누워서 5분 가량을 보냈다.

'그냥 꼴찌하자'

37km 지점. 고가에서 마지막 급수대가 철수하는 것이 보였다. 차가 짐을 싣고 떠나기 전에 이를 악물고 다가가서 바나나를 몇 개 챙겼다. 간발의 차였다. 바나나를 먹을 수 있다는 것이 얼마나 행복했는지! 여학생들의 마지막 응원소리에 힘입어서 1km를 가는데, 그 1km가 최고의 난관이었다.

운영국이 철수해서 마라톤 대회가 있었는지 없었는지 상황을 알 수 없는 놀러 나온 주위 아파트 주민들은 러닝셔츠를 입고 배에 번호판을 달고 홀로 터벅터벅 걸어가는 나를 이상하다는 눈초리로 흘끔 흘끔 쳐다보았다. 너무 목이 말라 주위 경찰아저씨한테 물 좀 달라고 하니, 마라톤 뛰는 사람임을 알아보고 얼른 이온 음료를 구해다 주었다. 어찌나 고맙던지 거듭 감사하단 말을 하고 다시 뛰기 시작했다.

한참을 가다가 또 잔디밭에 드러누웠다. 38km 정도 온 것 같았다. 이제 4km만 가면 되는데, 더 이상 뛴다는 것은 이제 무리란 판단이 들었다. 아파트 잔디밭에 내리쬐는 햇볕이 참으로 따사롭게 느껴졌다. 문득 엉뚱하게도 '아! 얼굴 많이 타겠다'란 생각이 들었다.

또 5분 정도 지났을까? 뛰어야겠다는 생각이 들어 일어나는데, 아까 전에 회수차량 타지 말라고 만류하던 어르신이 으쌰하며 또 지나가는 것 아닌가. 반가웠다. 구원군을 만난 것 마냥 그때부터 서로 힘내자는 말을 주고받으며 끝까지 쉬지 않고 걸었다. 패잔병이 아닌 완주를 승리로 여기는 승자처럼 씩씩하게 걸었다. 횡단보도를 건너다가 신호등이 파란 불에서 깜박거리면 뛰기도 하면서 말이다.

 이제 정확히 40km인지 41km 지점인지 모르겠지만 멀찌감치 경기장이 보이기 시작한다. 아! 정말 완주다. 시간을 보니 5시간이 훨씬 넘어 5시간 20분대를 가리키고 있었다. 대회 운영국은 정말 모두 철수했나 보다. 마라톤 코스를 안내 해주는 사람이 없으니 이제는 경기장을 향해 가로질러 갈 수밖에 없다. 뒤를 돌아보니 서너 명 정도가 뒤에서 쫓아 걸어오고 있었다. 고가 아래 신호등을 건너 경기장 오르막길을 걸어 올라가는 길목에서는 다 뛰고 나서 집으로 발걸음을 향하는 달림이 수백 명이 쏟아져 내려오고 있었다.

 “이제 다 왔어요! 조금만 힘내세요!”

 “고생했네요! 파이팅!”

 마주치는 달림이들마다 배에 단 마라톤 배번을 보고 연신 파이팅을 외쳐 댔다. 처음에는 왠지 쑥스럽지만 기분이 좋았다. 하지만 어느덧 그 소리가 그 소리 같고 일일이 대꾸를 하는 것도 일처럼 느껴졌다. 숨 쉬는 것도 일처럼 느껴지고 있었다. 이제 막 경기장 안으로 진입하려는 순간이었다.

 “자기야!”

 수많은 인파 속 웅성거리는 소리에 묻혀 희미하게 낯익은 목소리가 들렸다. 환청이 들리나 싶었다.

 “자기야!”

 또 들렸다. 숙인 고개를 들어 주위를 둘러보았다. 이건 분명 아내 목소리다. 저 먼발치에 인파를 헤치고 손을 흔들며 다가오는 누군가가 있었다. 아내였다. 아들 녀석을 안고 형님과 함께 마중 나온 것 아닌가? 오늘 못 온다고 했었는데……. 가슴 속에서 묵직하고 뭉클한 무언가가 솟아오르는 것이 느껴졌다.

완주시간을 4시간 정도 예상하고 오후 1시쯤 도착해서 기다리고 있었다고 했다. 그런데 5시간이 넘어 오후 2시 반에 대회가 끝나 운영진이 모두 철수해도 남편이 보이지 않아 어떻게 해야 하나 계속 찾아보고 있던 참이었다고 했다.

"나 조금만 더 가면 완주하거든? 조금만 기다려!"

씩씩하게 말하곤 경기장으로 향하는 마지막 언덕길을 힘차게 뛰어 올라갔다. 나도 모르게 없던 힘이 솟아올랐다. 젖 먹던 힘까지 짜내어 트랙을 한 바퀴 돌고 찍은 시간은 5시간 36분. 마라톤 첫 대회, 그것도 풀코스를 처음 출전한 기록 치고는 그리 아쉽지 않았다.

완주를 해내었다는 자체가 기뻤다. 마지막으로 들어온 한 사람까지 기다려서 완주자들끼리 사진 한 방 찍으며 완주를 자축했다. 내가 꼴찌는 아니었다. 뒤로 다섯 명이 더 있었다. 모두들 포기의 유혹을 뿌리친 승리자였다.

탈의실에서 옷을 갈아입고 경기장 입구로 나오니 아내가 우리 남편 마라톤 완주 대단하다고 너무 좋아했다. 기록이고 등수를 떠나서 40km가 넘는 거리를 완주했다는 사실에 많이 놀라는 눈치였다.

돌아오는 길에 아들 녀석 목에 완주메달을 걸어주고 형님과 함께 가족 사진 한 방 찍었다. 스스로에게 자랑스러웠다. 내 자신에게 굳건한 믿음이 생겼다. 마라톤 풀코스도 완주하는데 내 인생 내가 완주 못할까. 후회 없는 인생을 살리라. 나는 영업 챔피언을 목표로 끝까지 해낼 것이다.

주위의 소중한 사람들을
생각하다

생전 처음 달려보는 마라톤 풀코스를 나 혼자의 힘으로 완주하면서 나는 자신감이 부쩍 늘었다. 마음먹으면 해낼 수 있다는 자신감이었다. 물론 대회 후에 일주일을 제대로 일하지 못했다. 확실히 몸에 무리가 가긴 한 것이다. 몸이 너무 안 좋아서 병원에 가니까 장염이란다. 뭔가 스트레스를 강하게 받거나 갑자기 신체적으로 무리하면 생길 수 있단다. 무리를 하긴 했지.

게다가 풀코스를 완주한 그날 저녁, 청천벽력과 같은 소식을 듣고 나서 일주일간은 일을 하지 못했다. 대학 다닐 때 가장 친했던 선배 한 명이 뇌경색으로 사망했다는 것이다. 용준 선배는 딸만 둘인데 사업이 좀 어려웠었다. 마음이 무거웠다.

제일 먼저 생각난 것은 보험이 어떻게 되나 하는 것이었다. 1년 전 찾아갔을 때 다른 회사에 1백만 원씩 넣고 있다고 말한 것이 생각났다. 하지만 빈소를 찾아가서 알게 된 건 생각과 달랐다. 용준 선배한테는 아무 것도 없었다.

불과 2주 전에 직원들에게 보험을 깨서 월급을 준 사실을 알고는 나는 일주일 동안 영업도 마라톤도 할 수가 없었다. 1년 전 만났을 때 '내가 무엇을 말했으면 나한테 가입했을까?'라는 생각이 머릿속을 떠나지 않았다. 나 때문에 한부모 가정이 되었다는 자책감에 잠을 이룰 수가 없었다. 어떻게 시간이 흘렀는지 몰랐다.

다시 정신을 차려보니 6월 달 순위가 저 바닥으로 밀려 있었다. 산 사람은 살아야지. 그래도 주간 가동은 놓치지 않고 있어 6월 둘째 주 마감결과 2건에 월납보험료 35만 원을 하고 있었다.

월요일 조회시간, 여전히 지점장은 출근한 사람에게 지점의 출근율이 떨어진다며 핏발을 세우고 있다. 아이러니다. 출근하지 않은 사람이 들어야 할 내용을 들을 사람이 없으니 꿩 대신 닭이라고 대신 꾸중 듣는 기분이다. 내가 이런 말을 들으려고 월요일 아침부터 일찍 출근을 했나 싶은 생각이 들었다. 아니다. 그게 중요한 것이 아니다. 내가 해야 할 일에 집중하자.

일주일간 용준 선배를 머릿속에서 떨치려 노력하면서 내가 앞으로 해야 할 일에 대해 생각해 보았다. 내가 아는 모든 사람, 내 주위의 소중한 사람에게 보장을 점검하고 전달하는 내 본연의 업무에 집중하는 것만이 용준 선배에게 진 빚을 갚는 일이라 판단했다.

지난 주 일주일간 모든 일정을 취소하고 내리 쉬었기 때문에 스케줄러에 일정은 텅텅 비어 있는 상태였다. 오늘 하루는 전화 약속에 종일 집중해야 했다. 먼저 내 근황에 관련해서 단체문자를 보냈다. 그리고 답변 오는 문자를 확인해서 전화를 하고, 약속을 잡아가기 시작했다.

6월에 들어서 기념일이나 상령일 또는 연락을 하리라 정리한 1백여 명의 목록을 하나하나 점검해 가면서 전화를 했다. 생각보다 통화가 많이 안 되었다. 세 명한테 전화해서 한 명 정도 통화가 되는 정도였다. 그것도 바로 약속이 잡히는 경우는 극히 드물었다. 속이 탔다. 열 통화 당 한 명 정도 약속이 잡히는 꼴이었다. 비상이다. 팀 비서한테 부탁해서 점심을 김밥으로 때우면서 전화를 했다.

오후 내내 전화를 해서 70여 통을 했다. 이번 주와 다음 주 해서 약속은 고작 일곱 명 정도 잡혔다. 그중에는 보험 영업을 위한 상담 약속이 아닌 기타 방문약속도 절반 이상이 되었다. 이래서는 이번 달 고비다. 한참을 전화하다 보니 벌써 저녁 먹을 시간이 되었다. 밥 먹을 기분이 아니다. 다시 전화목록을 훑어보았다.

'아, 여기엔 지난 번 용준 선배 빈소에서 만났었던 동문들의 이름이 빠져 있구나'

문득 용수가 생각났다. 그래, 용수를 다시 만나 보자. '전화해서 안 받으면 어떻게 하지?' '만나자고 했는데 거절하면 어떻게 하지?'라고 걱정만 할 것이 아니라 그냥 전화 해보자. 아니면 말면 되지 않는가?

"용수야, 나 강산이다. 통화 괜찮냐?"

그래도 용수는 올해 초 회사 로비에서 만나 오해를 푼 이후로 가망고객 대상으로 단체문자를 보내면 꼬박 꼬박 답문자를 줄 정도로 관계가 회복되었다. 물론 보험 영업을 내가 한다는 것에 대해서는 아직도 못미더운 눈치이지만, 아무래도 좋았다. 언젠가 보험 이야기를 꺼낼 기회만 엿보고 있는 상황이었다.

"어, 말해. 웬일이냐? 요즘 잘하고 있다며? 애들한테 얘기 들었다. 용준 선배 일은 안 됐어. 너랑은 많이 친했던 선배였잖아."

"그래, 그래서 며칠 힘들었어. 한번 보자. 내일이나 모레 점심 어떠냐? 내가 마침 그쪽으로 가는데."

시간이 안 된다고 그러면 업무시간 중간에 잠깐 얼굴이라도 보자고 할 심산이었다. 사실 그쪽 방면에 상담약속이 있기도 하였다.

"뭐라고? 잘 안 들려. 다시 말해봐."

전철역인지 역무원의 안내방송과 지하철 들어오는 소리가 불규칙하게 섞이면서 조율이 안 된 악기소리가 들리는 듯 했다. 시계를 힐끗 봤다. 아, 벌써 퇴근 시간이구나. 오늘은 야근을 안 하는 군.

"내가 내일하고 모레 종로 쪽 가는데 시간되면 점심하자고. 어딘데 이렇게 시끄럽냐. 퇴근했어?"

"아, 아니, 외근 갔다가 이제 들어오는 길이야. 전철 막 내렸어. 오늘도 야근이다."

"뭘 그렇게 일만 하냐? 전에 보니 몸도 좀 안 좋아 보이더만. 시간 어때?"

"내일 괜찮아. 12시 십 분 전에 로비에 와서 전화해."

"그래, 알았어. 아, 그리고 이번에 만날 때는 밥 먹고 내 업무 관련해서 조언 좀 구할게."

"무슨 조언?"

용수는 아직 전철역인지 연결 상태가 안 좋은지 말이 모깃소리처럼 작아져서 핸드폰을 귀에 딱 대야만 겨우 알아들을 수 있는 정도가 되었다.

"최근에 새로운 교육을 받았는데, 한번 들어보고 내가 잘 하고 있는지 얘기 좀 해주면 돼. 점심 먹고 20분 정도 잠깐 시간되지?"

"알았다. 내일 보자."

"그래, 잘 쉬고. 내가 따로 전화 안할 테니까 혹시라도 변동사항 있으면 미리 연락해라."

"알았어."

"…… 뚜뚜"

용수가 끊기를 기다렸다가 귀에서 핸드폰을 뗐다. 아무리 용수에게 도움을 주기 위한 일이라 스스로 세뇌를 해본다지만, 보험 영업이라는 목적성을 갖고 전화해서 약속을 잡는 건 아직도 식은땀이 나는 일이다. 그 짧은 통화임에도 손바닥에 땀이 흥건히 배어나왔다.

스케줄러에 '내일 점심 이용수 초회상담 종각'이라고 메모를 하고, 옆에 별표를 세 개 그렸다. 이번에 만나서 단칼에 니즈 환기를 못하면 다음에 또 다시 보험 이야기를 꺼내긴 힘들 거란 느낌이 왔다. 어떤 콘셉트로 어디에 초점을 맞추어서 이야기를 전개해 나갈지를 노트에 정리해 보았다. 저녁식사가 문제가 아니었다.

지난 번 용수에게 잠깐 들은 바로는 용수 어머니가 가입하신 것이 보장성 보험은 아니었던 것 같았다. 저축성 보험을 보장성 보험인줄 알았던 걸까? 용수에게 보험에 대한 정확한 지식을 공유해주고 싶었다. 그리고 유치원 때부터 인연인 친구에게 보험회사에 다니고 있는 내가 아무런 보장도 못 해준다는 것은 말이 안 되는 이야기라고 생각했다.

전화접촉Telephone Approach을 잘 하는 자,
영업 과정Sales Process을 지배한다

우리는 왜 전화로 약속을 잡을까? 영업 활동을 효율적으로 하기 위해서이
다. 사전 만남 약속은 계획적인 활동을 가능하게 만드는데, 활동 동선과 세일
즈 프로세스 흐름을 고려해서 만남을 가질 수 있다. 따라서 전화에 대한 두려
움을 극복하지 못하면 보험 영업을 효율적으로 하기가 어렵다.

물론 여기에 메일이나 문자, 카톡 등의 SNSSocial Network Service까지 결합하
면 활동의 효율성은 더욱 극대화된다. 전화하기 전에 SNS로 먼저 교감이 이
뤄지면 전화 약속은 아주 원활하게 잡을 수 있다. 전화 통화 없이 SNS로만 소
통해서 만날 수도 있을 것이다. 하지만 대면하기 전에 처음 목소리를 듣는 과
정은 계약 확률을 좌지우지하기 때문에 전화 통화는 매우 중요하다.

또한 전화로 초회접촉을 하는 두 번째 이유는 **고객 면담을 효율적으로 하**
기 위해서이다. 방문 목적을 명확히 함으로써 고객이 마음의 준비를 할 수 있
게 하고, 에이전트는 전문적인 이미지를 각인시켜 향후 상담에 긍정적인 요
인으로 작용하게 한다. 사전에 약속을 하지 않고 방문하는 것은 고객을 당황
하게 할뿐만 아니라, 약속의 중요성이 떨어져 고객의 일정에 따라 한참 기다

릴 수도 있고, 어쩌면 만나지도 못할 수 있다.

전화 상황은 크게 두 가지로 구분할 수 있다. 지인에게 전화하는 것과 소개를 받은 사람에게 전화해서 약속을 잡는 경우이다.

지인에게 전화를 할 때 삼가야 할 것이 무엇일까? 첫 번째는 전화로 보험 이야기를 구구절절 하지 말아야 한다는 거다. 친한 지인에게 전화로 보험을 판매할 수는 있겠지만, 설사 계약을 한다 하더라도 큰 금액이 나오지 않는다. 전화로는 반드시 약속만 잡고, 만나서 제대로 된 재무설계와 니즈 환기를 통해 계약을 해야만 한다.

두 번째는 보험 때문에 만나자고 하면 상대방이 부담을 가질까봐 그냥 들른다고 하는 경우이다. 그렇게 만나게 되면 보험 이야기를 꺼낼 타이밍을 찾느라 만남이 불안하기만 하다. 또 꺼낸다 하더라도 상대방이 당황스럽다. 보험 이야기를 꺼낸 사람도 듣는 사람도 부담스러운 이런 만남, 오히려 안 만나느니만 못하다.

그렇다면 해결방법은 무엇일까? **지인과는 평소대로 부담 없이 전화로 명확하게 약속을 잡되, 끊기 전에 잠깐 업무적인 이야기를 하겠다고 언급을 하는 거다.** 그러면 지인은 만나기로 하고나서 들은 거라 거절을 하지 못하고 자연스럽게 상담을 약속하게 된다.

"사또야, 나 춘향이다. 통화 괜찮니?"

"어, 말해. 웬일이야? 잘 있었어?"

"바쁘게 지내고 있어, 다른 게 아니라 내일하고 모레 내가 그쪽으로 갈 일이 있어서 말이야. 점심이나 같이 하자. 언제가 괜찮니?"

"내일 괜찮아. 12시 십 분 전에 로비에 와서 전화해."

"그래, 알았어. 아, 그리고 내가 ○○생명보험 회사에 다니는 거 알고 있지? 내가 이번에 만날 때는 밥 먹고 내 업무 관련해서 조언 좀 구할게."

"무슨 조언?"

"최근에 새로운 교육을 받았는데, 한번 들어보고 내가 잘하고 있는지 얘기 좀 해주면 돼. 점심 먹고 20분 정도 잠깐 시간되지?"

"어. 그래 알았어. 내일 보자."

"그래, 잘 쉬고. 내가 따로 전화 안하고 갈 테니까 혹시라도 변동사항 있으면 미리 연락 줘."

지인과는 부담 없이 약속을 잡되, 약속을 잡고 나서는 반드시 잠깐 업무적인 이야기를 하겠다는 말을 하고 전화를 끊어야 한다. 약속에 변동사항이 생기면 꼭 미리 연락 달라는 말도 잊지 않는다.

하지만 소개를 받은 사람에게 전화하는 경우는 그리 간단치 않다. 전화 스킬이 필요한데, 목소리를 처음 듣고 나서 첫 번째 문장이 대단히 중요하다.

"최사또 과장님 맞으세요?"

"네, 그런데요."

"네, 안녕하세요. ○○생명의 △△△입니다. 홍길동 과장님 말씀 듣고 전화드렸습니다. 보험 관련해서 궁금하신 것이 있으시다고요."

"아, 네, 지난번에 홍 과장하고 얘기한 게 있습니다."

"제가 마침 그쪽으로 갈 일이 있어서요. 이번 주 목요일 점심 이후에 잠시 들러서 인사 한번 드리겠습니다. 2시쯤 괜찮으세요?"

"음, 네, 괜찮습니다."

"네, 그러면 이번 주 목요일 2시에 잠깐 찾아뵙겠습니다. 20분 정도 시간 괜찮으시죠?"

"네."

"그러면 보다 효과적인 상담을 위해서 갖고 계신 보험증권과 궁금한 점 메모해서 가져 오실 수 있으세요?"

"네, 그럴게요."

"네, 혹시라도 일정에 변동사항 있으시면 꼭 미리 연락주시고요. 그럼 그날 뵙겠습니다."

자신 있고 경쾌한 목소리로 시작해서 자연스럽게 상담 일정을 잡는다. 간결하고 명확하게 그리고 자신 있게 약속을 잡아야 한다. 소개가 잘 이뤄진 고객이라면 괜히 구구절절하고 장황하게 늘어놓을 필요가 없다. 고객은 시간이 그리 많지 않다는 사실을 잊지 말아야 한다. 우물쭈물 하는 순간 고객은 거절 준비에 들어가기 때문이다.

이때 중요한 것은 고객도 상담 준비를 해서 나오도록 과제를 부여하는 것이다. 고객도 할 일이 생기면서 약속이 지켜질 확률이 높아진다. 또한 혹시라도 변동사항 있으면 꼭 미리 연락할 것을 약속한다. 이로써 혹시라도 약속이 연기되거나 취소되더라도 다음에 다시 만날 수 있는 여지를 남기게 된다.

또한 전화번호를 저장해서 카카오톡이 연결되고 카카오스토리나 페이스북 등 SNS를 통해서 사전교감이 되어 있으면 약속을 잡을 확률은 더욱 높아질 것이다.

물론 이 상황은 뜨거운 소개인 경우로 고객이 에이전트의 서비스에 대단히 만족하고 신뢰가 구축되어 있는 상태다. 하지만 모든 약속이 시원하게 잡히진 않는다. 소개자가 꼭 만나보라고 한 뜨거운 소개가 아닌 경우에는 비일비재하게 거절이 나온다. 사실 대부분의 소개가 그렇다. 어떤 거절이 나올 수 있을까?

"아, 그런데 요즘 회사가 바빠서요. 나중에 다시 전화주시겠어요?" 또는 "아, 제가 보험이 많고 담당하는 설계사가 있어서요. 무슨 말씀인지는 알겠는데, 전 괜찮습니다.", "아, 네. 제가 홍길동 과장님한테 얘기들은 게 없는데, 제가 통화해서 어떤 내용인지 확인하고 필요하면 연락 할게요."

이게 뭔가? 소개가 제대로 이뤄지지 않은 경우이다. 이 정도 되면 약속을 잡을 확률은 절반 이하, 아니 거의 없다고 봐도 무방하다. 하지만 이대로 물러설 수는 없다. 1차 거절처리를 자연스럽게 한다. 이때 중요한 건 절대로 당황하지 말아야 한다는 점이다.

"아, 그러시군요. 홍길동 과장님은 제 친형과 같으신 분인데 어제 만나 식사를 하던 도중에 최사또 과장님을 추천하셔서 이렇게 전화 드리게 됐고요. 회사에서도 인정받으실 뿐만 아니라 미래를 착실히 준비하고 계신 분이라고 들었습니다. 워낙 바쁘신 분이라 꼭 미리 전화하고 찾아뵈라고 하더라고요. 강남 쪽에 계신다고 말씀 들었습니다. 마침 제가 이번 주 그쪽으로 가는데 잠시 5분 정도 인사드리겠습니다. 차 한 잔만 주세요. 이번 주 목요일이나 금요일 중 언제가 괜찮으세요?"

가망고객은 소개자로부터 미리 연락을 받지 않은 이상, 모르는 사람으로부터 전화를 받으면 거절을 하는 건 당연하다. 그럴 때 대응방법은 소개자와 밀접한 친분이 있다는 것과 그분도 처음에는 부담스러워 했지만 만나고 나서 만족을 했다는 사실, 그리고 워낙 바쁘신 분이라고 소개받았기에 이렇게 미리 전화한다는 사실을 강조하면서 마침 그쪽에 갈 일이 있는데 잠시 방문해서 인사만 하겠다고 말한다.

최사또를 소개해 준 홍길동 과장이 친한 지인이 아니라 소개받아서 만나 친분이 크게 있지 않은 경우는 다음과 같이 거절처리를 한다.

"홍길동 과장님도 처음에는 부담스러워 하셨는데요. 저를 만나고 나서는 대단히 만족하셨습니다. 그리고는 최사또님을 추천해주시면서 본인보다 더 바쁜 사람이니 꼭 미리 전화 드리고 찾아뵈라고 하더라고요. 마침 제가 이번 주에 그쪽으로 가거든요. 잠시 찾아뵙고 인사드리겠습니다. 저는 목요일하고 금요일 시간이 되는데요. 언제가 괜찮으세요?"

거절처리를 한 뒤에는 바로 양자택일법을 활용해서 일정을 잡도록 한다. 전화 약속의 모든 거절처리 뒤에는 양자택일법이 들어가면 효과적인데, 부담 없이 물어보는 훈련을 해야 한다. 또한 거절처리는 자신감 있게 대응해야 한다. 절대 복잡하거나 길게 하면 안 된다.

만일 거절 처리가 잘 안 될 경우는 어떻게 할까? **전화의 매직 접속사를 활용해 본다. 바로 '그래서'이다.**

"제가 요즘 많이 바빠서요."라고 하면 어떻게 하면 될까? 이럴 때는 "그래서 홍길동님이 꼭 미리 전화 드리고 찾아뵈라고 하시더라고요." 또는 "그래서 제가 이렇게 전화를 먼저 드리고 찾아뵈려 합니다." 또는 "그래서 전화상으로 시간이 되시는지 꼭 여쭈어 보라고 하시더라고요."라고 하면 된다.

다른 거절에도 '그래서' 접속사를 활용해 거절처리를 해 보자.

"제가 보험이 많아요. 담당하고 있는 설계사도 있고요."라고 할 땐 "그래서 홍길동님이 제가 도움이 될 거라고 소개해 주셨습니다." 또는 "그래서 그런 이유 때문에 제가 도움이 될 거라고 하셨습니다."라고 해 보자.

또 어떤 거절이 있을까?

"제가 홍길동 과장하고 전화 통화한 이후에 필요하면 연락드릴게요."라고 하면 "그래서 제가 전화를 미리 드린 겁니다. 이번 주에 마침 그쪽으로 갈 일이 있어서요. 제가 잠시 인사만 드리고 가겠습니다." (이후 양자택일법)

어떤가? 가망고객은 '그래서'라는 단어에 굉장히 관대하다는 것을 느끼게 될 것이다.

그런데 우리는 스팸전화가 오면 바로 전화를 끊는데, 우리가 전화를 했을 때 가망고객이 전화를 바로 끊지 못하는 이유는 과연 무엇일까? 바로 소개자에 대한 영향력 때문이다. 그래서 처음에 소개자에 대한 부분을 언급하는 것이 대단히 중요하다.

하지만 소개를 받은 가망고객과의 약속을 확실하게 잡기 위해서는 소개자의 영향력과 함께 필요한 것이 있다. 바로 전화스킬이다. 전화스킬은 다양한 경우의 스크립트를 외우는 것은 물론이고, 수많은 실전과 반복된 연습을 통해 자연스럽게 약속 확인까지 가는 과정을 몸으로 익혀야 한다.

즉, 시행착오를 많이 겪어야 한다. 많이 전화해야 하고, 거절당하는 것을 두려워하면 안 된다. 물론 여기에는 진정으로 고객을 만나 도움을 줄 수 있다는 자신감이 뒷받침되어 있어야 한다.

약속이 잡히면 "감사합니다."라고만 하고 끊어서는 안 된다. 반드시 다시 한 번 약속일정을 확인해야 한다. 가망고객은 우리와의 약속이 최우선 순위가 아니기 때문이다. 가망고객의 입장에서 보면 만나지 않아도 되는 약속이다.

따라서 스케줄 메모를 요청하고 변경사항에 대한 사전연락 요청을 반드시 해야만 한다. 이것은 굉장히 중요하다. 이 단계를 건너뜀으로써 겨우 잡은 약속을 물거품으로 만드는 경우가 태반이기 때문이다.

그러면 어떻게 해야 할까?

"감사합니다. 최사또 과장님, 그러면 달력에 메모해 주시구요. 제가 따로 연락드리지 않겠습니다. 혹시라도 변동사항이 생기시면 미리 꼭 연락 부탁드립니다."라고 하고, 여기에 대한 답을 꼭 들은 후 끊어야 한다.

그렇다고 약속 전에 연락을 안 하고 방문하면 될까 안 될까? 당연히 안 된다. 반드시 그 전날 확인 전화, 당일 아침에 전화, 떠나기 전 전화, 약속 장소에 도착해서 전화하는 네 번의 사전 확인 전화를 해야 한다. 약속 확인 전화를 하면 간혹 깜박 잊었다는 말이 나올 수 있다. 그때 당황하지 말고 바로 양자택일법으로 다시 약속을 잡는다. 고객이 미안해하는 감정이 생긴다면 체결 확률이 조금씩 높아진다고 생각해라.

여기서 끝이 아니다. 바로 소개를 해준 홍길동님에게 전화를 해서 감사인사를 꼭 해야 한다. 최사또님이 홍길동님에게 전화해서 따지기 전에 말이다. 미리 선수를 쳐서 홍길동 과장에게 감사인사를 하면 최사또님의 강한 반발에도 홍길동님은 심춘향 에이전트에게 우호적인 말을 함으로써 오히려 방문 약속이 더 공고해지는 결과를 가져올 수 있다.

"홍길동 과장님, 안녕하세요. 강산입니다. 제가 지금 막 지난번에 소개해주신 최사또님하고 통화를 했거든요. 홍길동 과장님 말씀드리고 전화하니까 아주 흔쾌히 약속을 잡아 주시더라고요. 이번 주 목요일 2시에 회사로 찾아뵙기로 했습니다. 홍 과장님 덕분입니다. 감사합니다."

물론 최사또 과장과 흔쾌히 약속을 잡았을 수도, 몇 번의 거절처리를 통해 약속이 잡혔을 수도 있지만 홍길동 과장에게 긍정적인 메시지만 전달해서 소개하길 잘했다는 느낌이 들도록 한다. 그리고 최사또 과장한테 전화 올 것을 대비한 마무리 멘트를 하고 전화를 끊는다.

"그리고 홍 과장님, 최사또 과장님하고 이후에 통화하시게 되면 저에 대해 잘 말해주시고요. 제가 진행상황 자주 연락드리겠습니다."

이러면 혹시라도 최사또 과장이 홍길동 과장한테 전화해서 따지더라도 방어가 된다. 가령 이런 식이다.

"홍길동 과장, 아까 심춘향이란 사람한테 전화가 왔는데 나를 찾아온다고 그러네. 얼떨결에 약속을 잡았긴 한데, 이거 만나야 하나?"

만일 이러한 상황에서 심춘향 에이전트가 홍길동 과장과 먼저 통화를 안했다면, 아마도 약속 여부가 불투명해졌을 것이다. 하지만 심춘향 에이전트가 홍길동 과장과 통화를 했기 때문에 홍길동 과장은 "아, 이야기 들었어. 심춘향이란 사람 정말 괜찮아. 이쪽에서 완전 전문가니까 꼭 한 번 만나면 도움이 될 거야."라고 하게 된다.

그리고 나서 홍길동 과장과 최사또 과장의 SNS에 서로 연결되는 댓글을 남김으로써 약속을 공고하게 만드는 작업을 진행해야 한다. 대략 이런 식이다.

"오늘 목소리를 처음 들었는데, 마치 오랫동안 알고 지낸 분 같았습니다. 홍길동 과장님이 칭찬하신 이유를 알 것 같습니다."

그러면 최사또 과장은 댓글에 답글을 달고, 내 SNS를 방문해서 나에 대해 알아가게 되는 과정을 거치면서 신뢰도는 상승된다. 약속은? 잘 안 깨지게 된다.

전화를 하기 전에 준비해야 할 것이 있다. 바로 전화할 명단이다. 명단을 작성할 때는 이미지 트레이닝을 하자.

'이 사람한테는 어떤 주제로 안부전화를 하고 방문 이유를 만들까?'

'이 사람한테는 몇 시에 전화를 할까?'

이런 것 등을 머릿속에 떠올려 봐야 한다. 먼저 기존 고객의 기념일을 확인해 본다. 결혼기념일이나 생일, 계약일 등을 파악해서 축하 전화를 하면서 일정을 잡는다. 또 기존에 소개 받고 못 만난 명단을 추려본다. 사무실 위치나 결혼 여부, 나이, 남녀, 성향, 소득 수준에 따라 분류해서 문자 발송 등을 통해 가능성을 타진해 본다.

전화를 할 때에는 세일즈 프로세스별로 구분된 고객 순서대로 하는 것이 요령이다. 다시 말해서 안부전화를 할 고객이나 지인부터 전화를 시작해서 소개 요청을 위한 기타 방문, 증권 전달, 초회상담, 솔루션 제안 및 계약종결할 사람 순으로 중요한 전화를 맨 마지막에 하는 것이다.

또한 본인의 기분과 기세를 잘 파악하고 전화하도록 한다. 처음에 계약종결 약속 전화를 했는데 약속이 깨지는 경우 다음 전화를 하기가 쉽지 않기 때문이기도 하고, 편한 약속이 잡히면 마음에 안정이 생겨 약속을 잡을 때 주도권을 잡을 수 있기 때문이다.

따라서 전화를 할 때에는 주간 및 월간 스케줄표와 전화 명단, 전화 스크립트, 물, 거울 등을 미리 준비하고 전화 목표 횟수를 정하고 달성할 때까지는 중간에 멈추지 않도록 한다.

모든 약속을 전화로 잡으려 하면 힘들다. 활동 중에 이미 절반 이상은 약속이 잡혀져 있어야 한다. 만일 약속취소가 많다면 뭔가 약속 잡는 방법이나 확인하는 과정에서 문제가 있는 거다. 반드시 나의 전화하는 모습을 촬영을 해서 녹화된 영상을 보고 바로 잡아야 한다.

그렇다면 전화하기 가장 좋은 때는 언제일까? 바로 가망고객이 생각날 때다. 전화 접촉은 기세싸움이고, 기세는 타이밍이다. 기회를 놓치지 마라.

그리고 명단은 계속 수정되고 보완되어야 한다. 며칠 전에 한 전화 명단과 다른 것이 별로 없다는 것은 그만큼 활동을 하지 않고 있다는 거다. 각성하길 바란다. 지속적으로 새로운 명단을 추가해 나가면서 전화 통화한 결과를 메모하고 점검해 나간다. 통화가 되었는지 안 되었는지, 약속을 잡았는지 못 잡았는지, 언제 다시 전화해야 하는지 등을 적어 보자.

전화는 실제 목소리를 듣는 에이전트의 첫인상이다. 절대로 논쟁은 금물이며, 통화시간은 3분 이내로 상담약속만 잡고 끊자. 실제로 가망고객은 30초 이내에 이 사람을 만날지 안 만날지를 결정한다. 따라서 정확한 발음과 목소리 톤, 말의 적절한 속도, 호흡, 완급 조절이 필요하다.

특히 "아?" "어?" "음." 등의 머뭇거리는 듯한 불필요한 연결음은 금물이다. 그 순간 가망고객은 놓치지 않고 거절을 하기 때문이다. 반드시 본인이 전화하는 것을 녹음해서 직접 들어 보고 고쳐야 한다.

▶미션 : 전화 약속 녹음해서 들어보기

고객의 보험 독해능력을
배양시키다

"나한테 조언 구할게 뭐야?"

식사를 마치자마자 노트를 꺼내는 내 모습을 보고 용수는 대뜸 물었다.

"응, 내가 몇 년 보험 영업을 하면서 상담을 하다 보니까 나는 알기 쉽게 설명한다고 하는데도 고객들은 어려워하더라고. 그래서 보험을 보다 쉽게 설명할 수 있도록 교육을 받았는데, 네가 한번 들어보고 이해가 잘 가는지, 아니면 어떤 점이 이해가 안 가는지 좀 알려줘. 시간은 10분 정도면 돼."

"그런데 만나서 꼭 이렇게 보험 이야기를 해야겠냐?"

용수의 말에 가시가 들어 있었다.

"용수야, 그래도 내가 보험이나 했으니 내가 먼저 너한테 연락해서 우리가 이렇게 만나고 있지. 그렇지 않았으면 우리가 지금 연락이나 하고 있었겠냐? 네가 먼저 나한테 연락이나 할 놈이냐? 그리고 친구가 입에 풀칠하며 먹고 사는 일이 보험 영업인데 친구한테 도움을 먼저 청하지, 내가 어디 가서 조언을 구하냐?"

용수의 얼굴에 어쩔 줄 몰라 하는 기색이 역력했다. 말 한 번 잘 못했다는 생각일거다. 사실 이럴 때를 대비해서 수십 번 연습한 멘트인지 꿈에라도 알까?

"어, 그래. 알았어. 한번 해봐."

용수는 말 잘 듣는 아이처럼 자세를 고쳐 앉았다. 용수를 찬찬히 바라보았다. 저번보다 좀 초췌한 모습이었다. 여전히 오른쪽 뺨의 근육이 처져 보여 안경이 비뚤게 있다는 것을 멀리서도 알아볼 정도였다.

가끔 입가에 경련이 일어나는 걸 보고 왜 그러냐고 물어 봤더니 아마도 피로가 누적이 되어 생긴 스트레스성 안면 신경마비 증세인 것 같다고 그랬다. 병원에 갈 시간도 없는 녀석이었다. 똑똑한 놈이니 어련히 알아서 하겠지. 아무튼 이제 오늘이 아니면 용수를 가입시킬 기회는 없어 보였다. 하늘이여 도와주소서.

"용수야. 내가 보장성 보험을 먼저 설명해 볼게. 생명보험하고 손해보험 두 종류가 있는데 이 차이점이 뭔지 혹시 아니?"

"잘 모르겠는데?"

"생명보험은 보장이 정액으로 보장이 돼. 그러니까 1천만 원이 보장금액인데 해당이 되는 진단이나 수술을 하게 되면 1천만 원이 나오는 거지. 반면에 손해보험은 보장이 지급될 때 실비로 지급이 돼."

"좀 더 풀어서 설명해 볼게. 생명보험은 약관에 정해진 진단비와 수술법에 따라서 정해진 금액이 지급이 되는데, 손해보험은 고객이 사용한 한도 내에서 실제로 낸 비용만 실비로 지급이 되는 거야. 이게 가장 큰 차이점이야. 여기까지 알겠지?"

"응, 알겠어."

"또 생명보험은 보장을 열거주의로 해주고, 손해보험은 포괄주의 야. 아까 얘기한대로 생명보험은 약관에 열거한 대로만 지급한다는 거야. 반대로 손해보험은 모든 질병을 보장하지만 약관에 면책되는 질병이 있어. 보장범위로만 보면 손해보험이 조금 넓을 수도 있지."

"그런데 손해보험의 실비특약은 3년이나 5년 단위의 평생 내는 갱신형으로 되어 있어서 당장은 보험료 부담이 적을 수도 있지만 나중을 생각하면 부담이 될 수 있으니 잘 판단하고 가입해야 해. 참고로 생명보험은 비갱신형이야."

"정말 중요한 건 사망 담보의 차이야. 사망은 생명보험과 손해보험 통틀어서 네 가지 담보가 있어. 생명보험은 일반사망, 재해사망, 그리고 손해보험은 질병사망과 상해사망. 이 중에서 가장 넓게 보장되는 사망이 뭘까?"

"음……. 잘 모르겠는데?"

"내가 예를 들어 볼게. 내가 질병사망 1억 원과 상해사망 1억 원을 가입했는데, 만일 5년 후에 암에 걸려서 수술을 받다가 의료사고로 사망을 하면 얼마나 나올까?"

"2억 원이 다 나오는 거 아냐?"

"이 경우는 아무 것도 나오지 않아. 암에 걸려서 수술하다가 의료사고로 죽었기 때문에 암으로 사망한 것이 아니라서 질병사망은 해당이 안 돼. 그리고 상해사망에 해당되려면 급격성, 외부성, 우연성, 이 세 가지가 동시에 충족되어야 하거든. 교통사고가 대표적이지. 하지만 이 의료사고의 경우에는 의사가 의료행위를 하는 연속선상에서 벌어진 일이라 급격한 일이 아니기 때문에 상해에 포함이 안 돼."

"다시 말해 나는 암에 걸려서 의료사고로 죽게 되면 내 가족들은 한 푼도 받지 못한다는 거야. 만일 내가 종신보험의 일반사망에 가입하면 원인을 불명하고 사망 시 무조건 보험금은 지급이 돼. 따라서 종신보험으로 사망에 대한 위험과 크게 아프거나 다치는 위험에 대비를 하고, 이와 함께 폭넓게 실비 보장을 하는 실손보험을 가입해서 새는 위험이 없도록 하는 거야."

"음, 그렇구나."

"흔히 보험은 우산에 비유를 하기도 해. 해가 쨍쨍 뜨는 날에는 우산이 그리 중요하지 않지만, 평소에 새는 곳은 없는지 점검하지 않으면 정작 비올 때 홀딱 맞을 수 있잖아."

"보험도 마찬가지야. 구멍이 나진 않았는지, 내 몸에 맞는 우산인지 평소에 확인하지 않으면 정작 비 왔을 때는 이미 가입할 수 없는 상황이 되는 것처럼 말이야."

"어때? 지금 5분 정도 얘기 했는데, 내가 설명을 잘 하는 거 같아?"

"그래, 보험을 어떻게 설계하고 보장받아야 되는지 머릿속에 들어온다. 그런데 너 이거 나 들으라고 하는 얘기지? 처음에는 떨떠름했는데, 너 의외로 설명을 잘해서 합격점을 줘야겠다. 우리 엄마는 상해사망 보장만을 가입했었던 것 같아. 내 보험을 한번 봐줘 볼래?"

용수는 보험이 하나도 없다고 했다. 그 흔한 실비보험 하나도 가입하지 않고 있다니 기가 찼다.

"우선, 실비보험부터 가입해야 해. 그리고 너 결혼식 할 때 검은 머리 파뿌리 되도록 미정 씨 지켜준다고 했잖아? 사람 언제 죽을지 모른다, 너. 살아서만 지켜줄 거냐? 한 가정의 가장이라면 죽어서도 지켜 줘야지. 뭐로 지키냐? 살아갈 생활비가 있어야 하지 않겠니."

"게다가 너 그때 사무실 네 자리에 딸 수영이 사진으로 도배를 해 놓고 있더만. 수영이 학자금 정도는 사망보장금으로 준비해야 해. 미정 씨 3년 정도 버틸 수 있도록 1억 원, 수영이 학자금으로 1억 원, 그래서 2억 원은 필요하다고 생각하는데 네 생각은 어떠니?"

"강산아, 그런데 난 죽어서 보험금 나오는 건 필요하지 않아."

"무슨 소리야. 수영이를 생각해야지. 죽어서 나오는 거 가입하는 게 너 좋으라고 하는 게 아니라 홀로 된 제수씨가 딸 키우려면 돈이 있어야 돼. 죽을 확률은 낮지만 내가 죽으면 100% 확률이 되는 거야. 너 인마, 너한테 무슨 일이 생겼는데 친구가 명색이 보험 영업사원인데 보험금 지급 못하면 그게 무슨 개망신이냐?"

"강산아, 네 말은 무슨 말인지 알겠어. 하지만 내가 죽어도 와이프가 내 딸 수영이 키울 수 있어. 그냥 내가 암이나 뭐 큰 병 걸렸을 때 확실히 보장받는 걸로 지금 바로 하나 해줘."

용수는 그 특유의 고집을 세우면서 끝끝내 사망보장에 대한 제안은 거절했다. 이해가 되지 않았다. 용수의 암보장 설계를 하기 위해 재무상태를 파악해 보아도 그리 자산이 있거나 가장이 사망했을 때 대비가 되어 있지는 않아 보였다.

어쨌든 크게 아프거나 다쳤을 때 보장을 제대로 받도록 설계를 했다. 그래도 그렇게 보험에 대해 학을 떼던 친한 친구가 내 설명을 듣고 암 보험을 가입한다는 사실이 너무도 뿌듯했다.

그동안 용수한테 섭섭했던 감정이 정말 봄날 눈 녹듯 한 순간에 사라졌다. 보장에 대해 추가적으로 궁금한 점이 있는지 물어본 후, 가져간 아이패드로 가입절차를 진행했다.

"용수야, 우리 회사의 고객이 된 걸 정말 축하하고, 수많은 에이전트 중에서 나를 담당설계사로 선택한 걸 진심으로 감사하게 생각한다. 수영이를 생각하면서 유언장 한 장 써라."

"됐어. 무슨 유언장이야."

"아니, 별 일이 있을까 쓰는 게 아니라, 나중에 별 일 없이 우리 늙었을 때 수영이한테 선물하는 미래 편지를 쓰는 거야. 암튼 써."

투덜거리는 용수에게 펜을 쥐어주면서 유언장을 쓰라고 밀어붙였다. 어찌나 내 의지를 확고하게 보였는지 용수는 이내 알겠다고 하고 써내려가기 시작했다.

"용수야, 쓰면서 들어. 최근 2년 동안 병원에 가서 진찰을 받거나 수술을 하거나 약 먹은 적 없지?"

"어, 없어. 최근 몇 개월 동안 머리가 깨질 듯이 아프긴 했는데 바빠서 병원도 못 가고 있다. 이거 보험 가입하면 나 검진 받냐?"

"검진 안 받아도 돼. 네가 사망보험금은 필요하지 않다고 해서 암 보험 가입하는 거야. 내가 물어보는 거만 제대로 얘기하면 돼."

계약 전 알릴 의무 고지사항은 별 문제 없이 입력하고 청약을 넣었다. 머리가 아프다고 하는 것이 마음에 좀 걸렸지만, 용수는 가끔 그런 경우가 있다면서 조만간 병원에 갈 참이라고 했다.

그리고 쓰지 않겠다던 유언장은 두 장이나 써서 주곤 내가 소개 요청할 기회도 주지 않은 채 서둘러 회사로 올라갔다. 처음으로 친구의 뒷모습이 눈에 들어 왔다. 삶에 찌든 가장의 구부러진 어깨가 보였다. 친구야, 힘내라.

고객 만남의 첫 단추,
초회상담Opener에 혼을 담아라

고객과 약속을 잡았다면 그 상담을 성공적으로 수행하기 위해서 제일 중요한 건 '준비'다. 새로운 한 명의 고객을 만나기 전에 사례공부Case Study, 동료들과의 토의Buzz Session, 상담연습Role Play은 필수다. 또한 핵심이 되는 콘셉트가 무엇인지, 고객의 관심사가 무엇인지, 고객의 상황에서 지금 필요로 하는 것은 과연 무엇인지, 어떠한 질문을 해야 하는지를 고민해야 한다.

지그 지글러의 명언 '다른 사람이 원하는 것을 얻을 수 있도록 당신이 도와준다면, 당신은 인생에서 모든 것을 가질 수 있다'란 말이 있다. 고객은 과연 무엇을 원할까? 고민해야 한다. 처절하게.

사실 초회상담에서 고수냐 하수냐를 판가름 하는 기준은 바로 '훌륭한 질문'을 할 수 있느냐 없느냐에 달려 있다. 고수가 될수록 고객의 마음을 후벼 파는 훌륭한 질문을 함으로써 쉽게 종결로 나아갈 수 있다. 하지만 모든 에이전트가 처음부터 질문을 잘 할 수는 없다.

그래서 외워야 한다. 앞서 설명한 콘셉트별 스크립트를 말이다. 그러면 열에 둘은 계약체결까지 갈 수 있다. 상품과 우리의 서비스에 대해 자신감과 확신을 갖고 철저하게 연습한 대로 하면 된다. 나는 이 분야에서 최고이며, 이 상품과 서비스는 당신이 처한 상황에서 문제를 해결할 수 있는 최고로 적합하고 유일한 것이라는 신념을 가져야 한다.

초회상담의 순서는 인사하는 것으로 시작해서 칭찬, 질문, 회사와 본인 소개, 니즈 환기, 재무정보 파악, 향후일정 확인, 소개 요청으로 이어진다. 초회상담을 시작하면서 중요한 것은 오프닝을 어떻게 사로잡을 것이냐이다. 처음 상담이 시작되었을 때 고객의 마음을 열기 위해서는 호감을 보여주어야 한다. 가장 좋은 방법이 사실에 근거해서 인격이 포함된 칭찬을 하는 것이다. 부담 없는 칭찬 멘트 몇 가지 소개하자면 다음과 같다.

"최 부장님께 소개받았을 때 김 과장님께서 그렇게 일도 잘하시고 동료 간에 사려가 깊으신 분이라고 이야기 들었습니다."

"최 부장님께서 김 과장님을 소개하며 말씀하시길 대단히 가족적이시고 또 운동도 열심히 하시는 분이라고 하셨습니다."

"그렇게 자녀를 예뻐하신다고 말씀 들었습니다."

"김 과장님 실제로 뵈니까 전화 목소리 들을 때보다 더 친근감이 느껴지는 것 같습니다."

"김 과장님 생각보다 굉장히 동안이신데요?"

"최 부장님께서 김 과장님 대단히 바쁘신 분이라고 하면서 꼭 미리 전화하고 찾아뵈라고 하시더라고요. 이렇게 시간 내주셔서 감사합니다."

칭찬은 고래도 춤추게 한다고 했다. 마음을 열어라. 그리고 나서 하는 질문은 고객의 심리상태를 파악하고 니즈 환기 시에 어떤 질문과 이야기를 해야 하는지 가늠해 볼 수 있는 단초가 된다. 고객이 상담을 받을 마음의 준비가 되어 있는지를 파악할 수 있는 아주 중요한 단계이다. 어떤 점을 생각하고 이

자리에 왔는지를 파악하는 것이 핵심이다.

"최 부장님께서 저에 대해 뭐라고 소개를 하시던가요?"

"제가 찾아뵌다고 했을 때 어떤 생각으로 약속을 잡으셨나요?"

"제가 하는 일이 어떤 일이라고 알고 계시는지요?"

"오늘 혹시 저와 급하게 해결할 문제가 있으신지요?"

회사소개는 하는 경우도 있고 안 하는 경우도 있지만 분위기를 봐서 고객에게 신뢰감을 확실히 심어줄 때 1분 이내로 자신 있게 할 수 있어야 한다. 본인이 속해 있는 회사가 어떤지도 모르는 에이전트에게 고객은 절대 가입하지 않을 것이다. 본인이 회사의 특장점을 설명해 보라.

또 본인소개를 준비해 놓아야 한다. 본인이 보험을 어떻게 생각하는지, 어떤 인생철학을 갖고 있는지를 고객한테 이야기함으로써 고객의 상담자세를 바로 잡을 수 있다. 기억하라. 내가 새빨간 색이 되어야만 고객을 선 분홍빛으로라도 물들게 할 수 있다. 임팩트 있는 짧고 강렬한 본인 소개를 연습하라.

"과장님, 양복을 입는데 아무리 몇 백만 원짜리 페레가모 양복이라도 너무 크거나 작으면 볼품이 나겠습니까? 오히려 몇 십만 원의 평범한 원단의 양복이라도 내 몸에 맞게 입는 것이 훨씬 멋지고 생활하는 데 도움이 될 것입니다. 보험도 마찬가지입니다. 아무리 좋다고 하는 보험이라도 내 인생, 내 재무상황과 꼭 맞아야지만 내 보험인 것입니다."

"저는 보험에 대해서 전문 박사입니다. 소개해 주신 분도 아마 그러한 점 때문에 저를 만나보라고 했을 겁니다. 저는 백만 불 원탁회의 회원이자 우수인증설계사이면서 공인재무설계 자격이 있습니다. 짧은 시간이지만 소중한 이 시간 동안 과장님과 가치 있는 대화를 나누기 위해 제가 몇 가지 여쭤볼 것이 있는데 성심껏 말씀해 주시겠습니까?"

후배 한 명이 면담을 요청해 왔다. 고객을 만나 무슨 말을 해야 할지 모르겠다는 거였다. 딱 한 마디 했다.

"고객을 만나서 물어볼 질문 스크립트와 네가 말하고 싶은 스크립트를 정리해서 처절하게 외우고 가라."

"질문을 했는데 제가 생각한 대로 이야기가 안 흘러가면 어떻게 합니까? 질문하는 건 자신이 없는데요."

"그렇다면 어쩔 수 없다. 계약 확률은 떨어지겠지만, 고객을 만나서 딱 10분만 얘기를 들어달라고 하고 질문을 하지도 받지도 말고 외운 스크립트대로 진정성을 담아서 얘기해라. 열 명을 만나 열 명한테 얘기할 수 있다면 그중 한두 명은 계약과정으로 진행할 수 있다."

이 말은 첫째, 고객을 만나 아무 말도 못하고 나오느니, 차라리 속 시원하게 내가 생각하고 있는 보험에 대한 필요성을 말하고 나오라는 의미다. 둘째, 그럼으로써 고객도 모르는 본인 마음속에 숨어 있는 잠재적 니즈를 환기시킬 수가 있다. 셋째, 니즈 환기가 되어야지만 그 다음 프로세스를 진행할 수가 있다.

가장 좋은 상담은 질문을 통해 고객의 잠재적 니즈를 환기하고 고객으로 하여금 구체적인 니즈를 말하게 하는 것이다. 하지만 질문이 연습되어 있지 않으면 속 시원하게 본인이 하고 싶은 말이라도 하고 나와라. 니즈 환기가 되지 않고 그 다음 프로세스가 진행되는 것은 고객도 에이전트도 서로 동상이몽이다.

자, 그렇다면 니즈 파악을 못한 상태에서 설명을 했다. 이제 당연한 듯이 다음 만남 일정을 잡아야 할까? 아니다. 다음의 두 가지를 먼저 확인해 보아야 한다.

첫째, 고객의 주요 관심사를 다루었는가? 상황 하나를 예로 들어보겠다.

"그러면 다음 주에 과장님의 은퇴 플랜에 대해 짜서 가져오도록 하겠습니다."

"잠깐만요. 아직 확실히 결정을 내리지 못했어요."

"그러면 그 다음 주에 찾아뵐까요?"

"요즘은 좀 바빠서요. 우선 이메일로 자료를 보내주시겠어요? 얼마를 납입하면 은퇴 후 제가 원하는 생활을 할 수 있는지에 대해서 먼저 알고 싶은데요."

이 경우는 고객의 관심사를 지레짐작하고 상담 마무리를 들어갔을 때 고객의 반발을 산 경우이다. 따라서 설명이 끝났으면 주요 관심사를 다루었는지 확인해야 한다. 확인을 안 한 상태에서 다음 일정을 잡으려고 하면 고객의 불만을 유발시키거나 부담을 느끼게 할 수 있다. 다시 상황을 살펴보자.

"모든 것을 말씀 드렸다고 생각합니다. 상담을 더 진전시키기 전에 제가 더 알아야 하거나 좀 더 설명 드려야 할 부분이 있을까요?"

"아, 얼마를 납입하면 은퇴 후 제가 원하는 생활을 할 수 있는지 궁금한데요."

"네, 그러면 지금부터 그 부분에 대해 말씀 드리겠습니다. 과장님께서 원하는 생활수준을 가져가시려면……."

둘째, 고객에게 적합한 다음 단계를 제안하는 것이다.

"제가 미처 말씀 드리지 못한 사항이 있으면 말씀해 주세요."

"아뇨, 모든 부분에 대해 이야기를 나눈 것 같습니다."

"네, 지금까지 과장님의 인생에서 은퇴를 언제 하고 싶으신지, 그때 받고 싶은 금액이 어느 정도인지, 그러기 위해서 지금 준비하고 있고, 추가로 준비해야 할 금액이 어느 정도인지 알아보았습니다. 사실 추가로 준비해야 하는 금액을 어떤 방식으로 적립해야 하는지를 잘 선택할 경우 과장님께 상당한 이점이 있을 것으로 기대됩니다. 특히 현 시점의 여유자금으로 준비하는 것으로도 과장님의 은퇴 준비가 될 수 있을 것으로 생각됩니다."

"네, 그러면 좋겠네요."

"그렇다면 다음 단계로 과장님의 솔루션을 수립하기 위해 과장님에 대한 몇 가지 사항을 여쭤 보아도 될까요?"

성공적인 에이전트는 고객의 니즈가 어디에 있는지를 잘 파악한다. 반면에 성공적이지 않은 에이전트들은 이 단계를 대충 넘겨버린다. 그 결과 대부분의 에이전트들이 고객 니즈를 파악하지 못하고 제공할 수 있는 상품의 특성과 장점에 대해서만 말하고 나오는 경우가 대부분이다.

훌륭한 질문은 고객들로 하여금 구매에 대한 긴급성을 느끼게 해 솔루션 준비와 프로세스 진행에 자발적이고 적극적인 참여를 유도한다. 스스로 구매하기를 원하는 고객에게는 클로징 기법이 따로 필요가 없다.

그래서 상담을 진행할 때 질문은 꼭 해야만 한다. 그러면 릴랙스의 함정에 빠지지도 않는다. 이러한 실수는 신입 후배들이 곧잘 하곤 하는데 가망고객을 만나 릴랙스를 하다가 재무적 상황을 알게 되면 상담이 완료되었다고 생각하는 경우이다. 이는 영업을 오래한 에이전트도 평소에 롤 플레이를 안 하게 되면 흔히 릴랙스의 함정에 빠지게 된다.

가망고객을 처음 만나면 날씨 이야기도 하고 미리 파악한 내용으로 취미도 언급하고 칭찬도 하면서 이야기를 풀어 나가게 된다. 물론 어떻게 이 자리에 오게 되었고, 내가 무슨 일을 하고 어떠한 서비스를 할 수 있는지도 이야기해야 한다.

가망고객과 어느 정도 정서적인 공감대가 형성이 되면 고객에 대한 정보수

집이 어느 정도 이뤄지게 된다. 즉 보험에 대한 인식, 기존 에이전트에 대한 생각, 저축 및 보험가입 규모, 결혼 및 자녀유무, 미래에 대한 막연한 계획 등을 알 수 있게 된다.

바로 그때 에이전트는 릴랙스 단계에서 파악되는 니즈를 갖고 재무 정보 파악이 되었다고 판단해서 상담을 종료하는 실수를 하게 된다. 그것은 고객 상황을 파악한 것이지, 솔루션을 제안하는 데 필요한 재무 정보를 파악한 것이 아니다. 인생의 꿈과 재무적 목표가 오픈되어야 니즈 환기가 된 것이고, 향후 일정까지 공유해야 비로소 초회 상담이 마무리 되는 것이다.

고객과의 실제 상담과정을 녹음해서 들어보길 바란다. 고객을 만나 칭찬과 긍정적인 이야기로 릴랙스를 시작해서 니즈 파악을 위한 질문이 자연스럽게 나오는지, 적절한 타이밍에 보험 이야기를 꺼내서 임팩트 있는 니즈 환기를 하는지, 주요 관심사를 다 다루는지, 만족도 확인을 하는지, 재무이슈 파악은 간결하고 부담 없이 끝내는지, 상담을 마친 후 이후 과정 안내와 일정 확인을 하는지를 검토해라.

한두 번 녹음해서 들어보고 본인의 상담 내용을 다 알겠다고 생각하는 우를 범하지 마라. 정말 완벽하다 싶은 생각이 들 때까지 계속 녹음해서 들어본다. 열 번 스무 번 백 번을 녹음하고 들어라. 이 또한 66일을 계속해서 할 수 있다면 성공이다. 하루에 최소 3명을 만날 목표가 세워졌을 것이다. 일주일이면 15번, 그 중에 한 명의 상담을 녹음해서 들어봐라. 두 달 동안 최소 8번의 상담내용을 녹음해서 리뷰할 수 있으면 된다.

▶미션 : 상담 내용 녹음하기

나만의 경쟁력을
확보해라

　용준 선배 사건 이후 연락이 닿는 동문들을 만나 보험을 점검해 주며 다시 레이스에 불을 지피고 있지만 지점에 김성한 선배와 유영찬 후배는 벌써 월납보험료 2백만 원에 육박하는 실적을 내고 있었다. 거기에 다른 회사에서 이직해 온 보험 5년 경력자까지 삼파전이었다.

　나는 지난 달 마감을 하고 지점 시상하는 날 김성한 선배가 한 말이 뇌리에 계속 남아 있었다.

　"우리 일을 꾸준히 잘하려면 나만의 차별화된 경쟁력이 있어야 해. 강산 후배는 어떤 경쟁력이 있는지 궁금하네."

　그래, 경쟁력이라. 솔직히 지난 달에 모든 가망고객을 총동원해서 계약을 만들어 낸 거라 이번 달부터 힘이 부친 것이 사실이다. 마라톤 완주를 하고 체력적으로 힘들어서 그렇다는 것도 어쩌면 핑계이리라.

직장인들 상대로 매달 월납 보험료 3백만 원 이상씩을 계약한다는 것은 쉬운 일이 아니었다. 지금의 내 타깃시장에서 그렇게 하려면 매달 20건 정도의 계약을 성사시켜야 하는데, 지난 달 내 최선의 활동량을 해보았기에 그렇게 하기는 힘들다는 판단이었다. 그렇다면 방법을 모색해야 한다. 김성한 선배의 말대로 나만의 경쟁력을 갖춰야 한다. 과연 무엇으로?

나만이 할 수 있는 시장의 변화와 콘셉트의 변화를 꾀하기로 했다. 하지만 기존 내 시장에서의 활동은 가져가야 한다. 그러기 위해서는 힘에 부치지만 지난 달에 일한 정도의 활동량은 유지하면서 내 경쟁력을 개발하기로 했다.

먼저 회사 상위권에 포진되어 있는 에이전트들이 어떤 시장에서 어떤 콘셉트로 어떻게 활동하고 있는지 면밀하게 조사해 보아야 했다. 전국 30위권이면 매달 평균 월납 보험료로 5백만 원 이상씩 계약하는 고실적 에이전트들이었다.

그들 중에는 건수를 30~40건 이상씩 해서 실적을 내고 있는 사람도 있고, 어떤 이는 2~3건으로 고액계약을 하는 사람도 있었다. 어떻게 그들은 그렇게 할 수 있는가?

팀장을 닦달하고, 지점장을 닦달해서 상위권 에이전트들의 강의를 들었다. 또 내 나름대로 잘하고 있는 선배들을 찾아 다녔다. 어떻게 그런 무식한 용기가 나왔는지 모른다. 전국 순위를 보고 해당 지점에 전화를 해서 에이전트를 바꿔달라고 했다. 전화로 물어보기도 했지만 되도록 직접 찾아갔다. 갈 때 선물을 사들고 가는 건 센스.

예상 외로 그들은 너무도 잘 만나 주었고, 또 친절히 그들의 시간을 할애해서 조언을 해주었다. 물론 그래봤자 10~20분이었지만 말이다. 그렇게 메이저 리그에서 활동하는 에이전트 열 명을 만나고 나니 가닥이 잡혔다. 그리고 그렇게 만나고 다니면서 정말 그들 사이에 껴보고 싶다는 충동이 강하게 불타올랐다. 나도 그들과 어깨를 나란히 할 수 있다면······.

어쨌든 조사한 결과는 첫째가 시장의 경쟁력이었다. 매달 여러 건을 하는 에이전트들은 자신들만의 특화된 시장이 있었다. 특정업계의 협회 또는 큰 회사나 공단의 노조와 끈이 있다든지 본인만이 출입할 수 있는 곳이 있었다.

또 월납보험료 백만 원 이상의 계약건이 나오는 건 역시 직장인이 아닌 자영업자나 의사, 변호사 등의 전문직종에서였다. 천만 원 이상의 계약은 오너 법인사업가로부터였다.

둘째는 서비스의 경쟁력이었다. 보장과 저축, 노후대비, 재무설계의 상담 서비스는 기본. 메이저 리그에서 활동하는 에이전트는 본인만의 특별한 서비스를 고객에게 제공했다.

세무 컨설팅, 보험금 청구 서비스, 중매 컨설팅, 대출 컨설팅, 사업 연계 서비스 등이었다. 그 중 세무 컨설팅과 보험금 청구 서비스가 눈에 들어 왔다. 마침 그 서비스를 하는 에이전트가 지점에도 있었다. 바로 연간 챔피언 순위를 다투는 김성한 선배와 유영찬 후배였다.

김성한 선배는 보험금을 청구해주는 서비스를 통해 소개도 대단히 수월하게 받고 추가계약도 잘 했다. 어떤 상품이던지 약관을 줄줄 외우고 있었다. 회사상품뿐만 아니라 다른 회사상품의 약관도 꿰고 있었다. 거의 손해사정인 수준이라고도 했다.

아마도 10년 이상 고객에게 보험금 청구를 해주면서 자연스럽게 약관을 통째로 드신 게 아니겠냐는 우스갯소리도 들었다. 내가 고객들에게 그런 서비스를 하기는 만만치 않겠다는 생각이 들었다. 하지만 언젠가는 해야 할 터.

유영찬 후배는 자영업자와 법인오너에게 세무컨설팅을 해주고 있다고 했다. 아하. 무릎을 탁 쳤다. 어쩐지. 지난 달 마지막 마감 날에 종신보험 백만 원을 해온 것이 이해가 되었다. 당시에는 어떻게 한 건지 대단하다는 생각뿐이었다.

유 후배는 보험회사에 들어오기 전에 세무쪽 일을 했다고 했다. 그제야 예전에 신입소개할 때 전 직장이 세무소였다고 한 기억이 났다.

"그럼 세금으로 어떻게 서비스를 해주는데?"

"자영업자는 세금에 민감해요. 특히 소득이 높은 자영업자들은 세금을 많이 내거든요. 그걸 절감할 수 있도록 컨설팅 하는 거죠."

"그래? 그러면 법인사업가들한테는 뭘 말하는데?"

"콘셉트는 여러 가지인데요. 개인사업자들이 법인으로 전환해야 할 때가 있어요. 그러면 법인전환을 해주면서 오너들이 합법적으로 자산을 형성할 수 있는 방법을 알려주죠. 그리고 또 오래된 법인오너들은 가지급금이 많아요. 그런데 그거 놔두면 골치거든요. 해결해야지요. 또 오래된 법인은 차명계좌 문제도 있고, 가업승계를 해야 하니까 주식 양수도 플랜을 짜주기도 하구요. 연관해서 증여나 상속설계를 해주기도 하고……"

"어휴, 됐다. 무슨 말인지 잘 모르겠다. 아니 그걸 네가 다 한단 말이야?"

"저 혼자 할 때도 있고 세무사와 같이 할 때도 있어요. 그런데 자영업자나 법인이나 매출이 어느 정도 되어야 세금 콘셉트가 먹혀요. 그걸 잘 구분할 수 있는 안목이 있어야 하거든요. 지금 당장 하시기엔 힘들 거예요. 공부를 해야 할게 많아서……"

유 후배는 말꼬리를 흐렸다. 사실 맞았다. 세금 쪽은 내가 잘 몰랐다. 내가 돈을 많이 벌어 보거나 많이 있어 봤어야 세금도 많이 내면서 절세에 관심을 두고 알기라도 하지.

메이저 리그의 에이전트들로부터 답변은 들었지만 마땅히 내가 할 만한 시장이나 서비스는 이렇다 할 것이 없었다. 우선 시장을 어디서 어떻게 개발을 해야 할지 몰랐고, 또 개발을 했다 하더라도 그에 맞는 지식과 콘셉트가 아직 나에게는 없었다.

그나마 지난 4월부터 꾸준히 시장개발을 해오고 있는 동네 자영업자 사장들이 떠올랐다. 퇴근 후 집 근처 전철역에 도착해서 문을 연 가게마다 매일 들러서 안면을 익혔다. 슈퍼마켓에서는 반찬거리 사고, 빵집 가서 빵 하나씩 사고, 호프집가서 안주 없이 맥주 한 잔 마시고, 김밥집가서 주먹밥 하나 사고, 그렇게 매일 다니고 있다.

아! 지난 달에 법인대표도 한 명 만나 인연을 맺었다. 마라톤 잡지에 실린 인터뷰 기사를 보고 편지를 보냈는데 답변이 온 것 아닌가? 뜻밖이었다. 아직 보험 얘기를 꺼내지는 못했다. 서로 마라톤 이야기만 실컷 하다가 말이다. 나중에 마라톤 동반주를 같이 하기로 약속을 했다. 그래, 거기 대표님한테도 이야기를 해 보자.

그래. 부딪쳐 보는 거다. 밑져야 본전이다. 우선 회사 사이트에 들어가서 세금과 관련된 콘셉트 강의를 모조리 들었다. 자영업자, 즉 개인사업자와 법인사업자에게 필요한 세금 콘셉트 자료를 몽땅 프린트해서 공부하기 시작했다.

전에 했던 것처럼 강의를 들으면서 타이핑을 쳐서 스크립트로 정리하고 달달 외우기 시작했다. 고난의 연속이다. 자영업자 사장들과 법인 대표들과의 관계가 무르익었을 그때 지금 달달 외운 콘셉트로 상담을 시작하리라.

6월은 경쟁력에 대한 고민과 롤 플레이 연습으로 새하얀 밤을 지새우며 활동을 많이 하지 못했다. 다만 매주 가동을 하여 4건에 월납 보험료 100만 원으로 그렇게 아쉬운 마감을 했다. 건당 월납 보험료는 이제까지에 비해 3배 가량 증가했다.

나의 타깃시장에서 먹힐 수 있는
전문적인 지식Knowledge을 쌓아라

세일즈를 한다고 하면 그 분야의 기본적인 지식을 갖추어야 한다. 보험 영업을 한다면 보험에 관련한 지식은 물론이거니와 다양한 인생을 살아가는 고객을 만나 같이 공감할 수 있는 금융지식이 있어야 한다. 물론 지식은 영업의 필수조건은 아니다. 하지만 아는 것이 많으면 고객에게 해줄 수 있는 서비스가 풍부해진다. 고객을 사랑하는가? 아끼는가? 그렇다면 공부해라.

어쨌든 보험상품을 판매한다면 보험 약관을 꿰뚫고 있어야 하는 건 기본이고, 고객에게 전문가로서 인정받기 위한 금융지식과 다양한 상담 콘셉트, 표현 방법을 연구해라.

다시 말하지만 많이 안다고 해서 잘 팔 수 있는 것은 아니다. 하지만 에이전트는 단지 1%의 계약확률이라도 올릴 수 있다면 다 해야 한다. 만일 고객이 상품에 대해 상세한 사전 정보를 입수하고 있다고 치자. 세일즈맨과 협상 테이블에 앉았을 때 어떤 질문을 하고 무엇을 듣고 싶겠는가?

만일 세일즈맨이 고객보다 제품에 대한 지식에서 밀린다면 그 결과는 불 보듯 뻔하다. 요즘은 정보통신의 발달로 상품을 구매하기 전 인터넷이나 다른 매체를 통해 사전에 정보를 입수할 수 있다. 가망고객이 이미 충분한 양의 정보를 확보하고 있다고 생각해야 한다.

뛰어난 프로 세일즈맨들은 우리가 아는 수준 이상으로 지식을 갖추고 있으며 또한 그러기 위해 노력을 아끼지 않는다. 자신이 하는 사업, 자신이 속한 회사, 자신이 파는 상품에 대한 기존의 정보와 변화하는 세계에 대한 모든 새로운 지식을 세일즈맨은 스펀지처럼 흡수해야 한다. 타깃 시장에 있는 고객들의 요구에 부합하는 보험 및 금융, 세무 지식을 습득해서 영업과 연결할 수 있어야만 한다.

직장인을 상대한다면 연말 정산 소득공제, 근로소득세, 단리와 복리의 개념, 내 집 마련 정보, 즉 주택담보대출이나 청약정보 등을 알아야 한다. 그뿐 아니라 은행과 증권사에서 취급하는 각종 금융상품 정보와 신용등급 관리 요령을 파악해서 고객을 만나 상담을 해줄 수 있어야 한다.

소득이 높은 전문직 종사자는 보다 세금과 관련된 금융상품에 관심이 많다. 자영업자는 부가가치세나 종합소득세 신고, 금융소득 종합과세와 관련된 재무설계를 원한다.

법인사업가에게는 정부기관이나 공적, 사금융 대출, 가지급금 해결, 주식양도 등 세무와 관련된 법인 재무설계가 필요하다.

자산가를 대상으로 활동하고 있다면 양도세, 종부세, 증여나 상속과 관련 절세플랜이나 가업 승계와 관련한 상담 능력을 갖추어야 한다.

관련된 지식은 회사에서나 지점, 팀에서 교육받는 기회가 많을 것이다. 하지만 결국 본인이 스스로 찾아서 공부하는 것이 내 것이 된다. 따라서 꾸준히 보험상품 약관을 분석하는 건 물론이고, 금융과 관련된 서적을 읽고 경제신문과 잡지를 구독하거나 금융 기관에서 진행하는 강의 또는 교육 프로그램에 적극적으로 참여하는 노력이 있어야 한다.

특히 금융관련 자격증을 취득하는 것에 대해 영업실적 향상과 직접적으로 관련이 없다고 하여 등한시 하는 경우가 많은데, 이제는 자격증 유무는 물론 고객이 판단하기에도 지식적으로 무장이 되어야 한다.

당연히 공부를 한다는 핑계로 영업시간에 누수가 있으면 안 된다. 또 영업 때문에 공부할 시간이 없다고 하는 것도 핑계에 불과하다. 시간을 효율적으로 활용해서 영업활동에 지장을 주지 않도록 해야 한다.

하지만 고객과 상담할 수 있는 어느 정도의 지식을 갖췄다고 해서 영업을 잘할 수 있는 것은 절대 아니다. 오히려 지식 없이도 얼마든지 영업은 잘할 수 있다. 지식은 영업을 잘하기 위한 충분조건이 아니라 필요조건이기 때문이다. 중요한 건 고객의 마음을 움직일 수 있는 커뮤니케이션 능력이다.

우리가 판매하는 상품은 눈에 보이지 않는 무형의 상품이다. 그렇기에 상품 그 자체만으로 판매하려고 하면 어렵다. 지식만 있는 세일즈맨은 이때 좌절한다. 그래서 인바운드 영업 비중이 큰 은행이나 증권사, 또는 보험 관련 샐러리맨으로 돌아가는 경우가 있다.

따라서 지식 습득에 앞서 중요한 것은 상담할 때의 콘셉트와 표현이다. 이는 세일즈 프로세스 7단계 곳곳에서 필요한 기술이다. 여기서 말하는 콘셉트란 상품에 가치를 부여하는 것을 말한다. 가치를 부여함으로써 보험은 단순한 상품이 아니라 고객의 꿈이 된다. 같은 콘셉트라도 어떻게 표현하느냐에 따라 고객이 에이전트에게 받는 느낌은 천차만별이 된다. 똑같은 성격과 니즈를 갖고 있는 사람은 없기 때문이다.

가장 훌륭한 커뮤니케이션이란 결국 상대방이 듣고 싶어 하는 말을 할 수 있는 것이다. 고객이 듣고 싶어 하는 말을 못할 바에는 말하지 말고 차라리 듣기만 해라. 하지만 어떻게 우리가 듣기만 해서 보험을 판매할 수 있겠는가?

그렇다면 무엇을 말해야 하는가? 고객을 만나기 전 사전 정보조사를 통해 고객의 니즈가 무엇이 있을지 검토하고, 그에 맞는 상담 콘셉트를 준비해야 한다. 불분명할 경우 몇 가지 콘셉트를 준비해서 상담에 임한다.

칭찬과 경청, 질문을 통해 고객의 니즈를 파악하고 본인이 이야기할 차례가 돌아오면 그때 준비한 콘셉트를 이야기 한다. 그러면 어떤 콘셉트로 이야기하면 될까?

첫 번째, 저축 콘셉트다. 직장에 갓 취업한 신입사원은 어떤 잠재 니즈가 있는지 생각해 보자. 가까운 재무 이벤트로는 결혼이 있을 수 있고, 이제 막 돈을 벌기 시작했으니 어떻게 돈을 모아야 하는지에 대한 가이드가 필요할 것이다. 아직 부모님이 재정관리를 하고 있을 수도 있다. 종자돈을 마련하기 위한 저축습관이 절실한 시점이다.

그렇다면 이에 대한 에이전트의 돈에 대한 철학이 있어야 한다. 아울러 단기, 중기, 장기저축에 대한 개념과 적절한 금융상품을 소개해 줄 수 있어야 한다. 보장성 상품의 경우 사회생활을 시작했으니 이제는 더 이상 부모님한테 의존하지 않고 인생의 리스크에 대해서도 본인 스스로 대비할 수 있도록 상담을 진행한다.

두 번째, 전문투자 콘셉트다. 경제 흐름과 금융자산 운용방법에 대해 본인 나름의 철학이 있어야 한다. 그러기 위해서는 물가, 금리, 세금, 주식에 대한 변동 상황과 부동산, 예금, 보험 등의 자산 운영 방법에 대해 언급하며 효율적인 운용을 위해 전문가의 도움이 필요하다는 것을 우회적으로 알리는 것이다.

세 번째, 보험 리모델링 콘셉트다. 보험 상품을 무분별하게 가입한 사람도 많다. 대부분 주위에서 하나 들어 달라고 해서 가입한 경우이다. 아무리 좋은 보험이라도 본인 상황과 맞지 않는다면 과감하게 리모델링을 해야 한다. 아무리 비싼 명품 양복이라고 한들 너무 커서 바닥에 질질 끌릴 정도라면 가격을 떠나서 바로 수선을 해야 하지 않겠는가?

또한 보험 상품은 우산에 비유하기도 한다. 비가 오지 않을 때는 찢어진 우산이든 멀쩡한 우산이든 상관없지만 미리 확인을 안 하고 외출을 하게 되면 비가 왔을 때 후회하게 된다. 보험도 마찬가지다. 지금 당장은 비슷한 것 같지만 점검을 안 하면 나에게 실제로 위험이 일어났을 때는 이미 늦다. 보험 가입 목적과 인생의 자산 포트폴리오를 재확인하고 보험 리모델링을 할 수 있도록 제안해야 할 것이다.

네 번째, 연금 콘셉트다. 요즘 연금 문제가 사회적으로 대두되면서 대부분의 고객들은 연금의 필요성을 절감하고 있지만 막상 어떻게 준비해야 할지 모르고, 또 어느 정도 준비되어 있다고 생각하는 경우도 많다. 따라서 국민연금(사학연금), 퇴직연금, 주택연금, 개인연금의 연금 4층 구조가 잘 준비되어 있는지 컨설팅 해야 한다.

다섯 번째, 학자금 콘셉트다. 자녀를 둔 부모는 자녀의 교육비, 즉 학자금에 대해 고민한다. 하지만 구체적으로 생각하는 사람은 없다. 특히 해외 유학까지 생각한다면 필요 자금에 대한 준비를 해야 한다. 유학을 가는 방법과 국가까지 세부적으로 상담을 해줄 수 있으면 금상첨화다.

여섯 번째, 목적자금 콘셉트다. 인생의 목적자금 준비에 대한 상담을 한다. 장기적으로 큰 돈을 모아야 하는 사업자금, 비자금, 사무실 이전 비용, 신축자금 등 현재 금융자산 포트폴리오에 대한 효율적인 방안을 제시한다.

일곱 번째, 절세플랜 콘셉트다. 소득과 자산이 상위에 속하는 가망고객인 자영업자나 법인사업가, 자산가 등의 경우 매출 누락이나 과다한 법인세 및 소득세, 부동산 종부세 및 양도소득세 절세, 그리고 장기적으로는 효율적인 상속 및 증여세 전략이 필요하다. 세금과 관련한 솔루션은 에이전트 혼자 마련하기보다는 주위 각 분야의 전문가 그룹을 두고 실행하는 것이 더욱 신뢰성이 있을 것이다.

여덟 번째, 법인 콘셉트다. 사업을 하는 오너대표의 경우 부도나 매출액 급감, 사업장 이전, 세무조사 등과 법인자금 운용을3 위한 법인자금 인출방안, 법인자금 및 자산관리, 가지급금 해결, 가업승계와 이에 따른 지분구조 문제, 주식 양수도 문제, 사업보장 등에 대한 솔루션을 제안할 수 있어야 할 것이다. 현재 고객시장과 향후 확장할 시장에 필요한 지식을 점검해보라.

▶미션 : 영업 관련 지식 점검하기

7월

다시 일어서는 용기

고기도 먹어 본 사람이
먹는다

뜨거운 여름이 시작되었다. 회사에서는 7~8월 캠페인이 전격 시행되었다. 올해로 MDRT 종신회원을 노리는 김성한 선배가 먼저 치고 나갔다. 7월이 시작하자마자 한 주에 7건씩 모두 서른 건에 육박하는 건수를 계약하였다. 초회 월납 보험료는 약 5백만 원에 육박했다. 어마 무시한 기세였다. 이 속도라면 MDRT 여섯 배의 실적인 TOT[1]를 달성하는 것도 무리가 아니었다.

회사 루키인 유영찬 에이전트도 역시 따라 붙었다. 첫 주에 종신보험 1백만 원을 넣으며 기선을 제압하더니, 마지막 주에는 종신보험으로 초회 보험료 1백만 원짜리 계약을 세 건이나 넣었다. 전반기에 벌써 MDRT 세 배의 실적인 COT[2]를 달성한 상태였다.

전반기에 COT를 달성한 에이전트는 전국에 무려 열 명이 넘었다.

1. TOT는 Top Of the Table의 약자로 MDRT 실적의 6배 이상을 기록한 사람을 지칭한다. 일반적으로 MDRT는 연봉이 1억 원, COT는 3억 원, TOT는 6억 원 이상이라고 말한다.
2. COT는 Court Of the Table의 약자로 MDRT 실적의 3배 이상을 기록한 사람을 지칭한다.

MDRT를 달성한 에이전트는 벌써 오십여 명이 되었다. 지난해보다 훨씬 빠른 추세였다. 지점에는 전국 열 명의 COT 달성자 중 두 명이나 포진하고 있어 그 기세가 하늘을 찌를 듯 했다. 이대로 가면 전국 1백여 개 지점 중에서 챔피언을 거머쥘 판이었다.

김성한 선배와 유영찬 에이전트는 매달 월납 보험료 5백만 원 이상을 체결하며, 모든 지점원들을 아연실색하게 했다. 감히 따라갈 엄두를 낼 수가 없었다. 나 또한 욕심이 나지만 급히 먹은 밥 체한다는 말을 스스로의 위안으로 삼으며 차근차근 준비해 갔다.

7월 달에는 9건에 210만 원으로 지점 5위로 마감했지만, 이번 8월은 중순이 지나가고 있지만 가동 한 건을 한 뒤 무적을 달리고 있었다. 휴가도 안 가고 나름 열심히 한다고 하는데 일은 마음처럼 쉽게 풀리지 않았다. 원인이 뭘까? 더워서 그런가? 아, 마음이 약간 느긋해진 이유도 있을 것이다.

지난 달 급여 날이었다. 통장에 찍힌 숫자를 눈을 씻고 다시 보았다. 이상하다. 173만 원? 100만 원 조금 넘는 돈이다. 이번 달엔 보너스 달이라 내심 급여를 기대하고 있었다. 지난 5월 달에 최고 기록을 세우면서 6월 실적 합산한 보너스만 해도 꽤 되리라 생각하던 터였다. 맥이 풀렸다. 아내한테 뭐라고 하지?

7월 급여를 기대하라는 말을 몇 번 한 터라 아내도 반신반의하며 기대를 하고 있는 듯 했었다. 잠깐 멍하니 멈춰 있었다. 한동안 그렇게 있었다. 문득 혹시란 생각이 들었다. 다시 통장을 펼쳐서 검지 끝으로 자리수를 꼭꼭 눌러가며 다시 세어 봤다.

'일십백천…만… 어! 이거 1천 730만 원 아냐?'

그날 모처럼 퇴근을 일찍 했다. 집 근처 은행에 들러 여직원한테 만 원권으로 다 찾아달라고 했다. 끈으로 묶지 말고 그냥 차곡차곡 준비해간 가방에 넣어달라고 했다. 나는 웃음이 계속 터지는 걸 참느라고 얼굴 근육에 경련이 일어날 정도였다. 왜 그런지 웃음이 계속 나왔다. 그래서 왼손바닥으로 입을 틀어막았다.

여직원은 그런 나를 보고 이상하다는 듯이 힐끔 보더니 전표를 쓰라고 해놓고는 점장 방에 들어갔다가 나왔다. 점장이 오케이 사인을 보냈는지 여직원은 별 말없이 만 원짜리 1천 730장을 세서 가방에 넣어주더니, 가드를 붙여 드리겠다고 했다. 괜찮다 그랬다. 바로 뒤가 집이었다. 집까지 가는데 웃음이 계속 터졌다. 이 돈을 본 아내의 얼굴 표정은 어떨까?

심각한 표정을 연출하며 집에 들어갔다. 아내는 말없이 가방을 방안으로 가져가는 나를 보며 이 사람이 갑자기 무게 잡고 왜 그러나, 가방에는 뭐가 들었기에 방으로 가져 가냐는 듯이 나를 물끄러미 쳐다보았다.

말없이 가방에 손을 넣어서 만 원권 지폐를 한 움큼 집어 위로 뿌렸다. 그리고 또 집어서 뿌렸다. 계속 뿌렸다. 아예 가방을 거꾸로 들어서 안방 침대 위에 쏟아 부었다. 그리고 놀라서 눈이 휘둥그레진 아내를 안아 주었다. 한동안 안고 있다가 둘이서 눈이 마주쳤다. 동시에 다시 주워 담기 시작했다. 혹여 한 장이라도 없어지면 안 된다는 절실한 마음은 둘이 일심동체였으리라. 꼭 부부라서가 아니라도 말이다.

에이전트 롱런Long-Run의 핵심, 재정관리

보험 영업하는 사람들이 버는 것을 보면서 흔히들 얘기하는 것이 앞으로 남고 뒤로 밑진다는 표현을 쓴다. 물론 다 그렇지는 않다. 하지만 아니 땐 굴뚝에 연기 날까?

실제 본인의 재정관리를 못하는 후배들을 보면 비슷한 과정을 거친다. 초기에 지인영업을 하면서 직장 생활을 할 때보다 높은 소득을 갖게 된다. 그런데 이게 소득만 높아지면 되는데 지출도 따라 높아지니 문제다.

소득은 떨어질 수 있지만 지출은 떨어뜨리기가 원체 어렵다. 아니 그렇지 않더라도 시작한지 얼마 안 되어 나오는 소득을 향후 몇 년간 지속될 거라고 생각하는 것 같다. '이번 달 지출이 많아도 다음 달에 실적을 내야지'라고도 생각할 수 있다. 하지만 오판이다.

혹시 좋은 배경으로 지인 영업에서 소기의 성과를 거두어 소득이 예전 직장 다닐 때보다 높아졌다면 그건 잠시일 뿐이다. 지인 시장이 끝나기 전에 가망고객 발굴기술을 향상시켰다면 다행이다. 새로운 가망고객에게 계약 체결률을 높이기 때문에 지인시장에서의 계약률이 떨어지더라도 감당이 된다.

하지만 그렇지 않았다면 전체적인 활동량도 떨어지고 체결률도 하락해서 실적은 어느 순간 수직하강을 그리게 된다. 슬럼프다. 당연히 소득은 떨어진다.

소득이 떨어지면 활동도 위축된다. 떨어진 활동량에 장사 없다. 당시 상황에 따라 영업비를 많이 쓰는 습관이 고착화되어 있으면 이제 힘들다. 영업비 없이는 영업을 못하게 되니 악순환의 연속이다.

이는 몇 년 영업 경력이 있는 에이전트도 마찬가지이다. 영업은 슬럼프란 것이 반드시 찾아오게 되어 있다. 최악의 경우를 생각해야 한다. 영업환경이 바뀌어서 올 수도 있고, 조직의 변화 때문에, 또는 개인상황일 수도 있다. 여유자금을 만들어 놓지 않으면 소득이 한두 달만 큰 폭으로 떨어져도 그간의 지출하던 것이 있기 때문에 심리적으로 위축되고, 그런 마음은 고객한테도 전이된다. 솔루션 제안이나 계약종결을 자신 있게 진행하지 못하고 우물쭈물 하거나 반대로 서두르게 된다.

그렇기 때문에 오랫동안 보험 영업을 잘하기 위해서는 다음과 같은 재정관리 사항을 반드시 염두에 두어야 한다.

첫째, 영업이익을 최대한 높여라.

우리 업무는 직장인처럼 해야 할 일을 성실하게 해야 하지만, 소득구조는 급여체계가 아닌 수당체계의 사업가 시스템으로 되어 있어 많이 벌 수도, 하나도 못 벌 수도 있다. 따라서 재무적 경영관점에서 우리의 소득시스템을 운영해야 한다.

보험 영업을 하면서 발생하는 소득을 매출로 생각해라. 고객에게 투자할 비용과 나에게 투자할 비용을 미리 책정해서 그 이상 넘지 않도록 해라. 순이익이 높아야 한다.

생명보험 비즈니스는 사업이라고들 얘기한다. 그래서 투자를 해야 한다고 한다. 맞다. 하지만 사업인 만큼 순이익이 남아야 한다. 그리고 재투자도 되고 배당도 하고 급여도 나와야 한다. 돈 벌 때 확실하게 저축을 해놓아야 한다. 꾸준한 저축이 필요하다. 본인의 의지가 약하다고 판단되면 찾을 수 없는 부동산에 묻어두는 등의 방법을 강구해라.

영업이익은 물론 영업 외 이익도 높여야 한다. 다시 말하면 소득의 파이프라인을 건설하라는 뜻이다. 푼돈이라고 생각하면 안 된다. 처음에는 그럴지 몰라도 시간이 힘이다. 돈만 복리로 불어나는 것이 아니다. 파이프라인도 반복하다 보면 그 굵기가 복리로 커진다는 사실을 잊지 말아라.

영업을 잘 하다 보면 여기 저기 강의를 많이 다니게 된다. 강의를 많이 하다 보면 강의력이 생기고, 그러다 보면 시간당 강사비 기준도 높아진다.

또 부동산 임대업을 할 수도 있다. 자금을 모아서 어떤 사람은 본인이 거주할 집도 사겠지만 재테크 수단으로 월세를 받는 부동산을 구매할 수도 있다. 또 예금이자도 있을 수 있고, 주식을 할 수도 있고, 사모펀드를 돌리는 방법도 있을 것이다. 방법은 여러 가지이다.

하지만 중요한 건 이 모든 것이 영업활동에 조금이라도 방해가 되어서는 안된다는 것이다. 플러스가 되어야지 마이너스 요소가 되면 그대로 멈춰야 한다. 인생 전체에 걸쳐 나의 메인 직업은 하나여야 한다. 나의 메인 직업에서 꾸준한 수익이 창출되는 조건에서 이루어질 수 있는 파이프라인을 고민해라. 물론 주의해야 할 사항도 있다. 그건 뒤에 다시 이야기하자.

자, 이처럼 영업 외 이익을 높이기 위한 방법을 언급했는데, 이와 함께 비용 절감이 순이익을 높이는 데 훨씬 효율적이란 것을 잊으면 안 된다. 매달 10만 원을 아끼는 것이 쉬운가? 매월 이자 10만 원을 받는 것이 쉬운가? 한 달에 10만 원을 덜 쓴다면 5%짜리 적금을 매달 400만 원씩 저축해서 나오는 이자를 받는 것과 같다.

저축도 소비도 습관이다. 항상 무엇인가에 투자할 때에는 세 번을 생각해 보고 꼭 필요하다 생각이 들 때 돈을 지불하라. 가장 좋은 방법은 가계부를 쓰는 것이다. 사업을 운영하는 데 장부가 없는 회사는 없다. 주먹구구식의 방만한 운영은 부도란 사망선고를 불러온다. 보험 영업도 마찬가지이다.

둘째, 무리한 장기저축금액을 늘리지 말아야 한다.

생명보험 비즈니스는 사업 맞다. 그렇기 때문에 여유자금을 충분히 확보해야 한다. 그 전까지 장기저축금액을 무리하게 늘려서 중간에 해지하거나 대출을 받는 일이 없어야 한다.

물론 장기저축보험의 경우 조기에 해약하면 환급금이 손해이기에 강제저축을 할 수 있다는 이점이 있지만, 꼭 강제저축의 힘을 빌려야만 하는가? 고객의 재정관리를 해주는 사람이 에이전트라고 한다면 본인의 재정은 본인이 확실하게 의지를 갖고 할 수 있어야 할 것이다.

우선 본인의 보험증권을 꺼내 보라. 정작 본인의 재무설계는 소홀한 경우가 많다. 정확한 플래닝을 해 본다. 하루 반나절 날 잡고 진지하게 점검해 본다. 내 급여상황에 맞게 보험료를 내고 있는지, 내 상황에 맞게 충분히 사망보장이 들었는지, 크게 아프거나 다쳤을 때 문제는 없겠는지, 실손보험은 잘 가입되어 있는지, 내가 생각하는 미래의 노후에 충분히 대비할 계획은 있는지, 인생 주기에 맞춰 장기적인 플래닝은 제대로 수립되어 있는지를 점검해야 한다.

무엇보다도 내 소득에 맞춰서 보험료를 내고 있는가를 보아야 한다. 직전 1년의 평균 소득을 기준으로 삼는다. 무리한 보험료 납입은 금물이다. 중간에 절대 해약하지 말아야 하며, 만일 약 3개월간의 소득에 해당하는 비상예비자금이 준비되어 있지 않다면 추가 가입이나 보험료 증액은 비상자금이 준비될 때까지 보류해라.

셋째, 본인의 영업소득이 중점이 되어야 한다.

앞서 영업 외 수익도 필요하다고는 말했다. 물론 주 업무에 따른 소득 외에 추가적인 파이프라인은 필요하다. 영업을 잘하는 에이전트 중에서는 여러 분야에 재능이 있는 사람이 많다. 영업과 관련된 분야는 다 해당이 된다. 보험 영업으로 돈을 모아서 다른 사업에 재투자하는 후배도 많이 봤다. 그리고 간혹 보험 외 영업이나 사업에서 주 수입원보다 더 소득이 높은 후배도 있다. 그럼에도 불구하고 주 수입원인 보험 영업에서 지속적인 소득이 발생해야 한다.

간혹 어떤 후배는 보험 영업에서 모든 돈으로 투자한 분야가 잘 되니까 업종을 바꾸는 경우도 있다. 그때는 잘 판단해야 한다. 보험 영업에서 돈을 모았다면 적성이나 일이 본인과 맞는 거다. 주 수입원을 놓는 것은 그리 바람직한 방법이 아니다.

본인이 지금 하고 있는 일에서 소득을 최대한 높이는 것이 관건이라는 사실을 다시 한 번 명심하자. 지금 정해진 소득을 받는 직장인이 아님을 명심해라. 비록 하는 일은 직장인처럼 매일매일 자전거 페달 밟듯이 해야 하지만, 소득체계는 사업가 시스템으로 되어 있다.

하는 만큼 소득은 한도가 없다. 다만 우리 일에 직간접적으로 도움이 될 만한 영업 외 소득이 창출되는 일이라면 계획을 잡고 지속적으로 노력해봐야 한다. 추천하고 싶은 건 외부에 강의를 할 수 있을 정도의 강의력을 높이거나, 목돈을 모아서 안전한 곳에 투자하고 이자 또는 월세수익 또는 수수료를 받는 방법이다.

이제 미션이다. 눈치 챘을 것이다. 가계부를 쓰자. 간편하게 시작하는 것이 중요하다. 복잡하게 하면 지속적으로 하기가 어렵다. 가계부를 따로 만드는 것도 좋고 주간계획표에 기입해도 좋다. 가장 편하게 할 수 있는 방법으로 하자. 핵심은 내가 무의식적으로 낭비하는 돈을 잡아내는 것이다. 즉 쓰지 않아도 되는 돈, 그 돈의 출처를 알아낼 수 있으면 된다.

하루를 마감하고 쓴 비용만 적되 꼭 써야 했던 항목은 A, 써도 좋았던 항목은 B, 안 써도 되었던 항목은 C라고 적고, A+B의 합계와 C의 합계를 내보는 거다. C는 줄일 수 있는 항목이다. 한 달의 합을 해보고 그 금액을 추가로 저축해 보자.

머니 트레이너 박종기 씨가 쓴 《부자통장》을 읽어보면 이렇게 하면 저축 습관을 가질 수 있는 확률이 매우 높아질 수 있다는 것을 알 수 있다.

▶미션 : 한 달 동안 ABC 가계부 쓰기

8월

다시 일어서는 용기

월

새로운 시장에
진입하다

　지난 7월 내 생애 최고의 소득으로 인해 나도 아내도 모처럼 마음의 안정을 찾았다.

　8월 실적이 좀 부진한 이유가 물질적으로 촉박한 것이 없어지고 여유가 생긴 것도 반드시 한 몫 했을 것이다. 단지 푹푹 찌는 폭염으로 몸이 처지기 때문은 아닐 것이다. 하지만 할 만한 고객들이 무더위를 피해 사라졌는지, 나를 피해 사라지는 건지 다들 휴가다 뭐다 해서 만나기가 어려워 활동량 자체가 줄어드는 것도 계약체결이 안 되는 이유 중에 하나였다.

　물론 상위권 에이전트들은 예외였다. 그들은 뭘 고아 잡수어 먹었는지, 다들 힘들다 힘들다 해도 보란 듯이 날아 다녔다.

　어찌 되었든 나는 하루 활동량 4회를 채우기 위해서 오늘도 계속 전화하고, 약속잡고, 만나고, 상담하고, 소개 요청하고, 연습하고를 반복하고 있었다. 점심시간 가까이 집 쪽에서 약속이 잡혔다. 점심

시간밖에 시간이 안 된다는 고객을 사무실에서 만나 상담을 하고 나오니 배가 고프다. 시간이 꽤 지났다.

'집에 들러서 밥을 먹고 갈까? 생각해 보니 아내가 오늘 집을 비운다고 그랬는데'

밤에만 가끔 보던 신도림역을 낮에 와서 보니 느낌이 새롭다. 길가에 매미소리가 불쾌지수를 자극하고 있다. 8월 중순에 해가 쨍쨍한데 이 놈들은 덥지도 않나, 쉬지도 않고 단체로 합창을 한다. 신도림역 앞쪽 길 건너편에 보니 내가 안 가봤던 식당이 들어서 있다. 식당 간판이 깔끔하다. 그런데 식당이름이 '건국고기'다.

'건국고기가 뭐야. 이름 참 촌스럽네'

고기 집인데 점심식사를 한다고 써 붙여 있어서 들어갔다. 식당 입구에 개업을 축하한다는 화분이 줄지어 서있었다.

'오호라. 신장개업이로구나'

보아하니 색이 좀 바랜 것이 화분 갖다 놓은 지는 1년여 된 것 같았다.

'아, 날짜가 적혀 있네. 그래, 작년 이맘 때 개장했구먼'

일 년이 지났는데도 아직 치우지 않은 화분이 식당 인테리어하고 묘하게 어울렸다. 점심시간하고 저녁에 잠깐 직장인 상대로 하는 것 같았다.

'그러니까 가끔 밤 늦게 오는 내가 여길 알 수가 없지'

20평 남짓 되는 식당에 점심시간이 다 끝나 가는데도 테이블에 사람이 제법 꽉 차있다. 사장이 젊은 부부 같은데 음식 나오는 손놀림도 빠르고, 서비스도 꽤 좋은 편이다. 남자주인은 요리를 하고, 여자주인이 캐셔와 서빙을 하고 있었다.

남자주인은 몸집이 아주 넉넉한 것이 힘깨나 쓰게 생겼다. 씨름 선수라고 해도 믿을 판이었다. 반대로 여자주인은 작고 호리호리한 것이 남자주인하고 아주 대조가 되었다. 둘이 붙어 있으면 고목나무에 매미가 붙어 있는 것 같겠네. 생각이 거기까지 미치자 이 식당이 잘 되나 궁금증이 일었다.

'음, 한번 보자. 음식이 빠르게 나오니까 최소 2회전은 하겠는걸. 테이블이 열 개 정도니까 한 테이블 당 2.5명 정도 어림잡고, 1회전에 25인분, 2회전 50인분. 저녁 장사까지 해서 넉넉잡아 하루 50만 원 정도 매출은 올리겠군. 한 달에 20일 일하면 1천만 원이고, 1년에 1억 2천만 원 매출을 올리겠구나. 여기서 경비 빼고 수입은 얼마나 될까? 젊은 사람이 돈도 많네. 이런 식당을 어떻게 차렸을까? 부모한테 물려받았겠지. 증여세는 제대로 냈을라나'

제 버릇 개 못준다고 밥 먹으러 식당에 와서도 직업의식이 발동했다. 메뉴판 아래에는 '고기 원산지 대한민국, 김치 원산지도 대한민국'이라는 자신감이 우러난 홍보문구가 큼지막하게 쓰여 있었다. 메뉴는 다양했다. 뜨거운 국물이 먹고 싶었다. 시킨 갈비탕은 금방 나왔다. 이열치열이라고 뜨거운 국물 후후 불어 가며 먹는데 맛이 괜찮다.

'잘 되겠구나'

차진 밥을 말아 후루룩 먹고 나왔다. 계산을 하려고 차례를 기다리면서 축화에 적힌 글귀들을 면면히 살펴보니, '건국대학교 축산대학 동문 일동'이라고 쓰여 있는 화분도 있다.

243

'어? 학교 동문이다. 젊은 친구가 같은 학교 후배였네'

순간 잘 됐다 생각이 들었다. 마침 점심시간 음식 주문이 다 끝났는지 여자주인이 상을 정리하는 동안 남자주인이 주방에서 나와 캐셔를 보고 있었다. 계산하다가 주인한테 말을 걸었다.

"건대 축산대학 졸업 하셨나봐요?"

"네? 네, 어떻게……."

"아, 축화보고 알았어요. 제가 34기입니다."

당연히 후배일거라 생각했다. 순간 주인장의 얼굴에 미소가 씨익 스쳐가는 걸 느꼈다.

"아, 그래요. 전 29기에요. 반갑네요."

아, 이런. 5년이나 선배다. 에고.

"어휴, 선배님인지 몰랐습니다. 엄청 동안이시네요. 전 저보다 한참 후배인줄 알고…… 식사 잘 하고 갑니다. 선배님."

"후배님 자주 와요. 한가한 시간에 와요. 그래야 얘기라도 나누지."

주인장은 마치 식당 안에 있는 손님들이 다 들으라는 듯 허허허 큰 웃음을 지으며 외치듯 소리쳤다.

"네, 알겠습니다. 선배님, 제가 집이 이 쪽이라서…… 나중에 또 오겠습니다."

나는 식당 명함을 조용히 챙겨 얼른 자리를 떴다. '건국고기집 대표 서용식' 명함에는 핸드폰 번호는 없었고, 식당 이름과 전화번호, 뒷면에는 약도가 그려져 있었다.

사무실로 오는 길에 학교 선배님을 우연히 만났다는 기분 좋음과 함께 어떻게 이 분한테 영업을 전개해 나가지란 복잡한 생각이 머릿속을 뒤죽박죽으로 만들었다. 하루 종일 그리고 퇴근하고 집에 가서도 밤새도록 서용식 선배의 털털한 미소가 머리를 떠나지 않았다.

그 다음날 점심 이후 느지막하게 오후 3시경 건국고기집을 쳐들어갔다. 좀이 쑤셔서 이것 저것 생각하면서 기다리기에는 내가 다른 일을 못할 것 같았다. 머리로는 좀 친해지고 나서 보험 얘기를 꺼내야지라고 생각하는데 가슴이 기다리질 못했다. 물론 어제 내가 아는 모든 29기 선배들과의 추억을 머릿속에서 총동원해서 생각해 내었다. 이야깃거리가 있어야 했어야 했다.

마침 점심시간이 다 끝나고 저녁을 준비하기 전이라 식당은 한가했다. 식당 문을 열자 선배가 바로 알아 봤다.

"어, 후배 또 왔네?"

"네, 선배님 안녕하세요? 바로 알아봐 주셔서 감사합니다. 선배님, 제가 지금은 밥 먹으러 온 게 아니고요. 인사 제대로 하러 온 거에요."

두 눈 질끈 감고 명함을 빼내서 불쑥 내밀었다. 선배는 얼떨결에 내 명함을 받아 들더니 '아' 하는 표정을 지었다.

"어, 들어가."

"네, 선배님, 잠깐 시간 괜찮으시지요?"

"어, 잠깐 괜찮아. 거기 앉아."

선배는 그래도 찾아와 주는 후배가 반가웠는지 바로 말을 놓으며 살갑게 대해 주었다. 선배는 보험회사 명함을 내밀며 찾아온 후배가 부담스럽지 않았을까? 형수한테 가서 뭔가 말을 주고받더니, 나와 눈이 마주친 형수가 멀찍이서 웃으며 목례를 한다. 나도 넙죽 고개 숙여 인사를 했다.

커피를 두 잔 뽑아들고 앉은 선배는 미소를 잃지 않았다. 나는 보험 이야기를 꺼내는 것보다도 선배에 대해 궁금했다. 그 선배의 삶과 인생이. 축산대학을 졸업하고 무슨 일을 하다가 이런 식당을 차리게 되었을까? 작은 식당주인임에도 두 부부한테서 흘러나오는 느낌은 여유가 있어 보였다.

선배는 졸업하고 지방에 있는 고기유통회사에 5년을 다녔다고 했다. 하지만 성이 안 찼다. 고작 몇 백만 원 급여 받아서 부모님 챙기고 월세내고 남는 돈 몇 년을 저축해 봐도 결혼이나 할 수 있을까 싶었다고 했다. 그보다도 윗사람 눈치 봐 가며 일하기가 죽기보다 싫었단다.

결국 그동안 모은 돈 탈탈 털어 대출까지 최대로 받아 정육점을 차렸다. 자기 인생에서 그렇게 일하는 것은 앞으로 없을 정도로 악착같이 일했다고 했다. 모든 걸 혼자서 북 치고 장구치고 하면서 돈을 끌어 모았다.

전 직장이 고기유통회사였으니 인맥이 있어 질 좋은 고기를 저렴한 가격에 사올 수 있었다. 고기 뼈 바르는 것처럼 힘쓰는 일도 처음부터 잘했다고 했다. 거기에 천성이 후한 인심이라 동네장사가 썩 잘 되었다고 했다. 말하는 중간 중간 반팔 밑으로 드러나 있는 두툼하고 허연 알통이 힘줄 때마다 위아래로 보란 듯이 움직였다.

"안사람은 동네 단골 고객이 소개를 해줘서 만난 지 한 달 만에 결혼에 골인했지. 나보다 세 살 어린데, 어찌나 나를 잘 챙겨주는지 가끔 누나 같기도 해."

선배는 식당 안쪽에서 재료를 다듬고 있는 형수를 가리키며 말했다.

"아이는요?"

"딸만 셋이야. 결혼한 지 4년이 됐으니까, 연년생으로 계속 낳은 셈이지."

부부애가 좋은 건 동네사람이 다 알 정도라고 했다. 스스로 팔불출임을 자인한 셈이다. 피식 웃음이 났다.

"선배님. 그런데 여기 식당은 어떻게 개업을 하시게 된 거에요?"

선배는 잠깐 주춤하더니 말을 이어갔다. 가리봉에서 정육점을 했는데, 돈을 벌어들이기 시작한지 4년 정도 되는 순간 문득 '언제까지 내가 이렇게 일해야 할까? 결혼도 했는데 아침에 새벽같이 나오고 밤 늦게 들어가서 잠만 자고 나오고, 주말도 없이 언제까지 이렇게 살 수는 없다'는 생각이 들더란다.

그래서 '내가 좋아하는 일을 해야겠다. 그리고 가족들을 더 많이 볼 수 있는 일을 해야겠다'고 결심했다고 한다. 며칠을 생각해 보니 자기가 좋아하는 건 요리였고, 또 음식점을 와이프와 같이 하면 하루 종일 얼굴을 볼 수 있을 거라는 생각에 돈 벌어주던 가리봉 가게를 싹 정리하고 처가댁 가까이로 음식점을 차렸다.

걸어서 10분? 애들 세 명 장모한테 맡기고, 하루 종일 와이프랑 데이트 하는 기분이라고 좋단다. 와이프도 집에만 있다가 애들한테 탈출해서 일하니 좋아한다고 했다. 주말에는 식당 문도 닫고 놀러

다닌다고 했다. 이제 돈 많이 벌 생각도 없단다. 완전 한량이다. 그래도 이 정도 매출이면 꽤 소득세를 내지 않을까 싶어 물어 봤다.

"그래도 꽤 버시지 않으세요?"

"웬걸. 지난 1년간 1억 정도야. 그리고 거기서 이것저것 다 떼면 얼마 안 돼. 어차피 돈 벌려고 하는 것도 아니고. 그런데도 세금은 2백만 원이나 내."

"아, 그렇구나. 그러면 형수님도 급여를 받는 거예요?"

"아니, 어차피 내 돈이 그 친구 돈이지 뭐, 귀찮게 뭘 그런 걸 해. 괜히 세금 때문에 머리 아파. 허허허."

잠깐만 시간이 된다는 선배는 자기 얘기에 본인이 심취했는지 2시간을 넘게 말을 이어갔다. 5시가 넘어 저녁 손님이 들어오자 선배는 어? 하는 표정을 짓더니 시계를 쳐다봤다.

"벌써 시간이 이렇게 됐나? 야, 이거 오랜만에 후배 봐서 너무 내 얘기만 했네. 미안하다. 근데 너 왜 온 거라고 했지? 나중에 술 한잔 하자. 너 집이 이 쪽이랬지? 밤에 저녁 마감하고 꼭 한번 와."

선배는 시간이 흘러가는 줄도 모르고 얘기하다가 형수가 부르는 소리에 서둘러 주방으로 가면서 나중에 꼭 오라며 신신당부했다.

고객에게 이익이 되는 것이 무엇인지
고민 또 고민하라 – 솔루션 수립

회사 강의를 들으며 자영업자 대상으로 상담 콘셉트를 정리한 스크립트를 다시 꺼내 보았다. 지난 달 마감하고 나서 일주일 동안 정리하며 달달 외웠던 내용이다. 마침 서용식 선배한테 딱 맞는 콘셉트가 있다. 대략 연 1억 원 정도의 매출이 있는 소규모 부부 자영업자 대상 상담 콘셉트[1]이다.

서용식 선배의 자산이 어느 정도 되는지는 초회상담이 제대로 들어가서 재무정보를 받기 전까지는 알 수가 없다. 다만 기타방문을 해서 알아낸 건 선배의 연 소득과 소득세 규모다. 일단 다음에 만나서 보험에 대한 전반적인 니즈 환기를 하고, 그 다음은 세금 쪽

---

1. 자영업자를 대상으로 한 소득분산 상담 콘셉트는 이창형 원장의 문연 아이디어뱅크(Moonyon ideabank)에 수록된 내용을 참고로 했다. 가족끼리 운영하는 자영업 사업가에게는 증여상속과 같은 먼 미래의 세금문제보다는 당장의 소득세 절감에 더 관심을 갖는다. 따라서 보험 에이전트들은 자영업 사업가의 소득을 가족에게 분산시킴으로써 소득세 과표구간을 낮추고, 그만큼의 절세금액과 연계해서 보험에 가입하는 소득분산 콘셉트를 연구해 보아야 한다.

을 터치해야 했다.

부부 자영업이고 선배가 형수한테 급여를 지급하고 있지 않다면, 선배의 소득을 나눠서 일부를 형수님이 받도록 해 그만큼 소득세를 낮출 수 있는 소득분산 플랜이 맞다고 판단되었다.

서용식 선배는 연 수입이 대략 1억 원 정도 된다고 했다. 그런데 연 소득세가 2백만 원이라고 했으니, 과세표준 구간별 세율을 대입해서 역산을 해보면 소득과표(소득과세표준)가 2천만 원 정도가 되는 셈이다.

소득세를 계산하려면 과세표준 구간별 세율을 알아야 한다. 과세표준 1,200만 원까지는 소득세율 6%, 4,600만 원까지는 15%, 8,800만원까지는 24%, 1억 5천만 원까지는 35%, 1억 5천만 원 초과부터는 38%이다. 과세표준이란 소득에서 경비와 공제를 뺀 금액을 말한다.

연 수입 1억 원에서 소득과표 2천만 원을 빼면 경비 및 공제금액 합계는 대략 8천만 원 정도가 된다. 그러면 형수님을 일용직 아르바이트로 고용하는 형식으로 해서 연간 6백만 원을 급여로 발생시켜 경비로 처리하면 그만큼 선배님의 소득세 부담을 절반으로 줄일 수 있다.

오케이. 무릎을 탁 쳤다. 바로 이거네. 그 외에는 세금으로 말할 게 별로 마땅치 않았다. 현금영수증 발행 기준이 강화되고 매출이 노출되면 세금 폭탄을 맞게 된다? 직장인들은 대부분 카드로 결제하기 때문에 수입이 투명하게 노출되는 편이다. 선배 부부는 현금영수증 기준이 10만 원 이상으로 강화된다 하더라도 추가로 매출이 노출될 것이 별로 없다. 그렇기 때문에 매출 노출로 인한 세금 폭탄 운운하는 것은 뭘 모르고 하는 소리가 된다.

따라서 형수님에게 급여를 발생시키고 그만큼 경비를 늘려서 세금을 줄일 수 있다는 플랜은 선배가 고개를 끄덕일 만 했다. 아니, 그러면 형수님 급여를 연간 6백만 원으로 하지 말고 더 높이면 안 될까?

아예 매달 1백만 원씩 월급을 지급하면 연간 1,200만 원의 경비를 인건비로 더 처리할 수 있고, 선배님의 소득과표는 8백만 원이 돼서 세금을 48만 원만 내면 된다. 하지만 이번에는 반대로 형수님의 소득세와 4대 보험의 보험료로 연간 190만 원 정도 부담을 해야 한다. 배보다 배꼽이 더 커지는 셈이다.

실제로 근무하는 배우자에게 급여를 지급하는 방법으로는 두 가지 방법이 있다.

첫 번째, 근로자로 고용하고 매달 월급으로 지급하는 방법이다. 이 방법은 비교적 큰 금액을 비용으로 처리할 수 있다는 점이 장점이다. 그러나 4대 보험료로 연봉의 약 18% 정도를 지출해야 하는 것이 걸림돌이다. 그래서 매달 급여를 지급하는 방법은 소득세를 1천만 원 이상 납부하는 사장님한테 적용하는 것이 바람직하다. 지금 선배한테는 맞지 않는 방법이다.

또 한 가지 방법은 아르바이트로 고용하고 일용직 일당을 지급하는 거다. 한 달 건너서 매달 60시간 미만의 작업을 시키고, 일당으로 13만 7천 원씩 나눠서 지급하는 형식으로 하면 한 달에 1백만 원 정도의 인건비를 경비로 처리할 수 있고, 4대 보험에도 의무적으로 가입할 필요가 없다. 이 방법은 소득세 규모에 관계없이 적용할 수 있지만 특히 연간 6백만 원 이하의 소득세를 부담하는 경우에 적당하다.

서용식 선배의 경우에는 소득세 수준이 1천만 원이 안 되기 때문에 형수를 아르바이트로 고용해서 일용직 소득으로 경비를 처리하는 방법을 적용해 보았다. 형수가 한 달 건너 아르바이트를 하는 형식으로 처리해서 일당 13만 7천 원씩 한 달 1백만 원, 연간 6백만 원 정도의 급여를 지급하면 선배의 소득과표에서 그만큼 줄어드니까, 소득세 15%로 계산하면 세금 1백만 원 정도를 절감할 수 있게 된다. 4대 보험료 부담 없이 연간 1백만 원 정도의 소득세 절감이다.

그리고 서용식 선배는 딸 사랑이 끔찍했다. 딸 바보란 말이 이런 사람 때문에 만들어졌나 싶을 정도였다. 그렇다면 딸이 세 명이기에 사망보장금액을 높일 필요가 있었다. 또한 자영업은 정년을 보장하는 직업이 아니니 납입기간은 짧게 설계를 했다.

납입기간이 짧으니 원금 회복기간도 빠르고 추후에 연금으로 전환할 수 있어 일석이조인 셈이다. 세금도 절약하고, 그 일부를 보험에 가입해서 사망보장도 받고, 나중에 연금으로 전환하는 솔루션이 완성되었다.

이제 제안연습을 해야 했다. 우선 사전동의 질문을 정리하고, 상품설명서 외에 한 장짜리 제안서를 제작해서 입에 달라붙을 때까지 수십 번을 연습해 보았다.

병사는 전투 중에 한 눈을 팔지 않는다
– 솔루션 제안

"선배님, 통화 괜찮으세요? 저 강산입니다."

서용식 선배는 어렵게 한 전화에 반갑게 맞이해 주었다. 저녁 9시에는 마감을 지으니, 그 이후에는 언제든지 와서 술 한 잔 하자는 말도 잊지 않았다.

"선배님, 오늘 저녁에 갈게요. 그리고 오늘 술 한 잔 하기 전에 제 업무 얘기 잠깐 할게요. 그때 선배님이 말씀해주신 내용을 토대로 제가 정리를 해놓은 것이 있거든요."

기다릴 필요가 뭐 있는가? 오라고 할 때 얼른 가야한다. 시간에 딱 맞춰 갔다. 하지만 선배는 그날따라 내일 단체손님 준비에 형수님과 같이 바빠 보였다.

"선배님, 천천히 하세요. 기다릴게요."

무려 1시간을 기다려서야 선배가 나왔다. 형수는 딸만 세 명이라 어머니가 힘들어 한다고 인사만 하고 바로 들어갔다.

253

가까운 호프집으로 갔다. 날이 더운 탓인지 야외 자리가 인기가 많았다. 평소 자주 가는 집인 것 같았다. 호프집 사장은 선배와 하이파이브를 하더니 주문도 안했는데 호프와 치킨을 알아서 가져왔다. 선배는 자리에 앉자마자 대뜸 말해보라 했다. 준비한 말을 구구절절이 했다.

"선배님, 제가 십여 분 정도 선배님을 위한 솔루션을 설명 드릴 텐데요. 만일 마음에 드신다면 바로 실행에 옮기실 수 있으세요?"

"일단 말해 봐봐. 뭔지 알아야 하든지 말든지 하지."

선배는 장난꾸러기 같은 미소를 지으며 피식 웃었다. 내가 보험회사에 다니는지는 알고 있는 상황에서 뭔가 제안을 하리라 대비는 하고 있었을 터다. 선배의 딸 사랑에 대한 부분을 언급하고, 선배님과 형수님의 은퇴 준비를 위해 무언가는 준비해야 한다는 것과 그래서 형수님한테도 소득을 발생시켜 선배님의 소득세를 절감하고, 절감한 세금으로 보험상품에 가입하는 방안을 설명했다.

다행히도 선배는 보험에 대한 인식이 깨어 있었다. 여자 1호가 생길 때부터 관심을 두고 보험을 가입해서 올해 여자 4호까지 생기니까 보험에 대한 니즈가 불쑥 올라오더란 얘기를 했다. 아, 딸이 셋이니까 형수님까지 여자가 네 명이구나. 종신보험도 꽤 가입해서 3억 원 정도가 있다고 했다.

선배는 다시 한 번 보장에 대한 필요성에 대해 공감을 했다. 세금 절감에도 관심이 꽤 많았다. 예상은 적중했다. 바로 미리 생각해 놓은 플랜에 대해 설명을 했다.

"선배님의 경우에는 소득세 수준이 1천만 원이 안 되기 때문에 형수님을 아르바이트로 고용해서 일용직 소득으로 경비를 처리하면 소득세를 훨씬 절감할 수 있어요. 형수님을 한 달 건너 아르바이트를 하는 형식으로 처리하고 연간 6백만 원 정도의 일당을 지급하는 거예요. 그러면 선배님 과표에서 급여 6백만 원만큼 줄어드니까 소득세 15%로 계산하면 세금 1백만 원 정도를 절감하게 됩니다. 4대 보험료 부담 없이 연간 1백만 원 정도의 소득세를 줄일 수 있는 셈이에요."

"그래. 좋은 방법이구나. 그런데 너한테는 뭐가 좋은 거냐."

"선배님, 줄인 금액만큼 저한테 보험상품을 가입하세요. 왜냐하면 선배님 지금 종신보험이 있긴 하지만 여자 4호까지 책임질 정도의 금액은 아니신 거 같아요. 지금 3억인데, 1억을 더 추가해서 4억 원은 되어야 각 1억 원씩 되는 거잖아요. 지금 보장금액은 좀 부족한 거죠. 물론 선배님 모은 돈이 얼마 되는지 저는 모르지만, 종신보험은 형수님과 아이들을 향한 선배님의 사랑의 크기잖아요."

"그래? 그러면 어떻게 하면 되는데?"

"일단 형수님한테 매달 50만 원씩 급여가 나가는 셈이니까, 형수님 통장에서 50만 원씩 보험료가 빠져나가게 하고요. 계약자와 피보험자는 선배님이 되시는 거예요. 수익자는 당연히 형수님이 되시는 거고요. 납입기간은 O년이고, 사망보장은 1억 원입니다. 종신보험이지만 납입기간을 짧게 하면 원금 도달기간이 그만큼 앞당겨지고요. 원금이 초과되는 시점부터는 필요한 자금만큼 찾아 쓰실 수도 있어요."

"그리고 형수님 이름으로도 저축을 하나 시작하세요. 아무리 형님 재산이 형수님 것이라지만, 형수님 앞으로 된 건 없잖아요. 여자가 남자보다 평균수명이 7년은 더 깁니다. 형수님이 선배님보다 3살 어리시니, 나중에 형수님 혼자 사실 기간이 10년 이상은 되네요. 형수님을 피보험자로 해서 종신연금을 가입하면 그만큼 노후에 든든한 건 없을 겁니다."

선배는 플랜에 나보다도 만족해했다. 술 마시다가 지금 당장 하겠다는 걸 말리고, 내일 서류를 준비해서 오겠다고 했다. 선배는 학교 다닐 때부터 호인 같은 성격 때문에 주변에서 인기가 많았다. 동네 술집에서 2시간가량 있는 동안 지나가는 사람들하고 인사나누길 족히 열 명하고는 한 것 같다.

"선배님, 다 어떻게 아는 사람들이에요?"

"어, 손님도 있고, 여기 동네 가게사장들도 있고. 여기 내 모르는 사람 없다. 너 이 플랜 괜찮은데 내 이름 팔고 이 동네 다녀라."

뜨거운 8월 그달 중순부터 시작된 나의 영업레이스는 서용식 선배를 만나서 날개를 달았다. 마지막 주에 선배 추천으로만 주변 가게 사장님 열 명을 만나 그중 다섯 명한테 몰아치기 여섯 건을 하면서 8월 마지막 날까지 달린 결과 7건에 290만 원으로 마감을 지었다. 지점 3등의 꽤 괜찮은 성적이었다.

지점에서는 매달 게시판에 그달까지의 전국 순위를 프린트해서 붙여 놓았다. 지점 순위는 지점원이 60명 정도였기 때문에 항상 보는 거지만, 전국 순위는 전체 4천 명 중 2백 명까지만 게시하고 있었기 때문에 전국 순위표에 든다는 건 대단한 일이었다.

회사에서 야심차게 시행한 여름 캠페인이 끝나고 8월을 마감하는 전국 순위에서는 지점에서 유영찬 4위, 김성한 선배가 7위에 랭크되어 있었다. 정말 대단하다.

'이대로면 우리 지점에서 전국 챔피언 나오는 거 아냐?'

같이 보던 동료들이 수군거렸다. 전국 챔피언은 하늘이 내려준다고 했다. 챔피언이 되면 그 명예는 이루 말할 수 없었다.

매년 단 한 명의 챔피언. 챔피언은 가족 전부를 데리고 상위 1%의 에이전트들과 유럽 등지에 여행을 다니게 되고, 명예의 전당에 얼굴을 올리게 된다. 그리고 각종 행사에 참가하며 그 위용을 과시하기도 했다. 살면서 챔피언하고 악수라도 하는 것을 영광으로 생각하는 에이전트도 있을 정도였다.

하긴, 막판에 욕심이 과한 몇 상위 에이전트들의 비도덕적인 계약으로 인해 그 위상이 떨어지긴 했지만, 어찌되었든 챔피언 레이스에 동참한다는 그 자체만으로도 큰 화젯거리였다. 그 순간 누가 한 명이 놀랍다는 듯이 외쳤다.

"어, 강산이 순위에 있어!"

"뭐? 어디, 어디……"

모여 있던 사람들의 시선이 동시에 리스트 아래쪽으로 옮겨 갔다. 순간, 장난치나 싶은 마음이 들었지만 정말? 하는 마음에 리스트를 유심히 살펴보았다. 정말 있었다.

'강산 198위'

아, 이런! 서프라이즈! 생각지도 못한 순위였다. 무려 4천 명 중에서 8월 마감실적으로 198위를 달리고 있다니! 상위 5%에 해당하는 성적이다. 지점에서는 위로 다섯 명밖에 없었다.

한 턱 쏘라는 동료들의 입방정을 뒤로 하고 몰래 빠져나오면서도 기분이 좋았다. 어디 가서 '이야호!'라고 고함이라도 지르고 싶은 심정이었다.

나도 챔피언 레이스에 동참하는 건가? 그날 밤 정말 5백 년 만에 무릎 꿇고 하늘에 기도를 했다. 진정으로 챔피언 되게 해달라고. 챔피언이 되어서 시상을 받으면 시상에 해당하는 금액만큼 전액 한부모 가정을 후원하겠다고 하나님과 굳게 약속을 했다.

프레젠테이션Presentation, 솔루션Solution에 가치를 부여해라

솔루션 제안을 잘 하기 위한 방법 세 가지를 이야기 하라고 하면 뭐가 있을까? 나는 첫째도 연습, 둘째도 연습, 셋째도 연습이라고 답할 것이다.

솔루션 제안은 에이전트가 준비한 프로그램을 가망고객에게 설명하는 과정이다. 혹시라도 상품의 기능이나 특징을 설명하는가? 고객이 그러한 제안을 받고 청약서에 서명한다면 그 결정을 의심해라. **고객은 상품의 기능보다는 본인이 얻게 되는 이익과 장점, 그리고 어떤 가치가 있는지가 더 중요하다.**

특히 어떤 가치를 부여하느냐에 따라 고객이 느끼는 반응은 하늘과 땅 차이가 된다. 상품의 기능은 우리나라 최고의 지식인인 네이버에게 물어 봐도 알 수 있는 사실이다. 따라서 솔루션에는 초회 상담 시 받은 재무정보를 토대로 고객의 목표를 달성하기 위한 가장 적절한 해결안이 담겨져 있어야 한다. 그러기 위해 우리는 다음의 네 가지를 고민해 보아야 한다.

① 왜 이 상품이어야 하는지, ② 왜 이 금액이어야 하는지, ③ 왜 지금 가입해야 하는지, ④ 왜 나한테 가입해야 하는지이다.

솔루션 제안을 성공적으로 진행하기 위해서는 앞서 이야기했듯이 첫째도 연습, 둘째도 연습, 셋째도 연습이다. 아무리 연습해도 지나치지 않다. 연습을 매번 반복할 때마다 모자란 부분이 발생할 것이다. 흔히 실수하는 건 다음과 같다.

첫째, 사전에 실전처럼 연습을 하지 않아서 실제 계약할 때 필요한 서류를 빠트리는 경우이다. 고객의 재무정보지라든지 가입 설계서, 청약에 필요한 각종 서류는 고객 상담 전 매번 점검이 필요하다.

둘째, 연습이 모자란 상태에서 상담을 하다 보면 고객을 리드하지 못하게 된다. 눈 맞춤을 못한 상태에서 가져간 서류를 같이 읽게 된다던지, 고객의 질문에 쩔쩔 매고 이야기가 삼천포로 빠져서 결국에는 시간이 모자라 계약하지 못하게 되는 경우이다.

공격은 최선의 방어라고 했다. 자신감을 갖고 주도적으로 진행해야 하며, 거절이 나오면 '네, 맞습니다. 그렇게도 생각할 수 있겠군요. 그 부분에 대해 제 생각을 말씀 드리자면……'과 같은 Yes-And 화법을 활용해서 대처해야 한다. 또한 선 거절처리에서 나오지 못한 거절이 나올 수 있다. 최대한 신속하게 설명을 끝내서 충분한 종결 시간을 확보해야 한다.

셋째, 너무 전문가처럼 보이려고 애쓰는 경우이다. 본인도 잘 모르는 전문 용어를 써서 전달력이 떨어지게 되거나, 가입 설계서 외에 수십 장의 두꺼운 제안서를 일일이 설명하는 바람에 설명하는 사람도 듣는 사람도 맥이 빠지게 되는 경우이다. 제안서는 한두 장 정도가 제일 적당하고, 용어는 초등학생 5학년도 이해할 수 있을 정도의 쉬운 단어를 사용하는 것이 좋다.

넷째, 보험료가 언급이 되면 그때부터 계약종결 단계로 넘어간 것이다. 여러 말 할 것 없이 연습한 대로 계약종결을 진행하고, 혹시 나올 수 있는 거절에 대해서는 당당하고 자신감 있게 대처해야 한다.

솔루션 제안 순서는 다음과 같다. 중점 고려사항을 안내하며 사전 거절처리를 한다. 이어서 초회 상담 시 파악한 재무정보를 재확인하여 가망고객의 인생과 현재 재무상황에서 예측되는 잠재적 문제점을 확인한다. 그리고 이러한 문제를 해결할 수 있는 대안에 대해 설명한다.

그 후 고객이 결정할 수 있는 금액의 범위를 제시하고 계약종결로 들어간다. 그 다음에는 서명을 받은 뒤 만족도를 점검하고 소개를 요청한 다음, 만남 일정을 확인한다. 좀 더 세부적으로 설명하면 다음과 같다.

첫 번째, 중점 고려사항 안내와 사전 거절처리이다. 처음 상담을 하고 나서 시간이 지났기 때문에 다시 한 번 왜 이런 만남이 진행되고 있는지에 대한 필요성을 환기해야 한다. 어떤 준비를 했으며 어떠한 마음가짐으로 솔루션을 작성했는지, 무엇을 중점으로 고민했는지, 어떠한 이점을 고려했는지에 대해 설명한다.

고객은 처음 상담할 때 논의한 모든 내용을 완벽하게 이해하지는 못한다는 것을 기억해야 한다. 또한 설명을 듣고 난 뒤 어떠한 방향으로든 오늘 이 시간에 결정해야 함을 확인해서 불필요한 결정연기를 없애도록 한다. 이때 준비한 질문을 통해서 사전 거절처리와 선 계약종결을 하는 것이 대단히 중요하다.

두 번째, 초회 상담 시 받았던 재무 정보가 정확한지 확인하고 그 수치가 어떤 의미를 가지고 있는지에 대해 설명한다. 고객은 에이전트가 전문가답다고 생각할 것이고, 동시에 에이전트가 고객의 인생을 진지하게 생각하고 있다는 사실을 알릴 수 있다. 세 번째, 가망고객의 재무상황에서 발생할 수 있는 잠재적인 문제점을 확인한다. 즉 현재 자산 및 소득 포트폴리오를 분석하고, 준비 없이 인생을 살게 되었을 때의 리스크를 설명한다. 보장 측면에서 보면 가장의 부재 시에 가족이 겪게 되는 재무적·정신적 리스크가 있을 것이고, 저축 측면에서 보면 인생의 필수자금 부족 시 본인이 겪게 되는 재무적·정신적 리스크가 있을 것이다.

한마디로 향후 필요한 자금이 부족했을 때 본인과 본인의 처자식이 다른 이에게 천대받을 위험을 대비하기 위해서는 반드시 재무적 조정이 필요함을 설명한다. 현금 흐름이나 보험 및 저축과 투자의 개선이 핵심이 될 것이다.

네 번째, 이러한 문제를 해결할 수 있는 대안에 대해 설명한다. 재무적 리스크 발생 시 해결할 수 있는 합리적인 대안을 검토하고 이에 대한 상품을 제안한다. 다섯 번째, 솔루션에 대한 만족도를 확인하면서 결정할 수 있는 금액 범위를 제시한다. 물론 초회 상담 시에 체결 가능한 금액까지 논의가 되었다면 건너 뛸 수 있는 단계다. 계약종결 시점에 당당하고 자신감 있는 태도를 견지해야 하며, 발생하는 다양한 거절에 대해서는 사전에 연습한 대로 유연하게 대처한다. 여섯 번째, 서명을 받은 뒤 만족도를 확인하고, 소개 요청 과정을 진행한다. 소개를 받은 후에는 반드시 다음 만남 일정을 정하고 별도의 의문 사항이 있는지 확인해서 추후 혹시라도 발생할 수 있는 계약의 취소에 대해 방지한다.

모든 것을 실전처럼 연습을 해서 습관이 되어야 한다. 계약종결까지 자연스럽게 진행되어야 하며, 과정 속에서 나올 수 있는 모든 거절이 반갑게 느껴질 때까지 연습, 또 연습하자. 고객 유형별 프레젠테이션 자료를 정리해서 수치 하나 글자 하나까지 통째로 암기한다.

▶미션 : 제안서 암기하기

다시 일어서는 용기

9월

마라톤 모임과 새로운 목표, 서브쓰리

더위가 가시고 서쪽 하늘에서 바람이 내려온다는 9월이다. 지난 번에 마라톤 풀코스 첫 도전에 완주한다는 소기의 목표를 달성하고 나니 달리기에 대한 의욕이 조금 움츠러들었다. 하지만 매일같이 달리기 하는 건 마치 기계처럼 반복하고 있었다.

이런 게 습관이 아닐까 싶다. 새벽에 일어나 한강까지 달리기, 집에 돌아와 샤워를 하고 자리에 앉아 나만의 비밀노트 정리, 그리고 밥 먹고 출근하는 습관고리Habit ring[1].

나는 지난 8월 말로 손 선생의 비밀노트에 수록되어 있는 미션을 다 마쳤다. 손 선생을 만나 비밀노트를 건네받은 지 만으로 6개월 만이었다. 이제는 아침마다 나만의 비밀노트를 따로 정리하고 있었다.

---

1. 습관고리(habit ring) : 어떤 시점에는 의식적으로 결정하지만 얼마 후에는 생각조차 하지 않아도 거의 매일 반복하는 선택과 행동을 습관이라고 한다면, 그러한 습관을 유발하는 3단계 고리를 습관고리라고 한다. 신호(cue), 반복행동(routine), 보상(reward)으로 이어지는 3단계 과정이며, 다른 말로는 Habit loop라고도 한다.

9월. 여름 캠페인을 화려하게 장식하고 뜨거웠던 여름이 막판 끝자락에서 한창 기승을 부리고 있을 무렵 나는 다시 무언가 내 자신을 뜨겁게 달굴 목표가 필요했다.

누가 비웃건 말건 업무적으로는 회사 전국 챔피언이라는 목표가 있었다면, 업무 외적으로 심장을 뜨겁게 할 만한 목표를 세워야 했다. 그게 무언지는 결국 내가 정해야 했다. 월 초 모든 고객에게 전화를 쭉 돌리는 이틀 동안 머리 한 구석에서는 새롭게 도전할 나의 목표를 생각하고 있었다.

달리기를 매일 하다 보니 실력은 점차 향상되는 것이 느껴졌지만, 며칠 전부터 발바닥이 시큰거리고 아파왔다. 지금 하고 있는 훈련이 맞게 하고 있는 것인가란 의문도 들었다.

인터넷을 검색해보니 발바닥이 아픈 건 족저근막염[2] 같았다. 한동안 훈련을 쉬어야 한다는 말도 있었고, 또 어떤 사이트를 보니 그럴수록 더 달려야 한다는 말도 있었다. 도대체 어떤 말이 맞는 거야?

틈틈이 마라톤 관련 사이트를 검색해 보면서 이론적인 부분과 실제로 훈련하는 방법을 더 탐구해 나아갔다. 책도 몇 권 사서 읽어 보았다. 마라톤을 선수가 아닌 취미로 하는 사람을 마스터스라고 부르는 것도 공부하다 보니 알았다.

그리고 마라톤 거리 42.195km, 즉 마라톤 풀코스를 3시간 이내에 완주하는 것을 서브쓰리Sub-3라고 하는데, 마스터스 사이에서는 대

---

2. 족저근막염(plantar fasciitis) : 종골(calcaneus)이라 불리는 발뒤꿈치 뼈에서 시작하여 발바닥 앞쪽으로 5개의 가지를 내어 발가락 기저 부위에 붙은 두껍고 강한 섬유띠를 족저근막이라고 하는데, 여기에 반복적인 미세 손상을 입어 근막을 구성하는 콜라겐에 변성이 유발되고 염증이 발생한 것을 족저근막염이라고 한다. 성인의 발뒤꿈치 통증의 대표적인 원인 질환이 된다.

단히 영예로운 기록이며 마라톤을 도전하는 많은 사람들이 이 서브쓰리라는 것을 목표로 훈련한다는 얘기를 들었다.

서브쓰리를 하려면 도대체 백 미터를 몇 초에 뛰어야 하는 거야? 계산해 보니 25초 이내로 달려야 했다. 아니, 몇 초에 뛰어야 하는 건 둘째 치고 백 미터를 열 번 뛰면 1km, 백 번 뛰면 10km니까 뭐야 이거. 백 미터를 25초로 4백 번 이상 쉬지 않고 연달아 뛰어야 하는 거잖아. 이게 가당키나 한단 말인가? 지난 번 풀코스를 걸어서라도 완주한 건 뭘 몰랐기에 무식해서 용감했던 것이었다.

그런데 이게 웬일인가. 뭔가 가슴 한 구석에서 스멀스멀 도전 의식이 올라오고 있었다. 나도 한 번 서브쓰리란 걸 해볼 수 있지 않을까?

매일 아침에 뛰는 거리가 10km, 어쩌다 한 번씩 가끔 길게 뛸 때는 15km까지 되었다. 평소 10km 거리를 갔다 오는 데 보통 한 시간 정도 걸렸으니 시속 10km, 백 미터를 36초로 달리는 셈이었다.

이걸 25초 이내로 달리면 된다? 평소 천천히만 달렸으니 속도를 내면 가능할 것도 같다. 그런데 계산상으로는 이렇지만 실제로도 그럴지 전혀 감을 잡을 수 없었다.

같이 달리는 사람이 있었으면 좋겠다는 생각이 처음으로 강하게 들었다. 같은 목표로, 아니 목표가 같지 않더라도 나처럼 마라톤이 좋아 달리는 사람들과 공통된 주제로 같이 얘기를 나누고 나란히 훈련을 하고 싶었다.

네이버를 검색해 보았다. 그 흔한 카페가 마라톤과 관련해서는 없다니! 내가 만들어야겠다. 제목을 정해야 했다. 뭐로 할까? 좀 그럴 듯한 이름이 필요하다.

뭔가 멋지게 이름을 지어야 하는데…… 최강 마라톤 클럽? 아니, 나도 마라톤을 잘 모르는데 최강이라니. 이건 아니다. 그럼 특급 달리기 클럽? 무슨 카바레 이름 같다. 2030 마라톤 클럽? 나이제한이 있어 보이면 안 돼지. 영등포 달리기 카페? 너무 지역색이 강하잖아. 네이버 러너스 클럽? 아, 너무 식상해.

나처럼 시간이 불규칙해서 오프라인으로 매일 시간을 정해서 만나 운동하기는 어렵고, 마라톤에 너무 목숨을 걸고 전문적이지는 않되, 온라인으로 서로 정보를 주고받으며 가까운 지역에 있는 사람들끼리는 가끔 만나 달리기도 하고, 꼭 훈련이 아니더라도 만나서 사는 이야기를 주고받으면서 평생 달리기와 함께 할 수 있는 사람들이 모이는 온라인 장소, 그런 의미를 담을 수 있는 이름 뭐 없을까? 아, 어렵다.

매일 달리지는 않아도 매일 마라톤을 생각하면서 마라톤을 사랑하는 사람들의 모임. 아 이거 괜찮네. 그런데 너무 길잖아. 좀 압축을 해보자. 마라톤을 매일매일 사랑하는 사람들의 모임. 음, 좋아. 하지만 아직 길어. 조금만 더. 음…… 마라톤일일사. 그래 마라톤 114. 마라톤에 대해 궁금한 건 다 114에 물어보라는 의미이기도 하고, 오케이.

그렇게 네이버에 마라톤114카페[3]가 탄생되었다. 처음에 덩그러니

---

3. 마라톤114카페 : 네이버 마라톤 온라인 동호회. 2004년 3월 30일에 개설되어 현재 6천 명이 넘는 마라톤 마스터들이 활동하고 있다. 마라톤 초보부터 초고수까지 자유롭게 의견을 교환할 수 있는 마라톤 독립군들의 온라인 장소이다. cafe.naver.com/marathon114

카페를 개설해 놓고 나니 글도 하나 없고 밋밋한 것이 이게 뭔가 싶었다. 그래, 내가 글을 올려야지. 지난 번 풀코스를 걸어서 완주한 이야기도 올려놓고, 독립군처럼 홀로 연습하고 있는 훈련일지도 계속 올려놓았다.

며칠 지나니 회원 한 명이 가입하고, 또 연달아 계속 가입해 가입 인사와 환영인사도 올라왔다. 실명이 아닌 닉네임을 사용하는 온라인 마라톤동호회다 보니, 별명도 다 제각각이었다.

일단 나는 보험회사에 근무하니 라이프라는 별명을 썼다. 어떤 이는 산에서 잘 달리는 대장이라며 등반대장, 또 즐겁게 달리자며 인조이런, 마라톤이란 발음을 애교스럽게 부른 마라송, 마라톤과는 전혀 어울리지 않는 별명인 사냥꾼, 똘이처럼 멋지게 뛴다하여 지은 똘이장군 등.

몇 주가 지나자 마라톤 붐을 타고 금방 회원 수가 늘었다. 순식간에 백여 명이 가입을 했다. 네이버에 마라톤카페가 처음이라는 프리미엄도 한몫했을 것이다. 올라오는 게시글이 많아지고 댓글로 대화가 활발해지자, 여기저기서 오프라인 정모를 하자는 건의글이 올라왔다.

그래서 서울 근교 가까운 지역에서 열리는 소규모 단축마라톤대회를 하나 정해서 만나기로 했다. 예상하기로 열 명 정도가 올 것 같았다.

9월 중순경 일요일, 분당 탄천에서 열리는 10km 마라톤대회에서 모임을 가졌다. 와우, 예상 외로 많은 인원이 모였다. 스무 명은 족히 넘었던 것 같다. 즐거웠다. 아니, 행복했다. 딱 그 표현이 어울릴 듯하다.

같이 몸을 풀고, 같이 출발선에 선 뒤, 같이 달렸다. 마지막 백 미터를 앞두고는 각자 스퍼트를 해보았다. 그리고 카페 마지막 주자까지 마중을 나가서 동반주를 해 주었다. 대회를 처음 나온 사람도 있었고, 대단한 마라톤 고수도 있었다.

마지막 한 사람까지 다 들어오는 것을 확인하고 옷을 갈아입은 뒤 가까운 호프집으로 향했다. 아니, 이런! 달리는 것보다 뒤풀이가 더 좋았다. 주제는 딱 하나, 공통된 주제인 달리기.

나이와 성별을 떠나서, 직업과 직함을 떠나서 우리는 마라톤이란 주제로 하나가 되었다. 아침에 대회를 마치고 점심때부터 시원한 호프 한 잔으로 시작한 뒤풀이는 저녁까지 이어졌다.

문득 이런 생각이 들었다. 달리기를 빠르게 잘 달리는 것, 마라톤 기록을 단축시키는 것, 그것만이 모임의 목적이 되어서는 안 되겠구나. 마라톤은 그들에게 인생이자 삶, 그 자체였다. 아니 나에게 삶의 원동력이었다.

마라톤 카페를 개설하고 그쪽에 신경을 쓰면서 업적은 살짝 하강하였다. 하지만 반대로 달리기는 좀 더 체계적으로 훈련을 시작하면서 기량이 대폭 상승하고 있었다.

9월에 첫 모임으로 달린 10km 단축마라톤은 지난 번 풀코스를 달린 이후 나에게 첫 정식대회였다. 고수들과 같이 달려서 그랬는지 기록은 45분을 기록했다. km당 4분 30초 페이스였다. 나도 놀라고 같이 달린 고수들도 독립군치고는 놀라운 실력이라고 진심을 담아 축하해 주었다.

그 이후로 달리기에 탄력이 붙었다. 달리기에 재미가 더해 갔다. 카페는 시간이 지날수록 더욱 열기를 더해 갔다. 마침 11월에 큰 대회가 있어 카페 정모대회로 정하고 다들 신청하기로 했다. 잠실운동장에서 열리는 중앙서울마라톤대회였다.

카페 고수들이 방장은 이번에 풀코스를 신청해서 서브쓰리에 도전하라고 바람을 넣었다. 혼자 연습해서 처음 뛴 10km 공식대회에서 45분이라는 건 재능이 있는 거라고 한껏 추켜세우는 통에 덜컥! 풀코스를 신청해 버렸다. 이제 남은 건 훈련, 오로지 훈련뿐이다.

9월 달 실적은 조금 떨어졌지만 마음만은 조급함이 덜 했다. 지난달에 밀린 계약이 이번 달에 마무리가 되면서 6건에 월납보험료 220만 원으로 마감하며 선방하였다.

다시 일어서는 용기 **10**월

일신우일신日新又日新, 나는 매일 발전한다
- 훈련일지

가을이다. 어느덧 서늘한 바람이 불어오는 10월이 되었다. 날씨가 선선해지면서 활동량도 늘어나고, 영업에 박차를 가하는 만큼 마라톤 기량도 일취월장을 하고 있었다. 카페에도 거의 매일 훈련일지를 올리고 서로 댓글을 달아주면서 격려를 하는 통에 내심 이대로라면? 하는 욕심까지 생겼다.

하지만 훈련에 속도를 내다보니 2주일에 한 번 꼴로 부상에 시달리기도 했다. 하지만 조금씩 속도가 빨라지는 것이 눈에 뻔히 보이니 점점 욕심을 부리게 되었다. 게다가 서브쓰리를 목표로 훈련을 하는 소위 풀코스 세 시간에 근접한 고수들이 맞장구를 쳐주는 통에 절로 어깨가 으쓱해졌다.

카페 회원 수도 기하급수적으로 늘어났다. 어느 새 5백여 명이 넘는 큰 카페로 성장했다. 지역별로 가까이 있는 회원들과 주말에 여의도 한강에 모여서 훈련을 같이 하기도 했다. 주로 도로에서 시간

272

주와 거리주 중심으로 하고, 가끔 목동운동장에서 인터벌이나 파트렉, 레이스 페이스 훈련을 입에 거품을 물고 하면서 내 몸은 점점 철인 28호처럼 변해갔다.

어느 순간 1만 미터를 40분 이내에 주파하게 되었다. 도로주든 트랙주든 상관이 없었다. 마치 언젠가 심어 놓았던 죽순이 비가 내린 이후 대나무로 훌쩍 커버리는 것처럼 어느 순간 내 마라톤 기량은 카페 내 대부분 회원들의 기록을 갈아엎으며 새로 쓰고 있었다.

카페의 고수들은 10km를 40분 이내, 21km 하프코스를 1시간 25분 이내로 달리면 서브쓰리가 가능하다고 했다. 이대로면 서브쓰리다. 불과 몇 개월 만에 에티오피아 난민 폐병 환자가 마라톤 선수가 되는 기적 같은 일이 일어나는 것이다.

나는 매일매일 기록을 점검하면서 한발자국씩 서브쓰리를 향해 전진해 나가고 있었다. 이제 새벽에 달리고 와서 비밀노트를 정리하는 습관에 더해서 마라톤 훈련일지를 쓰는 것도 또 하나의 의식이 되었다.

10월 3일 바람은 살짝, 날씨는 선선하다. 아침 5시부터 6시까지. 신도림역에서 도림천을 따라 안양천과 목동운동장 근처까지 왕복했다. 훈련 목적은 도로 시간주이다. 목표-10km 40분 이내, 신발-나이키 레이싱화, 복장-레이싱복, 실제 달린 거리와 시간-10km, 1시간, 소감-별로 안 좋다.

매일 뛰는 코스이지만 오늘은 지난 주말 트랙 10,000m 페이스주 연습을 하고 부상당한 오른 무릎이 어느 정도 회복했다 싶어 압박붕대를 칭칭 감고 뛰기 시작했다. 1km 3' 44", 2km 3' 41", 벌써 가슴이 벅차온다. 숨이 머리끝까지 올라온다.

2km 부근에서 잠시 멈춰 섰다. 무릎에 압박붕대를 너무 세게 감았나보다. 피가 통하지 않는 느낌에 잠시 멈춰 붕대를 느슨하게 한 후 다시 출발했다.

이런, 그 사이 1분여가 지났다. 다시 랩타임 끊고 달린다. 잠깐 멈췄다 달리니 못 달리겠다. 3km 3' 51", 4km 3' 55", 5km 3' 58", 숨이 차다. 다리도 후들거리고, 마음은 저 멀리 뛰어가는데 잘 안 된다.

결국 멈춰 섰다. 아, 이런! 무릎에 통증이 강하게 온다. 압박붕대를 더 느슨하게 맨다. 내일은 못 달리겠네.

돌아서 다시 출발. 6km까지는 걷자. 고개를 푹 숙이고 걷는다. 무릎이 완전 맛이 갔나 봐. 그래도 다시 뛰어보자. 휴식 10분, 6km 6' 44", 7km 4' 08", 8km 4' 02", 9km 4' 12", 10km 3' 47".

마지막 1km를 남겨두고 질주해 보았지만 역부족이다. 무릎이 아파서 막판 백여 미터 놔두고 걸었다. 아, 참담한 마음이다. 초반 5km를 20분 이내 페이스로 달린 걸로 만족하고 돌아가자. 이래서 서브쓰리에 도전할 수 있을지가 의문이다.

10월 10일 비 조금, 바람이 조금 심하다. 아침 9시부터 10시까지. 여의도 한강 10km 단축마라톤대회 출전. 훈련 목적은 스피드 연습 주이다. 목표-10km 40분 이내, 신발-뉴발란스 레이싱화, 복장-레이싱복, 몸 상태는 안 좋다.

부슬부슬 비가 내리는 것이 달리는 데는 최상의 조건이다. 이제부터는 풀코스를 동일한 스피드로 완주할 수 있도록 페이스 조절[1] 훈련이 들어가야 한다. 조금씩 비가 잦아들기 시작하면서 워밍업을 하는 주자들이 보인다. 카페회원들도 몇 명 참가했다. 마라톤114란 이름이 붙은 레이싱복을 다들 입고 있어서 한눈에 알아볼 수가 있다.

멀리 블루가이님이 몸을 풀다가 나를 보고 활짝 웃으며 손을 흔든다. 카페 멤버 중 서브쓰리에 가장 근접한 최고수다. 옆에는 검게 그을린 몸매에 노란색 상하의 레이싱복을 입은 사람이 있었는데 한눈에 봐도 초고수라고 느껴졌다. 어쨌든 오늘 블루가이님을 따라붙을 수만 있다면 대성공이다.

주로에서 가볍게 워밍업을 하며 안면이 있는 회원들과 파이팅을 외쳐 본다. 기량이 급상승한 나에게 카페회원들은 카페 창립 후 첫 서브쓰리 달성 가능성이 있다며 기대가 그야말로 장난이 아니다.

하지만 몸 상태는 그리 베스트가 아니다. 지난 주말 도로주를 한 이후 오른쪽 무릎이 도저히 달릴 수가 없는 상태였기 때문에 수요일에 아침 조깅을 겨우 소화하고, 목요일부터는 달리지를 못했다.

실은 오늘 대회는 패스하려 했다. 참가비가 문제가 아니었다. 하지만 오늘 아침 일어나서 움직여보니 괜찮다는 판단이 들어서 출전을 결심했다. 대회 출발 1시간 전부터 서서히 달려 보면서 워밍업

---

1. 풀코스에서는 무엇보다도 페이스 조절이 관건이다. 그리고 페이스 조절에서 가장 중요한 것은 글리코겐의 소모와 젖산의 축적이다. 달리기 초반에는 대부분의 에너지를 근육 글리코겐으로부터 생산하게 되는데, 그러한 에너지를 절약하기 위해서는 출발 후 5km까지 편안한 마음으로 달려서 글리코겐이 과다하게 소모되는 것을 방지해야 한다. 글리코겐이 고갈되면 체력의 한계가 나타나고, 그러면 걷게 되어 어쩌면 아예 완주 자체를 못하게 되기도 하기 때문이다. 오버페이스는 레이스를 망치는 지름길로, 초반의 페이스 운영은 말 그대로 여유롭고 주위를 둘러볼 수 있을 정도로 편하게 해야 한다. 또 중반에 컨디션이 좋다고 절대로 페이스를 올리지 말아야 한다. 마라톤은 30km부터가 시작이라고 하듯이 그때까지 절대 서두르면 안 된다. 지금까지보다 남은 12.195km가 더욱 괴로울 수 있다.

을 해본다.

여전히 오른쪽은 조금씩 시큰거린다. 달리기 시작하면 잊어버리 겠지. 출발 시간이 임박해 오면서 긴장이 되는지 두근거리는 심장 소리에 집중이 되기 시작한다.

총소리가 나고 앞무리가 쏟아져 나간다. 벌써 블루가이님은 20미 터 앞에 선두에서 달리고 있다. 초반에 벌어지는 거리를 만회하느 라 숨이 벅차다. 1km 정도 지나 가까스로 바로 옆에 붙었다. 내 뒤 에도 주자가 잠시 따라 붙었지만, 초반에 페이스가 빠르게 전개되 면서 뒤에 숨소리는 금방 멀어져 갔다.

한동안 블루가이님과 선두에서 나란히 달리는데 3km쯤 지났을 까? 같은 페이스로 달리고 있음에도 불구하고 다리가 무겁게 느껴 진다. 블루가이님이 페이스를 올리기보다 내가 견디질 못하고 조금 의 거리를 둔다.

처음 1미터의 차이가 달리면서 조금씩 벌어지더니 이제 저 멀리 앞에 간다. 조금이라도 따라잡으려고 안간힘을 써보지만 역시나 힘 에 겹다.

반환점을 돌고 7km, 이제 30미터가량 벌어지니 체력적인 핑계 를 찾으며 정신력이 스스로와 타협을 한다. 그냥 이대로 2등에 만 족하자.

그런데 이제 1km 남짓 남았을까? 마지막 스퍼트를 해야 하는 시 점, 뒤에 탁탁탁 소리가 들리는가 싶더니 누군가 빠르게 추월을 한 다. 아차차. 출발 전에 블루가이님 옆에서 몸을 풀던 노란색 싱글렛 을 입은 선수다.

무척 빠른 속도로 나를 앞질러 달려간다. 추월을 허용하지 않으려 스퍼트를 해보지만 결승점을 얼마 남기지 않고 선두도 2위도 스퍼트를 하긴 마찬가지다.

결국 일정한 간격을 유지한 채로 골인을 한다. 1위는 36' 40", 2위는 36' 54", 나는 36' 56". 아쉽지만 부상을 이끌고 3위를 한 것에 만족했다. 이대로 몸 관리만 잘하면 서브쓰리가 보일 것 같다. 페이스는 3' 47"/km.

10월 17일 날씨 구름 많음, 적극적인 휴식. 휴식도 훈련이다. 중앙서울마라톤대회 D-day 21일. 대회 당일 최고의 컨디션을 만들어야 한다. 마라톤과 영업 이 두 가지 토끼를 잡기 위해서는 좀 더 치밀한 계획과 처절한 실행이 뒷받침되어야 한다. 집중력을 잃지 말자.

오늘부터 보름 후면 테이퍼링Tapering에 들어간다. 훈련의 경감을 시작하면서 근력을 향상시키고 산소 섭취 능력의 증가를 극대화하는 트레이닝 프로그램이다. 이와 동시에 고단백질 섭취 후 고탄수화물을 섭취함으로써 체내에 글리코겐을 가득 채우는 글리코겐 로딩도 같이 시작한다. 두 번째 마라톤 풀코스 도전, 나 자신과의 처절한 한판 승부가 될 것이다. 이제 삼 주 후면 출격이다.

진혼지노력불배야盡魂之努力不背也,
혼을 다한 노력은 배반하지 않는다

9월 달에는 영업보단 마라톤 훈련에 좀 더 치중했음에도 신도림역 주변 자영업 사장님들이 몰려 계약을 하는 바람에 6건에 월납 초회보험료 220만 원이라는 나름 만족할만한 업적을 거두었다. 최근 가망고객 및 계약자의 분포도를 분석해 보니 직장인과 자영업자가 반반이다.

간혹 개척이나 소개로 만난 법인대표들이 있지만, 아직까지 계약이 나오지는 않고 있다. 그래도 꾸준히 인연을 맺으면서 기회를 보고 있다. 진인사대천명이라고 했다. 언젠가 내게도 기회가 오리라. 10월에도 발에 땀나도록 돌아다니고 있다. 핸드폰 요금이 매달 수십만 원씩 나오고 있어서 아예 통화무제한으로 변경했다.

각 마켓별 특성에 따라 만나는 시간도 다양했다. 법인대표는 보통 아침 시간에 오라고 했다. 아마도 일찍 업무를 시작하는 특성이 있어 그럴 것이다. 어떨 때는 호텔 휘트니스센터에서 기다렸다가 호텔 조식을 같이 먹기도 했다. 나도 언젠가 돈을 많이 벌면 이런 데에 다녀야지.

보통 직장인들은 소개를 요청해서 시장을 확장해 가고 초회상담은 낮에 사무실에서, 계약종결 단계에서는 가정방문을 유도했다. 자영업자의 경우는 대중없었다. 워낙 바쁘기도 하고, 또 어떨 때는 한없이 한량이기도 했다. 하지만 빈번한 접촉을 통한 인격적 신뢰와 사업적으로 확실히 도움이 되어야 하는 직업적 신뢰가 동시에 이뤄져야 마음의 문을 열었다.

동문 활동과 동호회 활동은 덤이었다. 저녁에 술을 마시는 자리는 삼갔지만 어쩔 수 없이 가야 하는 경우는 인사만 하고 나왔다. 퇴근길에 동네 자영업자 사장님들에게 인사하고 다음 날 새벽에는 마라톤 훈련을 해야 하기 때문에 철저하게 몸 관리를 해야만 했다.

요즘 아내는 싱글벙글이다. 지난 7월에 급여를 찾아서 침대에 만원권 천여 장을 뿌린 이후 8~9월 계속 아내 통장에 그 두 배 가까운 급여를 송금하고 있었기 때문이다.

빚 갚는 것 외에는 일하느라 그리 돈 나갈 일이 없으니 아내 통장에 그 돈이 차곡차곡 쌓이고 있었다. 나 역시 가화만사성이라고 집안이 안정이 되니까 일도 운동도 상승곡선을 그리고 있었다.

10월 들어서는 상위 에이전트들의 움직임이 바빠졌다. 이제 올해 마감이 3개월 안으로 다가왔다. 회사에서는 올해 예년보다 업적이 빠르게 올라오고 있어 축제 분위기다. 업계 전반적 분위기도 그렇고, 비과세를 없애려는 나라의 움직임 때문인지 고액계약이 제법 많이 들어오는 탓이기도 했다. 이대로 가면 회사에 MDRT, COT,

TOT 달성자 수가 지난해보다 훨씬 늘어날 거라고도 했다.

더위가 가시고 선선한 바람이 불면서 소개 건수가 많아지기 시작했다. 여름에 그렇게 발바닥에 땀나도록 활동한 결과가 이제야 오는 듯하다.

통계를 내보니 건수는 직장인 그룹에서, 보험료가 큰 건 아무래도 자영업 형님들에게서 이뤄졌다. 6월 이후 나만의 경쟁력을 갖기 위해 노력한 건 자영업자와 법인대표들을 위한 절세플랜 전문가로의 포지셔닝이었다. 절반의 성공이었다.

하지만 그쪽 시장으로 가면 갈수록 'Back to the basic! 기본에 충실하라'는 선배들의 말이 떠올랐다. 아무리 세금으로 보험 이야기를 풀어가도 결국은 '미래에 예견되는 재정적인 리스크를 대비한 마음의 평화와 재정적인 안정을 추구'하는 보험의 정신으로 마무리가 되어야 했다.

보험 정신을 잃어서는 종국에 장사꾼으로 변질될 수도 있겠다는 생각이 들었다.

가만히 침묵을 지켰다. 제안서에 눈을 못 떼고 있는 가망고객은 아직 40대 초반임에도 약간 노안이 있는 듯 안경을 올렸다 내렸다 하면서 살짝 눈을 찌푸리고 보는 것이 그다지 반가운 신호가 올 것 같지는 않다. 가망고객은 열흘 전에 용수를 만나 소개받은 옥경만 부장으로, 예전에 자신한테 신세를 진 적이 있다고 했다.

구로디지털단지는 벤처기업들이 모여 있는 곳이다. 계약도 계약이지만 잠재적인 마켓을 개발해야 한다는 생각에 긴장이 되었다. 지금 상담은 지난 주 첫 미팅에 이어서 오늘 계약종결 단계다.

옥경만 부장은 연금을 가입해야 했다. 모든 소득이 단기상품에 치중되어 있고 미래를 위한 준비는 전무한 상태였기 때문에, 현 자산현황과 소득대비 지출상황 그리고 인생주기에 따른 향후 계획을 분석한 결과 앞으로의 저축 포트폴리오를 조정해야 했다.

옥경만 부장은 초회상담할 때부터 스스로 연금에 대한 필요성을 공감했다. 국민연금과 퇴직연금, 현재 갖고 있는 개인연금과 추후 주택연금까지 다 계산해 본 결과 추가적으로 약 50만 원 정도의 개인연금을 가입하면 본인이 원하는 은퇴준비를 할 수 있었다.

그런데 마지막 체결단계에서 뭔가를 계속 고민하는 듯 했다. 시간은 오후 4시가 지나가고 있었다. 다음 약속이 대방동에서 5시에 있었다. 정적을 깨야만 했다.

"옥경만 부장님, 이 목표를 달성하는 과정에서 어떤 어려움들이 예상되시나요?"

옥경만 부장은 잠시 주춤하더니 대답을 뱉었다.

"아, 어려움이라기보다는 이 금액을 좀 더 높이면 어떨까 생각해봤습니다."

순간 '아, 거절이 나오면 어쩌나' 하다가 속으로 안도의 한숨을 쉬었다.

"부장님, 그건 왜 그렇게 생각을 하시나요?"

"사실 회사에서 분기별 보너스가 나오는데 그것을 처음 상담 때 얘기를 못했네요."

옥경만 부장은 지금 힘들게 사시는 부모님을 보니 자기는 나중에 좀 더 노후를 멋지게 살고 싶더란 말도 덧붙였다.

지금의 소득 10만 원과 은퇴 이후 10만 원은 그야말로 천지차이라는 것을 부모님을 보면서 뼈저리게 깨달았다는 것이다.

"어느 날 부모님에게 생활비를 드리는데요. 문득 너무 부담스럽다는 생각이 드는 거에요. 언제까지 드려야 하나 부모님 모두 돌아가시기 전에는 이 짐을 못 내려놓는 거 아니에요. 이건 부모님에게 미안한 마음이 드는 것도 드는 거지만, 나중에 내가 은퇴해서 자녀에게 손 벌리는 상황이 생길까 생각하니 아찔한 거에요. 그런 상황을 만들지 않기 위해서는 지금 내 노후를 착실히 준비해야겠다는 생각이 들었어요."

"100만 원씩 연금을 받으면 좋겠지만, 우선 이 금액으로 하고 추후에 또 다른 연금통장을 하나 만드는 플랜을 같이 수립했으면 합니다. 어떠세요?"

나는 이번에는 이 금액으로 체결을 하고, 나중에 보너스는 추가납입으로 하시라고 하고 종결을 지었다. 옥경만 부장은 내 말에 왠지 안심이 되었다는 듯 고개를 끄덕였다.

10월 중순이다. 이 계약으로 이번 달 7건에 210만 원을 하고 있다. 직장인 시장에서 순조로운 출발이다. 옥경만 부장한테는 같은 회사 직원 세 명을 소개받고 나왔다. 전철역으로 서둘러 걸어가면서 핸드폰의 비행모드를 풀었다.

핸드폰은 항상 켜 놓고 있지만 계약종결 단계에서는 집중을 하기 위해 진동모드 또는 비행모드로 해놓곤 했다. 혹시나 했는데 역시

나 문자가 엄청 왔다. 축하한다는 내용의 문자들이다. 이게 뭐야? 내 생일은 벌써 한참 지났다. 무슨 내용인가 싶어 매니저 문자를 확인해 봤다.

'축하합니다! 강산 씨! MDRT 달성했네요!'

아! 그랬구나. 지점에 내가 MDRT를 달성했다는 이야기가 알려지면서 동료들이 축하메시지를 보내왔던 것이다. 3월부터 9월까지의 실적으로 달성했으니, 작년만 해도 꿈도 못 꿀 일이다. 손 선생을 만난 지 7개월 만의 쾌거다.

상위 에이전트들이 MDRT 배지를 양복 상의에 차고 다니는 것을 보며 겉으로는 별거 아닌 척했지만, 속으로는 얼마나 부러워했던가?

당장 명함부터 바꿔야겠다고 생각하다가 '아! 그건 내년에 인증 받고 나서 가능한건가?'하는 생각이 들었다. 좀 더 박차를 가해야겠다고 결심을 했다. 여기서 멈출 수는 없다. 끝까지 가보리라.

계약종결Closing은 고객이 결정할 수 있도록
도와주는 과정이다

계약종결이란 가망고객으로 하여금 생명보험에 가입하도록 결단을 재촉하는 모든 행위를 말한다. 종결과정에서 꼭 가져야 할 것은 자신감이다. 앞에 앉은 가망고객이 이미 나의 고객인 것처럼 행동해라. 이 모든 제안은 고객의 인생을 위해서 반드시 필요하다는 확신이 에이전트 스스로 새빨갛게 물들어 있어야 고객에게 선 분홍빛으로라도 전염시킬 수 있다.

따라서 계약종결 시 체결까지 이르는 과정을 즐겨야 한다. 계약종결 시에 나오는 다양한 거절에 대해 고객의 반응을 차분하게 바라보며 연습한 대로 거절 처리를 해야 한다.

적장의 목을 베는 심정으로 끈질기고 집요하게 계약 체결을 종용해야 한다. 왜냐하면 거절을 쉽게 당하는 것도 습관이기 때문이다. 포기하는 것도 습관이고, 체결하는 것도 습관이다. 당신은 어떤 습관을 갖고 있는가?

보험업계에는 이런 속담이 있다.

'청약을 안 하는 습관이 있는 에이전트를 훈련시키느니 새로운 에이전트를 스카우트해라'

그래서 프로 에이전시 채널에서는 한 주에 세 건씩 청약을 하는 에이전트가 우대를 받고, 월 초에 조기 가동하는 것과 건수 영업을 지향하는 이유가 여기에 있다.

그런데 실제로 고객과 상담을 진행하다보면 계약종결과 솔루션 제안단계는 거의 동일하다는 것을 느낄 것이다. 따라서 계약종결은 솔루션 제안과 함께 해야 한다. 아니 어찌 보면 계약종결은 솔루션을 제안하기 전부터 시작된다고도 할 수 있다. 그리고 거기에는 질문이 중요하다.

초회상담에서 질문을 하고 안하고는 고객의 니즈환기에 결정적 차이를 가져온다고 말했다. 이는 솔루션 제안의 계약종결 단계에서도 마찬가지이다. 솔루션을 치밀하게 준비했다고 하더라도 고객을 앞에 두고 프레젠테이션을 시작해서 무작정 내 이야기만 하고난 뒤 계약종결로 들어간다? 이건 아니다. 단체 프레젠테이션을 하는 자리가 아니기 때문이다. 따라서 솔루션을 제안하기 전부터 계약종결을 위한 질문이 들어가야 한다.

계약체결을 영어로 closing이라고 한다. 그런데 closing보다 앞에 있는 것이 무엇일까? 그렇다. 바로 opening이다. closing을 잘 하려면 opening을 잘해야 한다. 무슨 말이냐면 계약체결이란 의문점을 다 없애는 과정으로 클로징과 거절처리는 제안을 시작하기 전에 해야 한다는 것이다.

솔루션 제안 이후에 거절이 나오게 하지 말고, 그 전에 선 거절처리를 통해 유도를 하는 것이 효과적이다. 질문은 계약 체결의 시작이자 핵심이다. 즉, 사전 동의 질문을 던져서 고객과의 상호 소통을 시작해야 한다. 연습한 대로 고객의 눈을 보면서, 자연스럽게 미소를 지으며 물어봐야 한다.

"최사또 과장님, 제가 약 20분 정도 과장님을 위한 솔루션을 설명드릴 텐데요. 오늘 어떠한 방향으로든 결정하시면 됩니다. 그러실 수 있으시죠?"

"과장님, 상담 이후 만일 필요하다면 소비습관을 조정하실 수 있으시겠습니까?"

"과장님, 제가 드리는 제안에 대해 만족하신다면 바로 실행에 옮기실 수 있으시죠?"

"과장님, 솔루션을 보시고 결정을 내리시기 전에 제가 추가로 알아야 할 사항이 있나요?"

"과장님, 저와의 상담에 만족하신다면 향후 재무 의사결정을 할 때 저와 함께 하실 수 있으시죠?"

프레젠테이션 중간에도 지속적으로 질문이 이어져야 한다. 고객의 현 문제점에 대한 대안을 설명할 때도 내 말만 하는 것이 아니라 질문을 던져야 한다.

"이 목표가 달성된다면 고객님에게 구체적으로 어떤 도움이 될까요?"

"이 목표를 달성하게 되면 삶이 어떻게 바뀔 것으로 기대하시나요?"

"이 목표를 달성하기 위해서 희생되어야 할 것이 있다고 하면 어떤 것들이 있을까요?"

"이 목표를 달성하는 과정에서 어떤 어려움들이 예상되나요?"

"이 어려움들을 극복할 방안들은 준비되어 있나요?"

"이 목표 달성에 도전하는 것이 지금 시점에서 고객님에게 정말 중요하다고 확신하십니까?"

솔루션 제안이 끝났는데 고객이 계약을 체결할 의사가 있는지 없는지 아직 확실치 않을 때는 어떻게 할까? 일단 고객의 반응을 살핀다. 아무 말이 없으면 요약 부분을 간단히 재설명하고 설명이 충분했는지 물어본다.

"이제까지 고객님의 재정안정보장 솔루션을 설명 드렸는데요. 더 궁금한 사항이 있으세요?"

고객의 눈을 응시하면서 질문한 후 침묵한다. 별다른 반응이 없으면 다시 두 가지 이상의 질문을 해본다. 제안 내용은 어떠했는지, 금액은 만족스러운지, 어떤 점이 좋은지 물어 본다.

"제안 내용은 마음에 드시나요? 구체적으로 어떤 부분이 만족스러우세요?"

"보험료는 괜찮으십니까?"

"어떤 점이 마음에 드시나요?"

"구체적으로 만족한 부분을 말씀해 주시면 감사하겠습니다."

만일 고객이 NO를 한다면? 당황하지 말고 'Why?'를 외쳐라. 왜 그렇게 생각하는지를 물어보고 충분히 경청한 다음 거절처리를 하면 된다. 만약 고객이 모두 Yes를 한다면? 덥석 물지 말고 그래도 'Why?'를 외쳐라. 사전 동의 질문을 치열하게 훈련해서 몸에 체득화하자. 어쩌면 솔루션 제안 전에 벌써 계약이 체결되기도 할 것이다.

거절이 나오면 연습한 대로 거절 처리를 하고 자연스럽게 체결로 이끌어 나간다. 즉, 자동이체일은 언제로 할지 또는 계약 전 알릴 의무사항에 대해서 특이사항은 없는지 등을 물어 보면서 청약서를 작성해 나간다.

고객이 따라 오면 타이밍을 봐서 서명 작성을 요구한다. 그때 고급스런 펜을 자신 있게 내밀며 서명 요령을 설명한다. 서명을 받은 후 더욱 당당하게 보험료 수령 방법에 대해 설명하고 보장이 시작되었음을 축하한 다음 소개 요청 단계로 넘어 간다.

계약종결 과정에서 DISC 성격유형[1] 중 사교형이나 주도형 고객의 경우는 묵시적 동의법이나 예시 유도법을 활용한다. 묵시적 동의법은 고객이 청약에 동의한 것으로 가정하고 상담을 진행하는 것이다. 청약서를 앞에 놓고 고민하는 고객에게 질문한다.

"최근 병원에 다녀온 적 있으세요?"

"검진날짜는 언제가 좋으십니까?"

고객이 거부하지 않으면 청약과정을 진행하고, 거부하면 예시 유도법을 활용한다. 예시 유도법은 제3자의 영향력을 활용하거나 실제로 도왔던 사례를 설명하는 것이다. 안정형 고객에게도 유용하게 쓰인다.

"지난주에 청약하신 분이 계신데요, 그 전 주에 병원을 다녀오시는 바람에 보험가입이 될 지 걱정을 많이 하셨는데 어제 통과되었다고 연락이 왔더라고요. 고객님도 가입이 될 지 안 될지는 청약을 하고 나서 알 수가 있습니다. 최근 아프신 데는 없으시죠?"

신중형 고객에게는 양자택일법을 쓴다. 두 가지 선택을 제시하여 자연스럽게 한 가지를 선택하도록 하는 종결기법이다.

"우편물 수령은 자택으로 할까요? 직장으로 할까요?"

"수익자는 배우자로 할까요? 자제분으로 할까요?"

행동 유도법은 가망고객이 니즈가 환기되어 있고, 보험료 납입 능력도 충분히 있다고 판단될 때 쓰면 유효하다.

---

1. DISC 성격유형 : 한국에서 보편적으로 사용되고 있는 성격/행동 유형검사 중 하나로, 이 검사는 1928년 심리학자인 윌리엄 마스톤(William Marston)이 발표한 성격의 4유형 이론을 발전시켜서 1950년대부터 종업원의 성격유형 파악을 통해 효율적인 조직관리를 할 수 있는 도구로 사용되기 시작하였다. DISC에서 나타나는 네 가지 성격유형은 주도형(Dominance), 사교형(Influence), 안정형(Steadiness), 신중형(Conscientiousness/Compliance)이 있다. D와 C는 업무중심, I, S는 관계중심, I, D는 외향적, S, C는 내향적으로 구분한다.

"서명하실 것이 총 OO번입니다. 동그라미 친 곳에 서명해 주세요."

"다음 달부터는 보험료가 인상됩니다. 지금 제가 과장님 앞에 있을 때 결정하시지요."

"이번 달에 가입하시면 고객 감사이벤트에 당첨되십니다. 하실 거라면 지금 하시지요."

작은 결정 유도법은 우선 작은 결정을 내리게 한 후 자연스럽게 큰 결정을 내릴 수 있도록 유도하는 기법이다. 계약 전 알릴 의무사항에 체크하도록 한다든지, 주소를 다시 한 번 확인한다든지, 우편물 수령처를 확인하는 등의 방법이 있다.

"검진은 한번 받아보시지요?"

"우편물은 직장으로 하는 것이 좋으시겠죠?"

"금융정보지를 우편으로 드리는 서비스가 있는데 두 달에 한 번 정도면 괜찮으시죠?"

사람은 본능적으로 지출에 대해 거부감이 있으며, 중요한 결정에 대해 미루고 싶어 하고 언제나 쉬운 결정부터 하려는 경향이 있다. 이것은 인간의 기본 습성이다. 따라서 가망고객이 결정을 연기하려 하거나 거절하는 것은 지극히 당연한 반응이라고 봐야 한다.

그렇기 때문에 에이전트는 가망고객이 확신을 갖고 현명한 결정을 내릴 수 있도록 도와준다 생각하고 끝까지 집중해서 체결을 이끌어 내어야 한다.

계약종결 과정에서 고객에게 이끌어 내야 하는 반응은 거절이다. 거절 없이 계약종결을 마무리 짓는다는 것은 무언가 석연치 않은 계약이라고 생각해라. 마치 해우소가서 볼 일을 보고 밑을 안 닦은 것과도 같다. 선 거절처리가 선행되었어도 말이다.

고객이 거절 없이 서명을 한다면 이 계약을 하는 진짜 이유가 무언지를 반드시 물어봐라. 무엇에 만족했는지 고객의 속마음을 아는 순간 추가계약뿐만 아니라 키맨을 만들 수 있다.

그렇다면 고객이 거절하는 것은 무엇을 의미할까? 사람은 본능적으로 결정에 대해 회피하려는 심리가 있다. 즉, 잘못된 결정을 내리지는 않을까란 잠재적인 두려움으로 이에 대해 좀 더 생각할 시간을 갖고자 하는 것이다.

다시 말하면 고객의 거절은 다시 한 번 나에게 확신과 해답을 달라는 의미로 생각해야 한다. 미리 연습한 대로 자신 있게 거절을 처리해 나가는 것, 그것이 고객으로 하여금 현명한 결정을 내릴 수 있도록 도와주는 세일즈맨의 덕목이다.

솔루션 제안이 끝난 후 예상과 다르게 고객이 거절을 하면 어떻게 해야 할까? 물론 솔루션 제안 전 사전 동의 질문단계에서 걸러 내겠지만, 그럼에도 불구하고 거절이 나온다면 당황하지 말아야 한다. 드디어 계약체결이 가까워졌다는 신호로 생각하고 진심으로 감사해 하며 연습한 순서대로 거절을 처리한다.

거절 처리를 할 때는 굳은 표정은 금물이다. 미소를 머금고 우선적으로 경청하고, 고객의 말이 끝나면 반드시 감사하다는 말과 함께 질문의 의중을 찾기 위해 재질문을 해야 한다.

확인이 끝나면 고객의 생각을 인정하고 에이전트의 의견을 말해야 한다. 한마디로 Yes-And 화법을 사용해서 고객과의 논쟁은 절대 피해야 한다. 이건 훈련이 되어 있어야 한다.

"네, 맞습니다. 그렇게도 생각할 수 있겠네요. 저는 미처 거기까지는 생각하지 못했습니다. 그 부분에 대해 제 생각을 말씀드리면 이와 같습니다."

부메랑 화법도 마찬가지이다. 고객이 단점이라 생각할 수 있는 부분을 오히려 장점으로 돌려 설득한다. 고객의 거절이 나왔을 때 그 이유 때문에 이 솔루션이 필요한 것이라고 강조하면 거절이 오히려 설득의 단초가 된다. 당연히 데이터 및 수치화 되어 있는 자료가 준비되어 있으면 금상첨화다.

"네, 맞습니다. 바로 그 점 때문에 과장님께 이 솔루션이 필요한 이유가 됩니다. 그 부분에 대해 말씀드리도록 하겠습니다."

거절 처리 화법은 업계에 무궁무진하게 자료가 많다. 결국 반복 연습만이 해결해 준다. 에이전트가 회사와 상품 그리고 제안내용에 대해 확신을 가져야 하는 것은 당연하다. 하지만 에이전트 본인뿐만 아니라 고객에게도 확신을 심어주기 위해서는 프로답게 연습을 하고 준비를 해야 한다.

▶미션 : 거절 처리 화법 암기하기

인생은 공수래공수거空手來空手去라고
누가 말했던가

　MDRT 달성의 기쁨을 잠시 누리며 동료들의 축하 메시지를 마저 확인하는데 모르는 번호로 부재중 전화가 세 통이나 와 있었다. 옥경만 부장과 상담 중에 전화가 온 것 같았다. 무슨 일인가 싶어 전화를 했다. 전화벨이 울리자마자 받았는데 용수 와이프였다.

　"안녕하세요? 강산 씨 핸드폰 맞나요? 저 수영이 엄마에요."

　목소리가 살짝 흐느끼는 듯이 들렸다. 지난 번 용수한테 보험증권을 전달할 때 식사를 같이 했었는데, 나에게 전화를 할 이유가 뭐가 있을까 싶었다. 뭔가 좋은 일은 아니라는 느낌이 심장을 관통했다.

　"아, 네 안녕하세요. 어쩐 일이세요?"

　서울대학병원인데 다짜고짜 급히 와달라는 것이었다. 용수가 진찰 중인데 무슨 일이 생기면 가장 먼저 나에게 전화를 하라고 했다는 것이다. 무슨 일인지 물어 보았다.

　아침에 용수가 머리가 아프다며 회사 출근도 못하고 혼자서 잘 건지 못할 정도라서 같이 병원에 왔는데, 의사가 MRI 촬영을 하자고 해서 지금 용수가 신경외과 진찰실에 들어갔다고 했다. 그런데 문제가 심각한 것 같아 전화를 했다는 것이다.

대방동 5시 약속을 취소하고 바로 달려갔다. 병원 진료실 복도에는 제수씨가 딸 수영이를 안고 앉아 있었다. 역시 느낌이 안 좋았다. 제수씨는 한참을 울었는지 눈이 퉁퉁 부어 있었다. 마침 용수가 진찰을 모두 마치고 대기실로 나오고 있었다.

"용수야, 무슨 일이야?"

"무슨 일은 뭘, 별 일 아니야. 이 사람이 괜히 바쁜 사람한테 전화를 해서 오게 해?"

용수는 괜스레 와이프한테 바쁜 친구를 오라 가라 했다며 타박을 했다. 하지만 눈치가 틀림없이 무슨 큰 일이 있어 보였다.

"뭐야? 말해 봐. 의사가 뭐래?"

"왼쪽 뇌에 문제가 있는 것 같아. MRI를 찍었는데 왼쪽 뇌에 무수히 많은 점들이 보이더라고. 너 내가 입술 실룩거리는 거 뭐라고 했었지? 그게 그 이유인가 봐. 아직 확실하진 않지만 뭐라더라? 무슨 무슨 세포종이라고 하던데, 악성이 의심된대. 내일 다시 오라고 그러네. 보험 되겠지?"

처음 들어보는 질병명에 당황스러웠지만 그보다 친구의 상태가 걱정되었다. 한마디로 머릿속에 종양[1]이 있다고 하는 것 같은데 악성이라면 심각한 것 아닌가? 머리를 한 대 얻어맞은 느낌이 들었다.

---

1. 종양(腫瘍) : 조절할 수 없이 계속 진행되는 세포 분열에 의한 조직의 새로운 증식이나 증대를 말한다. 주위 장기로의 전이가 없는 양성 종양과 전이가 있는 악성 종양으로 구분된다.

하지만 용수는 의외로 침착했다.

"빠짐없이 설계를 했으니까 그런 건 걱정하지 마. 우선 네 건강이나 좀 신경 써. 수영이 엄마, 너무 걱정하지 마세요. 이 놈이 원래 별명이 불사신이에요. 학교 때 깡패 열 명한테 맞아도 끄떡없었던 놈이었다니까."

무슨 정신인지도 모르고 말이 나오는 대로 내뱉었다. 수영이 엄마한테 뭔가 조금이라도 희망을 주고 싶었다. 아니, 오히려 나에게 하는 말인지도 몰랐다. 용수는 강한 녀석이야. 죽기는 누가 죽어. 반드시 뭔가 할 수 있는 일이 있을 거야.

다음 날 모든 일정을 취소하고 용수와 다시 병원을 찾았다. 신경외과 전문의는 보다 확실하게 하기 위해 조영제를 사용해서 다시 한 번 MRI를 찍자고 했다. 수영이 엄마는 나를 크게 의지했다. 용수가 정밀진단을 받는 동안 제수씨와는 많은 이야기를 나눌 수 있었다.

용수하고는 학교 연합동아리에서 만나 교제를 시작했다고 했다. 어쩌면 연인보다는 친한 선후배처럼 그렇게 별다른 감정 없이 만나고 있었는데, 엄마가 돌아가시고 정신을 잃다시피 한 용수를 대신해서 제수씨가 손발을 걷어붙이고 나서서 장례식을 치렀다고 했다.

그런데 용수가 아무한테도 알리지 말아달라고 신신당부를 하는 바람에 친척들도 친구들도 아무도 오지 않아 놀랐다고 했다. 외로움에 몸부림치는 용수를 보다 못해서 프러포즈를 먼저 했단다. 지금 생각해 보니 그게 전략 같다고 말하며 제수씨가 수줍게 말했다.

"아니, 그런 놈이 뭐가 좋아서 프러포즈를 먼저 하셨어요?"

"저도 어렸을 적에 부모님이 일찍 돌아가셔서 혼자 자랐거든요.

용수 씨하고는 그런 면이 비슷해서 서로 위로하며 힘이 되었어요. 그런데, 그 사람이 지금……"

제수씨는 그제야 애써 참았던 눈물을 터뜨렸다. 깨문 입술을 비집고 흐느낌이 새어 나왔다. 그때 간호사가 들어오라는 신호를 보냈다.

"여기가 오른쪽 뇌고, 여기가 왼쪽 뇌입니다. 오른쪽 뇌는 깨끗한데 왼쪽 뇌에는 뿌옇게 덮여 있는 점들이 보이시죠? 다형성아교모세포종²이라고 합니다. 크기도 그렇지만 악성인 것이 문제입니다. 하지만 수술을 해서 가장 큰 종양의 크기를 줄이면 뇌에 가해지는 압력을 줄일 수 있어 고통을 줄여 줄 수 있습니다."

의사는 MRI 필름을 전광판 위에 올려놓은 뒤 마스크를 내리고 나지막하게 상황을 설명했다. 최대한 감정을 섞지 않고 얘기하려는 듯 했다. 그런데 고통을 줄일 수 있다니. 순간 내 귀를 의심했다. 수술을 해도 살 수 없단 말인가? 나도 제수씨도 그 자리에서 얼어붙었다.

"수술하면 가능성이 있나요?"

실낱같은 희망이 담긴 질문이었다. 난 이대로 친구를 보낼 수는 없다는 생각이 들었다. 반드시 뭔가 방법이 있을 텐데.

"너무 늦은 감이 있습니다. 아교모세포종 이 놈이 악성뇌종양 중에 가장 치명적인 종양이거든요. 너무 진전됐어요. 시기를 놓쳤습니

---

2. 다형성아교모세포종(Glioblastoma Multiforme) : 중추신경의 별아세포에서 기원하는 악성종양으로, 어른 뇌종양 중 가장 많이 발생한다. 주로 대뇌반구에 발생하여 괴사와 출혈을 동반하며 급속하게 성장하는 아교모세포종(Glioblastoma)의 원발종양이다.

다. 이 뇌라는 장기가 민감한 부위이라 수술을 한다고 해도 부작용이 심하고 수술 후에는 방사선치료나 항암치료를 해야 하는데……."

"의학적 치료 가능성은 약 7%에서 10% 정도 됩니다. 방사선 치료를 하면 생명을 두 달가량 연장할 수는 있을 겁니다."

의사는 나와 제수씨를 번갈아 보면서 최대한 안쓰러운 표정을 지으며 더 이상 할 말이 없다는 식으로 몸을 틀었다. 절망이었다. 내 친한 친구가 뇌종양[3]이라니. 기껏해야 남은 인생이 두 달이라니.

불현듯 이 녀석 사망 보장이 없다는 사실이 뇌리에 떠올랐다. 내가 그때 좀 더 밀어붙였어야 하는데 나도 모르게 탄식이 나왔다. 아, 이 또한 나는 평생을 자책하며 살게 되리라.

"무슨 일 있어요?"

용수와 헤어지고 집에 와서 한참을 멍하니 있다 보니 아내가 걱정스러운 눈으로 말을 걸어왔다. 보통 밤늦게 와서 정신없이 자기 바쁜 것만 보다가 오늘 아직 해도 가라앉지 않았는데 집에 들어온 것이 새삼 신기한가 보다.

"내 친한 친구 용수 알죠? 그 녀석 뇌종양[3]이래요. 이제 길어봤자 두 달이래."

인생의 허무함이 쓰나미처럼 가슴으로 밀려 들어왔다. 이렇게 아등바등 사는 것이 무슨 소용이 있나 싶었다. 챔피언이 무슨 가치가 있단 말인가? 마라톤 서브쓰리가 뭐 대단하다고 나는 이제껏 새벽

---

3. 뇌종양(腦腫瘍, brain tumor) : 두개골 안에서 만들어지는 고체 신생물로, 뇌나 척주관 안의 종양을 두루 가리키며 뇌질과 뇌막에 발생하는 종양의 총칭이다.

마다 달리고 또 달렸을까? 인생 공수래공수거 빈손으로 왔다가 빈손으로 가는 거 뭐 대단한 게 있다고 인간지사 이렇게 살까? 모든 것이 의미 없어 보였다.

용수와 헤어지고 집으로 오면서 회사 보험금 지급 담당부서에 전화를 걸어 보험금 지급 여부를 확인했다. 생소한 병명이었지만 암의 일종이므로 암 진단보험금이 지급된다는 말을 들었다.

다형성아교모세포종은 별아교세포종 중에서도 가장 악성인 4등급에 해당된다고 했다. 처음에는 두통과 발작, 구토 등을 일으키다가 종양이 점점 커질수록 인지력과 기억력이 떨어지고 눈도 안 보이게 되면서 운동신경도 나빠져 죽을 때쯤에는 움직이지도 못하게 되는 몹쓸 병.

하지만 죽을 때 통증을 느끼지는 못할 것이라는 것이 위안이라면 위안으로 다가왔다. 고통 없이 죽는다는 것. 어쩌면 그 또한 복일 수도 있을까?

언젠가 용수를 만났을 때 연속되는 야근 때문에 두통약을 입에 달고 산다고 하는 말이 기억난다. 그때라도 내가 좀 더 관심을 갖고 병원에 가보라고 했으면, 아니 종신보험을 가입하게 해서 검진을 받게 했다면 용수는 살 수 있었을 텐데. 자책감이 온몸을 휘감아 왔다.

다음 날 출근을 하지 않았다. 어차피 당분간의 일정을 다 취소한 상태였다. 나사 빠진 기계처럼 침대에 누워있는데 휴대폰이 울렸다. 지점인가 싶어 안 받으려다가 발신인을 확인했더니 용수다.

"어, 그래, 용수야. 말해."

"뭐 하고 있냐?"

"뭐하긴 그냥 집에 있다. 몸은 좀 어떠냐?"

"안 좋아. 어제 집에 가면서부터 눈이 잘 안 보이네. 온 세상이 뿌옇게 보여. 병원에 물어 보니 종양 하나가 시각세포들을 눌러서 그럴 수 있대. 다시 병원 예약 잡아 놨어. 지금 갈 참이야. 다른 게 아니라 네가 내 담당 보험설계사잖아. 내 사후를 논의하려고 전화했어. 내가 아직 정신이 멀쩡할 때 말해야지. 시간되면 내일 잠깐 보자."

"그래, 내일 아침에 갈게."

전화를 끊으면서도 도저히 믿어지지가 않았다. 이렇게 멀쩡한 놈이 두 달 후면 죽는다고? 아니 뭐 이 따위가 다 있어? 실감이 나지 않았다. 내 손으로 친구를 파묻는 것 같은 느낌이 들었다.

"강산아, 전에 내가 썼던 유언장 있지? 그거 잘 간직하고 있지?"

"그래, 내가 복사본 갖고 있어."

"그렇구나, 다행이다. 내가 그때 쓴 걸 잃어버려서 말이야. 그거 꼭 간직하고 있다가 내가 죽으면 수영이 엄마한테 전달해 줘."

"야, 뭘 벌써부터 그래."

"강산아, 그러지마. 나를 편하게 놓아줘. 나 이제부터 삶을 하나씩 정리할거야. 그래서 너 보자고 했어. 병원비는 네가 내주는 거라 생각하니 내가 큰 빚을 졌어."

"무슨 소리야? 빚을 지다니?"

"강산이 네가 나한테 보험 들라고 하지 않았으면 내가 어떻게 병원비를 낼 수 있었겠니? 다 네 덕분이다."

뇌종양 진단서를 떼서 보험사에 제출하자 바로 당일 보험금이 지급되어 선지급 보험금 8천만 원이 용수 통장으로 입금되었다. 용수는 그게 내가 준거라고 퍽이나 고마워했다.

"뭐야. 그건 네가 결정한 거잖아. 우리끼리니까 얘기지만 나 솔직히 그때 너한테 종신보험 가입을 강하게 하라고 하지 못한 것이 나를 너무 힘들게 한다. 너한테가 아니라 수영이한테 미안하다."

"절대 미안해하지 마. 강산아. 내가 죽게 되면 내가 살아서 만나지 않으리라 다짐했던 사람이 수영이와 수영 엄마를 살아가게 해 줄 거야."

"무슨 뚱딴지같은 소리야 인마."

나는 뇌종양이 이 녀석의 정신을 약간 오락가락하게 만드는가 싶었다. '무슨 생뚱맞은 소리를 하는 거야. 살아서 만나지 않으리라 다짐한 사람이 대체 누군데 그러는 거야. 끝까지 이 놈이 정말 죽는 그 날까지도 신비주의로 일관하는구나'란 생각에 쓴 미소가 입가에 그려졌다.

"강산아, 병원에서 화학요법을 하라고 하는데 난 안 하려고 해. 그냥 멀쩡한 정신에서 죽고 싶어. 그리고 나 너한테 소원 하나 있다. 들어줄 거냐?"

"뭔데 그래. 할 수 있는 것만 할 거야. 말해."

"솔직히 나 너 보험 영업하는 거 엄청 싫었다. 그런데 내가 이 일을 겪고 보니, 네가 하는 일이 정말 대단한 일이라는 걸 알았어. 너 지금 챔피언 레이스하고 있다고 그랬지?"

아니 이 놈이 별걸 다 기억하고 있다고 생각했다. 죽음을 앞둔 사람은 신을 마주 보고 얘기를 하기 때문에 거짓말을 못한다고 하던데, 마치 용수는 신앙고백을 하듯이 나에게 나직이 말을 보냈다. 마치 시낭송을 하는 것처럼 느껴졌다.

"그게 뭐가 중요하냐? 이 마당에."

"어, 강산아. 나한테는 중요해. 네가 꼭 챔피언을 하기 위해 최선을 다하는 모습을 보고 싶어. 보다 더 많은 사람에게 보장을 전달해 줘. 그럴 수 있지?"

용수의 눈은 그 순간 나에게 많은 것을 말해주고 있었다. 도저히 못하겠다는 말을 할 수가 없었다. 어느새 용수의 손은 내 손을 부여잡고 있었다.

나와의 약속,
친구와의 약속

 내 손을 부여잡은 용수의 손바닥, 그 따스한 느낌을 잊을 수가 없다. 살아생전 마지막 부탁이라며 애절하게 나를 바라보던 용수의 눈망울을 지울 수가 없다. 용수는 진정으로 내가 챔피언 되길 소망했다. 사실 용수의 뇌종양 진단 이후로 며칠 회사를 안 나가면서 스스로와 타협을 하고 있던 중이었다.

 올해 초 한강에서 챔피언을 부르짖으며 여기까지 왔지만 챔피언을 하기에는 실력이 너무도 역부족임을 시인해야만 했다. 더 이상 도전을 한다는 건 어쩌면 객기일 수도 있다는 생각이 들었다. 게다가 지난 몇 개월 동안 앞만 보고 달려오면서 너무나 지친 것도 사실이다. 용수의 아픈 모습을 보며 이 모든 것이 무슨 소용인가 싶기도 했다.

 사실 이 정도만 해도 예전의 나를 알던 사람들은 기적이라 노래를 부를 정도였다. 하지만 죽음을 앞둔 친구의 애절한 부탁은 다시금 내 마음 속에 챔피언의 열망을 일깨우기에 충분했다. 죽음을 준비하는 친구를 위해서 무언가를 할 수 있다면……. 그날 밤 실로 오랜만에 기도를 했다.

'하느님, 제가 하는 보장을 전달하는 일이 어떤 의미가 있는가요? 제 소명이 무엇인가요? 저에게 정말 무엇을 바라시나요? 제가 챔피언을 도전하는 것이 제 소명에 맞는 일인가요?'

하늘의 답을 듣지는 못했다. 하지만 내 안에 심장이 두근거리는 것을 느꼈다. 그래, 끝까지 해보는 거다. 나는 그날 이후 다시 내 생활로 완벽하게 돌아갔다.

내가 매일 하는 것 중 새벽달리기와 밤에 퇴근하고 동네 자영업 형님들 가게 들르기가 있다. 벌써 그러기도 6개월이 지났다. 어느 샌가 동네 자영업 사장님들 사이에서 내 얘기가 퍼졌다. 깔끔하게 정장을 차려입고 매일 밤 11시에서 12시 사이에 꼭 들렀다 가니 궁금하지 않을 수도 없을 것이다.

가게 몇 군데에서는 문 닫을 때 밀대로 바닥청소를 도와주기도 하고, 진열대 걸레질도 같이 해주었다. 언젠가 김밥집에서는 아예 나보고 마감 정산까지 도와달라고 했다. 꾸깃꾸깃한 돈뭉치 한 무더기를 내놓더니 같이 좀 세어달라는 것이다. 내 생전에 그렇게 돈을 많이 세본 건 처음이었다.

어쩔 때는 슈퍼마켓 종업원 급여계산까지 해줄 정도로 친해지게 되었다. 때로 급할 때는 가게 캐셔를 하기도 했다. 반 년 정도가 지나니 그 동네 자영업 가게의 매출과 순익을 다 파악할 정도가 되었다. 그 정도가 되자 자영업 사장님들 사이에서 나에 대한 궁금증은 폭발하기 일보 직전이었다.

"동생은 대체 무슨 일 하는 거야?"

형님들 누님들은 대체 내가 무슨 일을 하는 사람인지 궁금해 했다. 어떤 형님은 내가 증권사 이사일 거라고 하기도 하고, 어떤 사장님은 일수업체 직원일거라고 했다. 어떤 사람은 IT 회사에 다닐 것같다고 했다. 몇 번씩 진지하게 질문을 받았지만 알려주지는 않았다. 다만 "형님들, 누님들 아시면 다치세요."라고만 답변했다.

동네 자영업자들은 밤 11시에서 12시 사이에 마감을 짓고 정산한후 삼삼오오 모여서 술 한 잔씩 하며 회포를 푼다. 어느 날 사장들이 이 자리에 나를 초대했다. 그리고는 한창 분위기가 무르익자 대표로 한 형님이 대뜸 물어보았다.

"이제 무슨 일 하는지 이야기 안 하면 우리 인연 끊자."

사뭇 비장한 분위기가 되었다. 모든 형님들이 귀가 쫑긋해서 내대답을 기다렸다.

"형님들 알면 정말 다치십니다. 괜찮으시겠습니까?"

"지금 이 자리에서 당장 말해라. 우리 인연 길게 가자."

형님의 말에 농담이라곤 없었다. 나는 바로 이야기 안 하고 뜸을들였다. 그리고는 대답대신 자리에서 조용히 일어나 주머니에서 명함집을 꺼내서 한 장 한 장 명함을 돌렸다. 말없이 명함을 뚫어지게쳐다보는 자리에는 고요한 정적이 흘렀다. 마치 그 시간이 십여 분은 족히 된 것처럼 느껴졌다. 그리고 나는 조용하게 말했다.

"형님들, 제가 지금은 말고 나중에 한 분씩 따로 찾아뵙겠습니다."

그렇게 동네 자영업 형님들 지인화는 시작되었다. 언제 편한 시간인지, 얼마나 벌고 얼마나 쓰시는지, 저축은 얼마나 하는지, 애들이 몇이고 공부는 어느 정도 하는지, 심지어 집에 밥숟가락이 몇 개인지를 아는 상황에서 자영업 형님들은 한 분씩 한 분씩 내 고객이 되어갔다.

어떤 분은 절세플랜으로, 어떤 분은 자녀학자금 마련 콘셉트로, 어떤 형님은 배우자 은퇴자금 마련 콘셉트로 각자 꼭 맞는 플랜으로 서비스를 해 드렸다. 건당 보험료는 평균 백만 원 정도가 되었다.

그 와중에 한 형님과 고객을 넘어 인간적으로 친해지게 되었다. 상남자 성격과는 달리 이름이 채희수라는 여자 이름이어서 한 번 듣고 외웠다. 빵집을 하고 있었는데 성실하고 조용한 카리스마에 신용도 높아서 그 동네 가게사장들은 모르는 사람이 없었다. 그러다 보니 동네 개척에 엄청난 힘이 되었다.

굳이 그 형님이 소개를 해주지 않아도 어느 가게든 들어가서 그 형님을 안다고 하면 함부로 대하질 못했다. 일단 말할 수 있는 기회만 주어지면 요리는 시간 문제였다. 나는 그 달에 마라톤 훈련도, 영업 실적도 내 생애 최고를 달성해 내었다. 업적은 그야말로 폭발하였다. 이번에는 다른 사람의 업적이 보이지 않았다. 마감 날까지 앞만 보고 달렸다.

"10월 본부 챔피언 강산! 10월 총 건수 13건, 초회보험료 813만 원!"

시상식 진행자가 내 이름을 우렁차게 호명하는 순간, 주위 동료들의 우레와 같은 박수갈채를 받으며 자리에서 일어나 단상으로 힘차게 뛰어 올라 갔다. 본부 시상식. 꿈같은 일이었다. 올해 2월까지만 해도 1년이 넘게 무적을 자랑하던 내가 본부에서 10월 업적으로 챔피언을 한 것이다.

기적 같은 일이 벌어졌다는 말로는 표현이 되지 않는 이 상황을 어떻게 묘사해야 할까? 10월에 김성한 선배, 유영찬 후배도 따라붙었지만 중반에 이미 멀찌감치 따돌리며 막판에 차이는 약 2백만 원 정도가 났다.

게다가 이 달 따라 팀원들도 힘을 내서 팀도 본부 챔피언을 달성했다. 또 지점에 세 명이 좋은 업적을 낸 덕택에 지점도 본부 챔피언을 거머쥐었다. 겹겹경사다. 지점장과 팀장의 입이 찢어졌다. 지점원 모두가 시상대에 올라서 파이팅을 외치고 서로 자축의 하이파이브를 했다.

팀장은 전국 순위표를 들고 흥분해서 나한테 와서는 마흔 아홉 번째 줄을 가리켰다. 10월 마감 실적 결과 현재 전국 49위다.

"이런 기세로 마지막까지 가면 COT 달성하겠어요!"

팀장은 도대체가 믿겨지지 않는 듯이 입에 침을 튀기며 파이팅을 연신 외쳐댔다. 김성한 선배가 전체 7위를 계속 유지하고 있었고, 상대적으로 유영찬 후배는 18위로 떨어져 있었다.

차마 '내 목표는 전국 챔피언입니다'라고 이야기할 수는 없었다. 대놓고 말하지는 않았지만 내심 욕심이 났다. 그래 마지막까지 집중하자. 길고 짧은 건 대보아야 안다. 혼을 다한 노력은 배반하지 않는다고 했다.

'용수야, 내가 끝까지 챔피언에 도전하는 모습을 꼭 보여줄게. 조금만 더 이 세상에 있어라'

가망고객 발굴Prospecting의
모든 기법을 마스터하라

지인발굴, 소개 요청, 키맨 확보에 이어 **네 번째 고객발굴 방법은 모임을 통한 지인시장 확대이다.** 각종 취미 동호회, 학부모 모임, 사회활동, 종교생활 등의 모임을 통해서 각 구성원의 지인화를 해나가는 방법이다.

가입한 후 주의할 점은 처음에는 가망고객 발굴의 목적을 전혀 생각하지 말아야 한다는 것이다. 진정 그 모임을 즐겨라. 충분히 그 모임에서 영향력을 행사할 수 있기 전까지는 아예 언급 자체를 하지 않는 것이 중요하다. 물론 무슨 일을 하는지는 금방 알려지겠지만 말이다.

가입 시에는 세 가지를 주의한다. 먼저 모임의 경제적·사회적 수준을 고려해야 한다. 보험을 충분히 가입할 수 있을 정도의 경제력이 있어야 한다.

또한 오토바이크나 암벽타기, 스쿠버다이빙 등의 위험한 운동을 하는 모임은 계약 심사 시 거절될 가능성이 매우 높기 때문에 지양하는 것이 좋다.

또 가입을 해서 일정기간 즐기고 나서는 그 모임의 총무나 회장 등 임원이 되어 봉사를 하며 이미지를 구축해 놓아야 한다.

이제는 이야기를 꺼낼 때가 되었다.

두 가지 방법을 취한다. 첫 번째는 대놓고 물어 본다.

"형님, 제가 궁금한 게 있어요. 형님 저를 어떻게 생각하세요?"

"갑자기 왜?"

"제가 잘 되면 좋겠지요?"

"그렇지, 그런데 왜 물어보는데?"

"그런데 형님은 제가 어떤 일을 하는지 알면서 잘 하고 있는지 궁금하지도 않으세요?"

이렇게 물어보면서 자연스럽게 보험 이야기를 꺼내었다.

두 번째는 돌려서 물어 보는 방법이다. 병 형님한테 보험 이야기를 하고 싶은데, 혹시라도 거부감이 있을까봐 걱정이 된다면 이렇게 물어보는 거다.

"병 형님, 제가 저기 정 형님한테 제가 하고 있는 일에 대해 도움을 드리고 싶어서 말씀을 꺼낼까 하는데 어떻게 생각하세요? 동호회 안에서 일 얘기하면 좀 실례일까요?"

이렇게 물어 보면 대부분 "무슨 소리야. 도움이 되는 정보라면 이야기 해줘야지. 가서 말해."라고 답한다.

그러면 "아, 그러시면 정 형님한테 얘기하기 전에 병 형님한테 먼저 말씀드릴게요. 어떤지 다 듣고 조언 좀 해주세요."하면서 자연스럽게 상담을 진행한다.

만일 병 형님이 "글쎄, 아직은 좀 무리이지 않을까?"란 식의 반응을 보이면 병 형님한테는 보험 이야기를 꺼내지 말아야 한다. 마찬가지로 정 형님한테 가서 병 형님에 대해 물어보고 똑같이 진행하면 된다. 여기서 중요한 건 처음에는 가망고객 발굴의 목적을 생각하지 말고 즐겨야 한다는 것이다.

다섯 번째는 세미나 마케팅이다. 소규모 단위의 특강이 적당하다. 누구나 관심 갖고 있는 '금융'이나 '재테크' 또는 연계할 수 있는 관련 주제로 강의하는 것이다.

특정 상품에 대한 언급은 최대한 피하면서 서비스 정신을 갖고 진행하되 강의 직후 바로 문의를 받아서 다음 일대일 상담 일정까지 잡는 것이 핵심이다. 일명 세미나 셀링은 가망고객들에게 전문가로서의 이미지 및 신뢰도를 높여 판매 프로세스를 원활하게 하는 장점이 있다.

연말에 전방위적으로 가망고객 발굴을 할 때였다. 이것저것 가릴 것이 없었다. 지푸라기라도 잡아야 한다는 심정으로 친한 사장한테 당부를 해서 회사직원들 대상으로 세미나를 개최했다. 계약은 예상만큼 나오지는 않았지만, 깨달은 바가 많기에 절반의 성공을 거뒀다는 자체 평가를 했다.

느낀 바로는 첫째, 강사가 직접 상담을 주도해야 한다는 것이었다. 강의 이후 설문지를 받아서 나중에 연락하고 만나려고 하면 99% 실패였다. 그 자리에서 선착순 상담을 하고 차후 일정을 잡아서 최소 두 번째에는 계약까지 연결해야 했다. 한 번의 세미나 만남으로는 지인화가 어렵기 때문이다.

둘째, 강사는 스피치 능력이 있어야 하며, 특히 계약으로 이어질 수 있도록 철저한 강의 마무리를 할 수 있어야 했다.

여섯 번째는 직군별로 상호간 업무적으로 도움이 되는 네트워크를 구성하는 것이다. 내가 그 중심에 있을 때 나를 통해서 모든 사업이 전개되므로 가망고객 발굴에 도움이 된다. 어느 정도 영업역량이 될 때 더욱 효력을 발휘한다.

지인 목록을 검토하다보니 낯익은 이름이 있었다. 바로 결혼할 때 신혼여행사 사장님이었다. 무작정 전화를 하고 찾아갔다. 사장님은 의외로 잘 대해

주었다. 게다가 열심히 일하는 내 모습을 보고 젊었을 적 본인을 보는 것 같다며 필요한 게 뭐냐고 물어 보았다. 결혼식 관련 업체들 사장님 모임이 있으면 나도 초대를 해달라고 부탁을 했다.

한 달 정도 지났을까. 연락이 왔다. 열 명 정도 모임을 갖는데 올 수 있냐고. 서비스를 소개할 수 있는 시간을 약속받고 장소 협찬 및 식사 후원을 했다.

모임 말미에 간단히 사장님들에게 브리핑을 했다. 자영업자 사장님들은 소득세 절감에 관심이 많았다. 소득세 절감 플랜에 대해 설명을 드리니 그 자리에서 상담이 이뤄졌다.

그리고 결혼하는 고객에게 각 업체를 연결시켜 주면서 사업적으로 도움을 주니 사장들과의 친분도 두터워지고 추가 계약과 소개로도 연결이 되었다.

일곱 번째, 우편 및 SNS Social Network Service **개척이다.** 과 동문회나 협회, 지역 직종별 자영업 리스트 등을 입수해서 미리 우편물을 보내고 전화해서 만나는 방법이다. 스마트폰과 SNS가 발달하면서 혼합되어 활용된다. 사실상 모든 세일즈 프로세스 단계에서 사전 작업으로 효용이 높다.

처음에 보험 세일즈를 시작하면서 지인들에게 편지 보내는 것부터 소개받은 사람에게 전화하기 전에 사전연락으로 우편물을 보내거나 카톡 또는 문자를 통한 영상편지를 보낼 수도 있다.

받은 사람이 전화번호를 저장한 순간 서로 SNS를 통해서 친숙도가 높아지게 된다. 이는 기존 계약고객을 관리하거나 초회상담 후 거절한 가망고객을 관리하는 데도 효율적이다. 꾸준한 우편물 발송과 SNS 관리는 가망고객이나 고객에게 신뢰와 믿음을 주고, 추가 계약이나 소개 추천을 유도하는 촉진제가 될 수 있다.

여덟 번째, 돌입방문이다. 보통 학교나 동네시장, 유통 상가 등 말 그대로 지역이나 직종을 거점 삼아서 정기적으로 방문하는 방법이다. 흔히 개척이라고 이야기하는 이 방법은 해본 사람도 있겠지만 시간이 많이 걸린다. 바로 나오는 경우는 그야말로 까마귀 날자 배 떨어지고, 소 뒷걸음치다가 쥐 잡는 경우이다.

그럼에도 불구하고 하는 이유는 새로운 시장을 발굴할 때 거점별 나의 활동반경을 넓힐 수 있기 때문이다. 그야말로 예고 없이 방문하여 매우 짧은 시간에 강렬한 인상을 남겨야 하므로 사전에 충분한 준비와 훈련이 되어 있어야 한다.

강한 인사말과 3분간의 상담 스크립트, 그리고 본인의 소개장, 가망고객에게 확실히 각인될 선물, 예를 들어 본인 사진이 들어간 박카스, 코팅한 지폐 등을 준비한다.

개척은 정말 거절의 연속이다. 최소 1년 동안 한 사람한테 열 번은 거절을 당할 각오를 하고 시작해라. 그러한 꾸준한 모습을 보여줄 때 그리고 본인의 니즈가 동할 때 관심을 갖고 귀를 기울여 준다. 마음의 상처를 감내하며 오랜 기간 버틸 수 있는 세일즈맨이 결과물을 낼 수 있다.

아홉 번째, 온라인 활동이다. 블로그나 페이스북, 카카오스토리 등 스마트폰 및 SNS 등의 급속한 발전에 따라 젊은 층에서 폭발적으로 활용하고 있다. 특히 초회상담 전 접촉 단계에서 서로의 어색함을 덜어주고 상호간 신뢰를 쌓는 방법으로 아주 효과적이다.

또한 이후 고객 관리에서도 유용하게 쓰이고 있다. 우편 개척과 같이 혼합해서 활용하면 유용하다. SNS는 다들 할 것이다. 페이스북이나 카카오스토리, 카카오톡이 그것이다. 온라인을 활용해서 고객 관리 및 가망고객을 확보하는 것이 요즘 대세다. 활용을 잘하는 사람도 많을 것이다.

소개를 받으면 전화를 하고 나서 문자를 보내면서 일정을 잡는다. 그런데 친밀도가 높지 않으면 약속이 연기되거나 잠수타거나 하는 경우가 많이 있다. 그래서 이런 걸 방지하기 위해 미리 주소를 알아내서 손 편지를 보내 일정을 확인하는 작업을 하곤 했다. 이제는 SNS로 해보자.

우선 소개자로부터 전화번호를 받아서 저장한다. 그러면 상대편이 저장을 하지 않아도 카톡 친구로 뜬다. 카톡 상태 글을 보면 그 사람의 현재 심정이나 관심사를 알 수도 있고, 또 카카오스토리로 연결이 된다.

만일 글을 전체 보기로 해놓았다면 카카오스토리에 올린 글을 다 볼 수도 있다. 보통 공개 글에는 주로 자기 자랑이 많이 있는데, 그 글에 칭찬 댓글을 단다. 잘 모르는 사람이 댓글을 달았다고 삭제를 할까? 아니다. 댓글에 대한 감사 답글을 단다. 그러면서 그 가망고객도 내 카카오스토리에 들어온다.

그런데 여기서 중요한 한 가지. 카카오스토리에 좋은 글을 올린다고 보험 상품이나 회사 소개라든지 뭐 그런 것을 올리지는 말아야 한다. 카카오스토리가 영업 용도로 보이는 것은 절대 금물이다. 없어 보이고 너무 티 난다. 댓글이 안 달린다. 왜냐하면 그러한 글에 댓글을 단 순간, 보험 영업사원의 먹잇감이 되리라는 감이 있기 때문이다. 즉, 괜한 댓글을 달아서 엮이고 싶지 않기 때문에 그러한 글은 외면되기 십상이다.

또 종교적이나 정치적 색채를 보이는 것도 금물이다. 내가 영업하는 사람이 아니라면 상관없겠지만, 영업인은 다수를 상대해야 한다. 발 없는 말이 천 리를 간다. 어떤 특정한 집단을 옹호하거나 어떤 계층을 지지하는 듯한 말과 느낌은 그 외의 집단을 멀어지게 한다. 오히려 SNS를 안 하니만 못하다.

따라서 그냥 자신만의 색채를 띤 잔잔한 일상의 재미와 감동, 때로는 유익한 정보를 올리는 것이 훨씬 효과적이다. 그것이 인간적이고 매력 있어 보인다.

좀 더 공격적이고 체계적으로 하려면 월요일은 회사에서 시상 받은 사진, 화요일에는 고객과 식사한 사진, 수요일에는 계약한 사진, 목요일에는 재무 관련 세션이나 금융 교육받는 사진, 금요일에는 세미나 하는 사진, 토요일에는 가족과 함께 한 사진, 일요일에는 감동적인 사진과 좋은 글 등을 계속 올리는 것이 좋다.

그리고 여기서 핵심. 매니저나 동료가 도와주어야 한다. 어떤 도움이냐면 카카오스토리나 페이스북에 글이 올라오면 서로 축하나 칭찬 댓글을 달아 주어야 한다. 그러면 가망고객이 들어와서 어떻게 생각할까? 이 사람 매력 있다, 이 생각 들면 게임 끝. 친밀도는 확 올라간다.

다음 단계이다. 이 상태에서 서로 댓글 달고, 소개해준 사람도 댓글 달고, 내 카카오스토리에서 서로 댓글로 대화까지 나누는 사이가 됐다. 그런 상황에서 잡힌 약속은 깨지려고 해도 깨질 수 없게 된다. 계약은 둘째치고서라도 가망고객 발굴은 성공적으로 이뤄졌다고 봐도 된다. 물론 이후에 계약 진행 여부는 본인의 내공이 있어야 한다.

그리고 나중에 소개를 부탁할 때도 카카오스토리에 댓글 많이 다는 친한 사람들의 이름을 거론하면서 구체적으로 요청하면 된다. 개척할 때도 마찬가지다. 핸드폰 번호만 입수하면 그 다음부터는 카카오스토리 친구, 페이스북 친구를 신청한다. 그리고 앞서 얘기한 대로 동일하게 진행하면 된다.

열 번째, 일명 고아고객 방문이다. 관리가 소홀해진 계약자를 찾아가는 방법이다. 아무래도 처음에 가입했을 때는 여러 가지 서비스를 잘 받다가 어떤 이유로 에이전트가 그만 두게 되면 관심을 못 받게 되면서 회사에 불만이 커지게 된다.

이런 고객들은 꾸준한 관리가 뒤따르게 될 때 추가계약을 하거나 키맨이 될 확률이 높아진다. 또한 새로운 시장발굴을 할 수 있는 계기가 되기도 한다.

가망고객을 발굴하는 데 대단한 기술이 필요하다고 보는가? 그렇지는 않다. 가망고객을 발굴하는 것은 몸에 배어 있어야 한다. 한 마디로 습관이라는 소리다. 매주 목표인원을 정해서 달성하는 습관을 만들어라. 나의 경우는 하루에 한 명의 가망고객 발굴이 목표였다. 그리고 교제의 폭을 넓힐 수 있도록 본인의 역량을 갈고 닦아야 한다. 즉, 공부하란 소리다. 대화가 통하지 않고는 매력적일 수 없다.

또한 본인의 업무에 대한 역량이 출중해야 한다. 보험에 관련한 정보는 물론이거니와 금융, 세무, 관련 법 등 수시로 변화하는 최신 정보에 대해 민감해야 한다. 각 직군별로 그러한 정보가 미칠만한 영향을 연구하고, 보험 관련해서 설명할 수 있는 화법을 개발해야 한다. 특히 질문을 통해 고객의 니즈를 환기할 수 있도록 연습하는 건 기본이다.

자, 지금까지 가망고객 발굴 기법에 대해 정리를 해 보았다. 이러한 방법 중 내가 직접 부딪치고 깨지면서 본인에게 맞는 방법을 선택하면 된다. 어느 방법이 맞는지는 철저히 준비하고 처절하게 부딪쳐 보아야 알 수 있다.

그런데 내가 가망고객을 발굴하면서 느낀 것은 결국 이렇게 해서 가망고객을 발굴해도 그 고객에게서 소개를 못 받으면 지속적이기 어렵다는 것이다.

소개를 받아 만난 사람에게 보험 이야기를 꺼내기가 가장 쉽다. 그래서 나는 소개시장에 주력했다. 하지만 모든 것이 마찬가지. 소개 요청도 치열하게 사전연습 롤 플레이Role play를 해서 완전히 숙달이 되어있어야 한다. 내가 아는 모든 지인 이름을 목록화하고 2개월 내에 모두 만나자.

▶미션 : 가망고객 발굴전략 수립하기

다시 일어서는 용기 **11**월

말하기 어려운 지인에게
보험 이야기를 하다

11월 첫째 주는 동장군이 나 왔다고 알리는 것처럼 벌써부터 강추위가 이어졌다. 용수는 멀쩡한 정신을 유지하기 위해 화학요법을 거부하고 방사선치료만 받으며 그렇게 삶의 종착역을 기다리고 있었다.

지난 달 본부 챔피언 소식을 전해 듣고 아내보다 기뻐한 사람은 용수였다. 마치 자기가 달성한 것 마냥 전화기에다가 안 나오는 소리를 꺅꺅 질러대는 통에 올해 마감이 아직 두 달 밖에 남지 않은 상태에서 쉽지는 않지만 내 진심을 담아 최선을 다하겠다고 굳게 약속을 했다. 용수는 나에게 또 하나의 부탁이 있다고 했다.

"강산아, 내가 남은 삶 동안 해야 할 일의 목록을 적어 보았어."

"그래, 너답다."

"들어 봐봐. 첫 번째, 내가 아는 모든 사람들과 작별의 인사를 할 거야. 그동안 너무 혼자 살아온 것 같아. 수영이 엄마한테 부탁해서

316

문자를 넣고 있어. 두 번째, 남은 시간만이라도 매 순간순간을 즐기고 싶어. 시간을 다시 돌릴 수가 없는데 이제까지 너무 미래만을 보며 살지 않았나 싶어. 세 번째, 장례식 계획을 세울 거야. 난 죽은 내 주검 앞에서 사람들이 울기만 하는 건 싫어. 사람들이 밝게 웃었으면 좋겠어. 그리고 강산이 네가 챔피언스 노래를 불러줘. 사는 그 순간 각자 삶에 최선을 다하는 우리가 챔피언 아니겠어. 누라 뭐래도 난 챔피언 할래. 내 삶에서.”

용수는 자신의 남은 날을 그야말로 1초도 허투루 쓰지 않겠다는 결의에 가득 차 있어 보였다. 그런데 나보고 본인 장례식에서 챔피언스 노래를 부르라니……. 일단 알겠다고 했다.

올해 마감까지는 이제 2개월이 남았다. 마지막까지 눈치작전이 치열할 것이다. 어쩌면 지금부터 하는 계약건은 아껴두었다가 마지막 12월 월말에 집어넣는 에이전트들도 있을 것이다.

하지만 우리에게 내일이란 없다. 사인을 내일로 미룬 고객의 주검이 오늘 미망인 앞에 놓일 수도 있는 일이다. 절박한 심정으로, 하지만 철저하게 계산되고 훈련된 상담력으로 고객이 계약할 수 있도록 도움을 줄 수 있어야 한다.

그러나 계산을 아무리 해보아도 지금 이러한 페이스로는 전국 챔피언은 무리란 판단이 들었다. 11~12월 두 달 동안 월납 보험료로 10월 실적만큼 하면 COT를 달성할 수 있다.

즉, 월납 보험료 8백만 원씩 두 달을 계약하면 지금 추세로 봐서 전국 30위권 안에 들어갈 수 있는 성적이 된다. 무리하면 충분히 달성할 수도 있는 업적이었다.

하지만 나는 마감 그 마지막까지 전국 챔피언에 도전해야 한다. 죽으려 하다가 다시 살아난 나의 간절한 바람이고, 죽음을 준비하고 있는 용수의 살아생전 마지막 소망이다. 챔피언이 되려면 최소한 TOT를 달성해야 한다. COT의 두 배에 달하는 실적이다.

너무 멀게만 느껴졌다. 계산을 해보니 월납 보험료로 5천만 원이 들어가야 한다. 두 달 남짓 남은 시간동안 월납 보험료 5천만 원이라. 5만 원으로 1천 건을 하던지, 50만 원으로 1백 건을 해야 한다. 그렇다면 결국 법인 계약 아니면 안 된다는 결론이 내려졌다.

게다가 11월 첫째 주 일요일에는 내 일생 최대의 도전이 있었다. 이제는 천여 명에 육박하는 마라톤 카페의 회원들이 내가 매일 올리는 훈련일지를 읽으면서 카페방장인 라이프가 과연 서브쓰리를 달성할지에 대해 초미의 관심을 보였다.

대망의 중앙서울마라톤대회. 어느덧 D-day 4일이다. 며칠 전부터 테이퍼링Tapering과 글리코겐 로딩Glycogen loading 프로그램[1]을 진행하고 있다. 전혀 양념이 안 된 삶은 닭고기만 먹은 지 4일째다. 몸무게가 4일 동안 4kg이 빠졌다.

내일 대회 3일을 남기고 나서는 고탄수화물 섭취로 바꿔야 한다. 그 기간 동안 몸무게는 다시 4kg 이상 늘어날 것이다. 영업에서 시간적인 부분이나 체력적인 부분을 고려할 때 이미 주사위는 내던져

---

1. 마라톤대회 일주일을 남겨놓고 진행하는 식이요법 프로그램이다. 테이퍼링(Tapering), 즉 훈련의 경감을 시작하면서 근력을 향상시키고 산소 섭취 능력의 증가를 극대화한다. 이와 동시에 서서히 글리코겐 로딩(Glycogen loading)을 시작한다. 처음 4일 동안은 고단백질을 섭취하고 이후 3일 동안은 고탄수화물을 섭취하는데, 전반 기간에는 양념이 전혀 안 된 닭가슴살을 익혀서 먹고 후반은 마음껏 밥을 먹는다.

졌으니 승부를 보아야 한다.

평소 알고 지내던 법인사장님 리스트를 정리해 보았다. 몇 명 있었지만 그중에서도 5월에 편지를 보내서 지금까지 인연이 끈끈해진 사장님이 떠올랐다. 홍원기 사장은 마라톤을 워낙 좋아해서 지난달에는 같이 하프코스 동반주도 했었다. 며칠 후 중앙서울마라톤대회도 같이 참가한다. 나보다 먼저 마라톤을 시작했지만 열 살이 더 많은 탓인지 어느 순간 내가 마라톤 기록을 앞질렀다.

홍 사장은 그건 당연하다고 이야기를 하면서도 내가 서브쓰리를 도전하는 것에 대해서는 대놓고 "무슨 마라톤 시작한 지 10개월도 안 되면서 3시간 이내로 뛰려고 하냐? 서브쓰리가 무슨 애들 장난이냐? 부상당하기 십상이다. 한 번 뛰고 말거냐?"라며 빈정거리기도 하는 친한 사이가 되었다.

지난달에는 별로 친하지 않았던 친척 누나 한 명이 대뜸 연락 와서 보험상품을 가입하라고 하는데 어떻게 했으면 좋겠냐고 물어보기에 보험료 얼마를 제안하는지 물어보고는 그냥 하시라고 했다. 친척 간에 의가 틀어져서 좋아질 것이 없다는 설명도 곁들었다.

종신보험 1억 원 보장에 보험료 30만 원짜리였다. 홍원기 사장은 법인대표이긴 했지만 오너가 아니라 월급쟁이 사장이었다. 법인 플랜을 적용하기는 어려웠다. 그래도 월 급여가 수천만 원에 달하고, 부동산 자산만 30억이 훨씬 넘었다. 홍 사장한테 사망보장 1억 원은 사실 별 의미가 없는 플랜이었다.

홍 사장은 그만큼 나를 신뢰하고 있었다. 그러나 아직 내 고객은 아니었다. 곧잘 자기가 뭘 도와주면 되냐고 물어보기도 했지만 그때마다 도와주는 건 나일 거라고 되받아쳤다. 마음속으로는 종신 보험 20억은 가입하시라고 하고 싶었지만, 때를 기다리고 있었다.

11월이 되자마자 찾아 갔다. 홍원기 사장한테 왜 보장이 필요한지를 말해야 했다.

"사장님, 사람들이 보험을 왜 가입할까요?"

"글쎄, 살면서 생기는 위험에 대비하기 위함이겠지."

"네, 어떤 위험이 있을까요?"

"……"

"제가 생각하기엔 가족이 가장이 없이도 충분히 생활할 수 있는 자산을 형성하지 못한 상황에서 가장이 사망하는 경우, 또는 충분한 노후자금을 마련하지 못한 상황에서 은퇴를 하는 경우를 대비하기 위함이 아닐까요? 물론 암에 걸렸을 경우 병원비나 생활비 때문에 가정이 깨지는 일을 만들지 않기 위해서가 아닐까 싶습니다."

홍원기 사장은 고개를 끄덕거리면서도 저 놈이 무슨 말을 하려고 갑자기 보험 이야기를 꺼내나 하는 의아한 눈초리로 쳐다보았다. 나는 아랑곳하지 않고 계속 말을 이어갔다.

"사장님, 그런데 제가 하는 일이 뭡니까? 보험 영업 아닙니까? 그런데 만약 그럴 리는 없겠지만 사장님이 암에 걸리셨다면, 다른 보험회사에서는 보험금이 다 나오는데 저는 아무 것도 해드릴 것이 없는 상황이 된다면 제 마음이 편하겠습니까? 이건 뭔가 아니지 않습니까? 제가 이용수라는 제 친구 얘기 해드렸잖아요. 사람 일은 모른다니까요."

"아니, 강산 선생이 암보험 가입하라는 말한 적도 없으면서 왜 그래. 하하하. 지금이라도 가입 하나 해야겠구면."

"사장님, 하지만 사장님에게는 충분한 자산이 있기 때문에 방금 말씀드린 세 가지 사항에는 해당이 되지 않으십니다. 그런데 사장님은 왜 보험을 가입하셨습니까? 주위에 아는 사람이 하나씩 해달라고 해서 한 거 아닙니까? 저와 같은 에이전트가 전국에 40만 명이 넘습니다. 해마다 보험 영업에 수만 명이 입문하고 또 그 수만큼 그만둡니다. 그래서 하나 해달라고 해서 가입한 보험은 관리를 못 받게 되는 경우가 대부분입니다. 하지만 주위를 둘러보세요. 종신보험 20억 원 이상씩 가입하신 사장님도 많이 있습니다. 그 분들은 왜 그렇게 가입을 했을까요?"

"글쎄, 이왕이면 다홍치마라고 있으면 좋긴 하지."

"사장님, 만일 사장님께서 사망하신다면 갖고 계신 자산 절반을 뚝 떼어서 상속세금으로 내어야 합니다. 그래서 다른 사장님들은 이런 세금을 대비해서 종신보험[2]을 20억, 30억 가입하신 겁니다. 제가 홍 사장님과 평생 인연으로 살아가면서 이러한 준비를 안 해드리면 나중에 제가 뭐가 되겠습니까? 그리고 제가 올해 챔피언을 목표로 하고 있습니다. 어차피 가입하실 보험이라면 제가 사장님의 도움을 절실히 필요로 할 때 도와주셔야 하지 않겠습니까?"

---

2. 자산이 30억 원 이상으로 추정되면 공제액을 감안하더라도 상속세가 꽤 많이 나오게 된다. 이때 상속재산이 부동산으로 이루어져 있어 현금자산이 충분히 없으면 세금을 납부하기 위해 부동산을 급매로 내놓던지 또는 물납이나 연부연납을 하는 등의 방법을 취해야 하는데, 이렇게 되면 재산이 온전하게 상속되지 않을 수 있다. 따라서 자산가들은 이러한 리스크를 대비하기 위해 종신보험을 활용한다.

일생에 한 번은
승부를 걸 때가 온다

홍원기 사장에게 왜 보험이 필요한지와 올해 챔피언 레이스를 달리고 있는 상황을 비롯해 홍원기 사장의 도움이 왜 필요한지, 그것이 나한테 얼마나 의미가 있는지를 호소했다. 그리고 홍 사장님께서 나를 도와줄 수 있는 또 하나의 방법은 주위에 친한 법인대표 중에서 오너이신 분 한 명을 소개해주는 것이라고 했다.

"알았어요. 그러면 제가 강산 선생 고객이 되는 건 되는 거고, 내 후배 한 명 소개해 줄 테니까 한 번 만나 봐요."

홍원기 사장은 학교 명부처럼 보이는 책자를 잠깐 뒤적거리더니, 마치 소개해주려고 준비한 것처럼 바로 그 자리에서 사무실 인터폰으로 직원 한 명을 호출했다.

"김 대리, 강산 선생을 지브란산업에 안내해 줘요."

홍원기 사장은 나보고 이 직원을 따라 가서, 만나는 사람한테 설명을 해보라고 했다. '무슨 꿍꿍이지?'

의아했지만 토를 달기는 어려운 상황이었다. 알겠다고 감사하다고 하고 직원과 함께 사무실을 나섰다. 바로 옆 빌딩이었다. 10층 건물 전체가 다 하나의 회사였다. 대리석으로 된 간판이 단단하게 붙어있었다. 지브란산업.

'이런 회사가 있는지 이제껏 몰랐는데?'

엘리베이터를 타고 맨 위층에 올라가서 복도를 따라 들어가니 복도 끝에 전략실행팀이라고 쓰여 있는 방문이 보였다. 직원은 잠시 기다리라고 하고는 그 방으로 홀로 들어갔다. 긴 복도에는 회사가 받은 상장과 창업자가 대통령한테 상 받는 사진 등 흑백 사진들이 진열되어 있었다. 꽤 오래된 회사 같았다.

사진 액자 아래쪽에는 사진 내용과 회장 이름이 박혀 있었다. 이원준. 어디선가 들어본 듯한 이름이었다. 빈자리에 가서 얼른 인터넷으로 조회를 해보았다. 대기업에 과자원료 납품하는 구멍가게로 시작해서 큰 돈을 벌자 사업을 다각화했는데, 하는 사업마다 승승장구해서 이런 굴지의 기업으로 성장한 회사였다. 지금은 운수업부터 유통업, 프랜차이즈업까지 다양하게 사업을 하고 있었다.

십여 분 기다렸을까? 방에 들어갔던 직원이 다시 나와서 나를 그 방으로 안내했다. 홍 사장이 미리 전화를 넣어 두었는지, 내 또래 정도 되는 사람이 자리에서 일어나 반갑게 웃으며 맞이했다. 명패에는 '과장 이웅수'라고 적혀 있었다. 공교롭게도 이 회사 회장이랑 성이 같네.

"안녕하세요. 이웅수입니다. 말씀은 전화로 방금 들었습니다. 보험회사에 계신다고요? 법인 사업승계 관련 세금플랜에 대해 잘 아신다고 말씀 들었습니다."

'아니, 법인 플랜을 과장한테 설명해서 될 게 아닌데'

어처구니가 없었지만, 지금 상황에서 뺄 수도 없는 노릇이다.

"아, 네. 처음 뵙겠습니다. 강산이라고 합니다. 홍 사장님과는 어떤 사이세요?"

서둘러 명함을 꺼내 건네면서 질문을 던졌다.

"아, 설명을 못 듣고 바로 오셨죠? 좀 괴짜 같으신 분이라서. 하하하. 제가 제자예요. 대학원 다닐 때 홍 사장님이 강의를 하러 오셨었어요. 제가 지금은 졸업을 했지만, 홍 사장님은 아직도 교수 일을 겸직하고 계실걸요?"

아, 홍 사장이 대학 강단에 서고 있는 줄은 몰랐다. 그런데 이 사람 나이가 엄청 젊네. 이용수 과장은 내가 무엇을 생각하고 있는지 안다는 듯이 말을 했다.

"네 저는 서른 살입니다. 아직 결혼 전입니다. 좋은 사람 있으면 소개해 주세요."

넉살도 좋다.

"아, 알겠습니다. 사업승계 관련해서 말씀드리면 되는 건가요? 그런데 혹시 이용수 과장님께서는 재무 쪽을 담당하시나요?"

"아, 재무 쪽 사람이 같이 들어야 하나요?"

"아무래도 그렇게 하는 것이 좀 더 도움이 되실 듯합니다."

"그렇다면 잠시만 기다리세요."

이용수 과장은 잠시 방을 나가더니 금방 다시 들어왔다. 곧이어 흰머리가 희끗하게 보이는 사람이 들어오더니 인사를 깍듯하게 하고 명함을 건넸다. 직함이 '재무이사'라고 쓰여 있었다. 아니 진작 재무담당자에게 안내할 것이지, 홍 사장님은 엉뚱한 사람에게 나를 소개했을까?

"안녕하십니까? 강산입니다. 그러면 먼저 궁금한 것이 있으면 말씀해 주시겠습니까?"

"네, 어떤 부분을 아시면 말씀하시기 편할지 저희에게 먼저 물어봐 주시면 좋겠네요."

재무이사를 보고 질문을 했는데, 이웅수 과장이 답변을 했다. 왠지 모를 자신감과 시원스러움이 말끝 행동 하나하나에 묻어 나왔다.

방문이 또 열리고 커피 세 잔이 들어오고 나서 나는 몇 가지 질문을 던진 후 충분히 듣고 나서 내 이야기를 시작했다. 이웅수 과장이 계속 답변을 했다. 말인즉슨 현재 회장님이 사업체가 여러 개가 있으며 사장인 아들한테 점차 사업을 승계하고 있는 단계를 밟고 있는데, 좀 더 효과적인 방법이 있으면 알려 달라는 것이었다.

법인 상담,
준비된 스크립트대로 말하다

"그러면 제가 어떤 일을 하는지 우선 알려드리겠습니다. 저는 법인컨설팅[1] 전문으로 가업승계와 관련해서 조언을 드리고 있는데요. 정부가 일부 가업승계에 대한 혜택을 많이 내놓고 있어 승계에 따른 비용이 많이 안 들어 갈 것으로 아시는 분도 많지만, 사실 그 요건을 맞추기가 생각보다 대단히 까다롭습니다. 그래서 주식이동을 적절하게 해야 합니다."

"어떤 방법이 있나요?"

"주식 이동은 두 가지 방법이 있습니다. 양도로 하는 방법과 증여나 상속으로 하는 방법이죠. 세금 비교로 보면 양도 양수를 하는 방

---

1. 법인컨설팅 : 법인사업체는 개인사업체와는 달리 그 자체로 하나의 법적 생명을 갖게 된다. 따라서 법인의 생사고락(生死苦樂)에는 사람과 똑같이 리스크에 대비한 준비가 있어야 하는데, 이를 보험상품으로 할 때 효과적인 경우가 많다. 법인탄생부터 사업정리, 사업장 이전이나 매출액 급감, 세무조사, 법인자금 운용을 위한 법인자금 인출방안, 법인자금 및 자산관리, 가지급금 해결, 가업승계와 이에 따른 지분구조 문제, 주식 양수도 문제, 사업보장, 사업정리, 부도 등에 대한 솔루션이 있을 수 있다.

법이 가장 싸고요. 그 다음 부담이 증여이고, 마지막이 상속입니다. 상속으로 받으실 경우에는 지금 회사의 주식가치가 아버님 돌아가실 때가 되면 수십 배 이상 오를 수도 있기 때문에 그때 가서 상속을 받으려고 하면 엄청난 비용이 발생합니다. 그래서 생각하는 것이 증여입니다. 하지만 증여도 현금이 많이 필요한 부분이고요."

"그러면 양도 양수하는 방법을 추천하시는 건가요?"

"음, 여러 방법을 다각도로 고려해 보아야 합니다. 양도 양수를 할 경우에는 양도자는 회장님이 되시는 거고, 양수인은 사장님이 되시겠지요. 그런데 양도 양수를 하려면 양수대금을 드릴 수 있어야 됩니다. 그리고 회장님께서는 이 주식을 넘기신 대가로 적절한 현금 보상을 받으셔야 되는데, 법인에 이익잉여금 수준이 충분히 지급할 정도의 수준이 되시면 양도 양수를 하시는 것이 가장 좋습니다."

"S사와 같은 대기업이 사용하는 전략은 잘 아실 겁니다. 적절한 시기에 전자 또는 계열사 본사의 인센티브나 성과급 제도를 대폭 개선해서 기존의 3년 임기로 있던 임원들의 퇴직급여를 퇴직공모를 크게 보상해서 퇴직금을 많이 줍니다. 거액의 퇴직금여가 나가게 되면 법인입장에서는 경비인정이 당연히 되는 부분이기 때문에 사실은 어떤 부분보다도 손익가치를 많이 줄입니다."

"손익가치를 줄이는 방법으로는 어떤 것이 있나요?"

"주식가치평가를 할 때 부동산 과다보유 법인이 아닌 이상 순자산가치 40%와 순손익가치 60%의 두 가지를 더해서 현 주식가치를 평가하는 건 아시죠? 그러면 순손익가치를 먼저 계산할 때 3개년에 대한 순손익이 나오잖아요. 가중치는 3년 전 것에 1이고, 2년 전 것에 2, 직전 년도에 3입니다. 곱을 하는 거니까 직전 년도에 마이너스가 크면 제일 많이 가치가 하락하게 됩니다. 주식가치를 떨어뜨릴 수 있는 가장 효율적인 방법입니다."

"예를 들어서 말씀 드리면 회계연도 기준으로 3개년치 당기 순이익이 15억 정도 일정하게 나온다고 가정한다면 사실 사업체 자체로 봤을 때 우량한 기업입니다. 하지만 순손익가치를 보면 가액에서 가중치를 곱한 다음 나누기 6을 하니까 오르는 건 아닙니다."

"문제는 이 순이익을 세 부담 때문에 100% 계산 안 하실 거거든요. 그러면 이익잉여금으로 다음 년도 자산으로 들어갑니다. 이게 무슨 이야기이냐면 순 자산액은 15억씩 계속 늘어납니다. 그러면 순자산가치는 40% 합산이잖아요. 순자산가치 때문에 전체적으로 주식가치가 오르게 되는 것이지요."

"그런데 예를 들어서 이 직전 연도 15억을 올해에 자산으로 옮길 건데, 직전 연도에 만약에 퇴직급여가 15억이 나갔어요. 그럼 직전 연도 순손익이 0이 되면 가치가 절반이 됩니다. 아니면 임원들의 퇴직급여로 30억이 나갔어요."

"그러면 마이너스 15억이 되니깐 순손익 가치는 제로가 되겠지요. 그러면 순자산 가치도 같이 빠지는데 이유는 30억의 돈이 나가려면 여기 유동자산으로 보유했던 자산이 30억 줄어야 됩니다. 그럼 순자산 가치가 30억이 줄어듭니다. 주식가치평가 자체를 완전히 낮출 수가 있습니다."

"또 이때 나오게 되는 퇴직금으로 유동자산, 즉 현금을 많이 보유할 수 있다는 점입니다. 이 현금을 회장님이 받으셔서 세금을 낼 수 있고, 또 소득출처를 확보할 수 있습니다. 여기까지 제 설명이 충분했나요?"

"좋습니다. 계속 하시지요."

"네, 그러면 지금 계신 사장님이 대표이사로 취임하신지 몇 년 정도 되셨나요?"

"5년 정도 됐습니다."

"네, 그러면 회장님 이름으로 된 회사는 몇 개가 있나요?"

"지금 A 회사에 회장님 지분 80%, 사장님이 20%, B 회사에 회장님 20%, 사장님이 80%, 그리고 회장님 이름으로 개인사업체가 있습니다. 그런데 자산으로만 보면 A 회사가 B 회사의 10배 규모라 회장님과 사장님 자산비율은 8대 2 정도가 됩니다."

"배당을 계속 받으셨나요?"

"그렇지는 않은 것 같습니다. 확인해 봐야겠는데요."

"네, 그러시군요. 주주로서 받을 수 있는 소득보상은 크게 네 가지입니다. 첫 번째는 배당이고요. 두 번째가 주식 처분입니다. 물론 상장이라면 주식 처분을 적당한 시점에 할 수 있지만 비상장은 해당되지 않습니다. 그리고 임원으로서의 급여가 있고요. 마지막으로 퇴직급여가 있습니다. 이 중에 받으신 건 아마 급여만 있으실 겁니다. 이마저도 개인세 부담을 느끼면서요."

"만일 다른 회사 중에 개인사업체가 있으시면 종합과세 대상자에 속하게 되거든요. 물론 그 쪽에서는 급여를 안 받으셨을 거예요. 다만 개인사업체 하나를 남겨둬서 개인적으로 자금을 융통할 수 있도록 할 수도 있으리라 생각됩니다."

"그런데 지금 법인사업체에서 지금까지 배당을 한 번도 안 받으셨으면 미처분 이익잉여금 규모가 수십억 원에 달할 겁니다. 그 부분은 원래 배당으로 받으셔야 되는 부분인데, 그러시지 않으셨습니다. 어차피 회장님께서 투자해서 만든 회사이고, 최대 주주이기 때문에 그러십니다. 그래서 그렇게 빼나 이렇게 빼나 어쨌든 다 내 돈이라는 생각이 듭니다. 하지만 법적으로 법인의 자산과 개인의 자산은 분명히 다르니까 사실은 분리를 해 두었어야 하거든요."

"그런데 지금 가업승계 시점에서 순전히 승계에 필요한 모든 비용, 즉 양도 양수 대금이나 증여에 대한 세금은 회사 돈이 아닌 개인 자산을 가지고 처분해야 되거든요. 물론 적절한 소득을 법인으로부터 받는 것이 가장 좋은 방법입니다. 지금 사업체를 팔 것은 아니시잖아요?"

"그렇지는 않습니다."

"그래서 회장님께서는 이 부분을 고민하고 계실 겁니다. 아마 향후 몇 년 안에 주식을 이동시키고 그 다음에 세 부담을 줄이시는 편이 좋습니다. 그리고 그 세금을 내기 위해서 개인자산을 처분하지 말고 합법적인 테두리 내에서 법인자산을 활용하셔야 합니다."

"제가 이 두 가지를 해결해 드리면 어떻겠습니까? 첫 번째는 지금 예측되는 세금보다 더 적은 수준으로 낮춰 드리겠습니다. 두 번째는 적절한 소득과 공로에 대한 보상을 법인에서 받도록 해드리겠습니다. 오너 입장에서 생각을 해봐야 합니다. 회장님께서는 처음에 맨주먹으로 밑바닥부터 시작하지 않았겠습니까? 수십 년 동안 우여곡절을 거치며 이 자리까지 올려놓으셨어요."

"그런데 이제 다 넘겨주고 돌아서야 한다면 인생이 허무하고 남는 것이 없다고 느낄 수 있습니다. 그동안 회장님께서 열심히 일하셨기 때문에 법인에 이익이 많이 생긴 거고, 또 배당도 안 받아서 쌓여온 거잖아요. 이 부분을 적정한 수준에서 소득처분을 받아야 합니다."

"배당을 다시 다 받는 방법은 없나요?"

"배당은 한 번 지나면 받을 수 없습니다. 배당은 매년 결산 전에 해야 됩니다. 또는 결산 직후 주총을 연초에 열 때 배당 결의를 하고 넘어갔어야 합니다. 말 그대로 당기순이익에 대한 겁니다."

"참고적으로 말씀 드리면 주주한테는 세 가지 권리가 있습니다. 첫 번째는 이익배당입니다. 이것 때문에 일반적으로 투자자들은 주식을 가지려고 합니다. 두 번째는 잔여재산분할청구권입니다. 법인이 오늘 시점으로 사업을 다 접고 모든 자산을 현금화하는 것을 청산이라고 하는데, 이때 현금을 지분율 대로 나눠 가져갑니다. 사실은 법인이 꼭 끝나는 시점으로 본다면 이것이 법인 자산에 대한 소유권이라고 볼 수도 있습니다. 세 번째가 신주인수권입니다. 증자 등을 통해서 개인이 신주를 발행하면 본인의 지분을 높일 수 있습니다."

"상법과 세법에 관한 몇 가지 항목들을 갖고 응용을 하면 대기업에서 하는 합법적인 절세 플랜을 만들 수 있습니다. 우리의 최종 목표는 주식을 보유하는 겁니다. 조금 더 자세한 정보를 몇 가지 주시면 제가 다음번에 찾아 뵐 때 구체적인 제안서를 함께 보여드릴 수 있습니다. 제가 설명을 잘 드렸는지 모르겠습니다. 제가 더 다뤄야 할 부분이 어떤 것이 있을까요?"

"네, 설명을 너무 잘 해주셨습니다. 그런데 저희가 컨설팅을 받으면 강산 씨는 어떤 부분을 얻게 되나요?"

"네, 그 부분에 대해 말씀드리겠습니다. 앞으로 법인에서 퇴직급여를 받으시잖아요? 지금 다 퇴직연금보험으로 넣고 계시죠? 그런데 임원이 퇴직금을 받기 위한 금융상품으로 적립기능이 있는 보험상품을 선택하실 때 제가 있는 회사의 상품으로 선택을 해주시면 됩니다. 물론 제 컨설팅이 마음에 드실 때 결정을 내려주시면 됩니다. 재무이사님, 이웅수 과장님, 제가 이 컨설팅을 진행해도 될까요?"

"좋습니다. 강산 선생님, 저희들이 어떤 것을 준비하면 될까요?"

"오늘 몇 가지 해당되는 관련서류를 챙겨주시면 됩니다. 일단 법인 등기부등본이 필요하고요. 그 다음 보유하고 계신 회사의 주주의 대한 정보, 즉 주주명부와 각 회사에 올해 결산한 세무조정계산서 있으시잖아요. 이렇게 주시면 됩니다. 지금 가능할까요?"

"직원한테 이야기해서 드리겠습니다."

"네, 그러면 저는 주신 자료를 가지고 명확하게 분석을 해서 솔루션을 가지고 오겠습니다. 혹시 더 궁금하시거나 제가 솔루션을 만들기 위해 알아야 할 내용이 있으면 말씀해 주세요."

숨겨진 이야기를 듣다
– 세대를 거쳐 숨겨온 가문의 비밀

　재무이사와 이웅수 과장은 한동안 침묵을 지켰다. 사실 눈을 마주 치기가 불안했다. 어떤 말이 나올지 심장이 두근거렸다. 설명이 끝난 이후 양복 안의 와이셔츠 등줄기가 땀으로 흠뻑 젖어있었다. 꽤 긴장한 모양이었다. 몇 개월 동안 이 날을 위해 스크립트를 달달 외웠었다. 해냈다는 생각이 들었다.

　한참을 듣고 있던 이웅수 과장은 재무이사에게 귓속말로 무슨 말을 전하는가 싶더니, 재무이사가 갑자기 일이 있어 잠시 실례하겠다며 자리를 떠났다. 도대체 이웅수 과장은 이 회사에서 어떤 존재인가 싶었다.

　"강산 선생님, 말씀 잘 들었습니다. 사실 제가 긴히 말씀드릴 것이 있어서 재무이사님을 먼저 나가시라 부탁 드렸습니다."

　"네, 말씀 하시지요."

　이웅수 과장은 말 대신 안주머니에서 명함 지갑을 꺼내더니 다시 명함을 내밀었다.

"사실은 제가 이 회사의 사장입니다. 회장님의 아들이지요."

명함에는 '대표이사 이웅수'라고 쓰여 있었다. 이제야 왜 재무이사가 그런 태도를 취했는지, 홍 사장님이 왜 이 사람을 소개해 주었는지, 회장과 성이 같은 것 등이 퍼즐조각이 맞춰지듯 이해가 되었다. 하지만 어이가 없었다. 이거 무슨 몰래카메라인가? 장난하는 것도 아니고 무슨 짓인가 싶었다. 헛웃음이 나왔다.

"왜 그러셨습니까?"

"이해를 해주시길 바랍니다. 강산 선생님 실력을 테스트하려고 하는 건 아니었습니다. 믿을 수 있는 분인지 알고 싶었어요. 선생님의 도움을 받으려면 저희 집안 내력을 말씀드려야 해서요."

"아니 무슨 사연이 있기에…… 저도 궁금합니다. 선친께서는 어떻게 이렇게 큰 회사를 세울 수 있었나요?"

이웅수 대표는 제법 이야기가 좀 길어질 거라는 듯이 자리를 편하게 고쳐 앉더니 이야기를 시작했다.

"아버님께서는 부모님을 일찍 여의셨습니다. 충청도 분이시고 3대 독자신데 학교 때 복싱을 하셨다고 해요. 당시 올림픽 꿈나무일 정도였다고 하네요. 유복하지는 않았지만 그렇다고 가난하지도 않은 집이었는데, 대학 진학 직전에 부모님이 사고로 돌아가시면서 생활이 힘들게 되었다고 합니다. 전 할아버지, 할머니의 젊은 시절만 사진으로 봤어요."

"아무튼 졸지에 고아가 된 아버지는 20대에 혈혈단신 서울에 올라오셨지요. 그때가 아마 60년대 후반 새마을 운동이 한창일 때일 겁니다. 아버지는 특별한 기술이 없어 영화관에 취직해서 배우들 뒤치다꺼리하며 끼니를 때우고 있었는데, 어느 날 인생을 바꿀 사건이 하나 생깁니다."

"영화관에서 말쑥하게 차려입은 노신사가 깡패들한테 일방적으로 맞는 걸 아버지가 보게 된 거죠. 사람들이 아무도 못 말리는데 그러다 죽을 것 같더랍니다. 난데없는 의협심이 발동해서 혼자 달려가 맞장을 뜬 거죠. 6대1로 붙었는데 아버지 말로는 거의 싸움이 비등했다고 해요. 당시는 칼 같은 무기 없이 주먹으로만 싸웠대요."

"7명 모두 온 몸이 성한 곳 없이 피를 줄줄 흘리며 어느 한 쪽이 쓰러질 때까지 처절하게 싸웠다는데, 싸움은 순경이 와서 말릴 때까지 한 시간가량 계속 되었다고 해요. 아무튼 그때 죽지 않고 산 게 다행이었죠."

"사건경위 조사 결과 그 노신사가 지역에서 돈 깨나 있는 유지에다가 직원이 대여섯 명 되는 공장을 운영하고 있었는데, 경쟁업체에서 앙심을 품고 깡패를 시켜 해코지를 했던 겁니다."

"그런데 좀 웃기죠? 원래 죽이려다 실패하면 도망가야 할 텐데 당시 깡패들은 이기고 지고가 더 중요했나 봐요. 그 바람에 살인 사주를 한 경쟁업체 사장은 업계에서 퇴출되고, 노신사의 입지는 그 지역에서 더욱 공고해지게 됩니다. 그리고 노신사의 눈에 든 아버지는 바로 취직을 하게 된 거죠."

"이거 뭐 무슨 60년대 김두한 시절 이야기군요."

"아버지는 먹고 살기 위해 또 성공하기 위해 정말 회사에 목숨을 바쳐 일했다고 합니다. 회사도 비약적으로 성장하게 됩니다. 식품

원료공장이었는데 롯데제과와 납품계약을 맺게 된 거죠. 당시 사장이 일본에서 유학시절 신격호 회장과 인연이 있었다고 합니다. 회사가 커지면서 직원도 백여 명에 달할 정도로 커졌다고 해요. 아버지가 회사에 온 지 5년 만에 말이죠."

"그리고 아직 만으로 20대의 나이에 그 회사에서 최연소로 공장장 자리를 꿰찹니다. 당시 여직원들한테 인기가 하늘을 찔렀다고 합니다. 젊은데다가 일도 잘 하고 의협심도, 낭만도 있었으니까요. 그 후 신입 여사원 한 명과 사랑에 빠져 결혼약속을 하게 됩니다. 출세가도를 달리고 있는 남자와 미모의 여사원의 열애, 이 정도는 예상되는 수순이죠."

"아, 그러면 그 분이 어머니……?"

"그게 그리 간단치 않습니다. 어머니이기도 또 아니기도 합니다."

이웅수 대표는 자리를 고쳐 앉더니 뜸을 약간 들인 후 이야기를 이어나갔다.

"아버지는 강개지심慷慨之心 못지않게 욕망이 크신 분이십니다. 실수라고 해야 할까? 운명이라고 해야 할까? 눈여겨보고 있던 사장님이 어느 날 자기 집에 초대를 해서 딸과 결혼을 하라고 강요한 겁니다. 제 할아버지입니다. 몇 년 전 돌아가시고 지금은 안 계시죠. 아무튼 아버지는 여기서 사장 딸과의 결혼을 승낙합니다. 사랑과 야심 사이에서 결국 후자를 택한 거죠. 그리고 아버지는 바로 부사장으로 승진을 합니다."

이웅수 대표가 하는 말은 뻔한 삼류 드라마 같은 이야기임에도 흥미진진했다. 그래도 중소기업체의 사장인데 나하고 한가하게 농담

따먹기 할 일은 없을 테고, 어쩌면 내가 한 집안의 수치스러운 부분을 공유하는 첫 외부인일 수도 있다는 생각을 하니 묘한 호기심이 발동했다.

"그렇다면 사장님의 어머님이……"

"네, 그렇습니다. 제 어머님이 창업주의 따님이십니다."

"어휴, 이건 뭐 인생역전 스토리인데요. 시골에서 혈혈단신 올라온 고아가 사장의 딸과 결혼을 하고 굴지 기업의 부사장까지 되니."

"네, 그런데 문제는 다음입니다. 아버지는 결혼식까지 올리고 나서 충격적인 이야기를 듣게 됩니다. 서로 사랑했지만 사나이의 야심 때문에 버림받았던 여자가 자기의 아이를 임신한 걸 알게 된 거죠. 그리고 그 아이는 태어나게 됩니다. 그게 제 이복형입니다."

"네? 하! 이거 뭐……. 그래서 어떻게 됐나요?"

"아버지는 그 사실을 영원히 숨기기로 작정합니다. 그래서 사장, 즉 장인의 눈을 피해서 두 집 살림을 하게 되죠. 그러다가 제가 태어나고요. 아마도 제가 초등학교를 다닐 때까지 계속 그렇게 비밀스럽게 사셨던 것 같아요."

"그런데 그 즈음에 할아버지가 그 사실을 알고 사달이 난 거죠. 할아버지는 그 쪽 집을 잠적시킵니다. 어떻게 했는지는 모르지만 그 이후로 어디서 어떻게 사는지 알 수 없게 되었다고 해요. 아버지 모르게 손을 쓴 거죠. 아버지는 한평생을 죄책감과 미안함에 몸부림치며 사셨어요."

"그러다 5년 전 할아버지가 돌아가시자, 아버지는 이복형을 찾아나서기 시작했지만 찾을 수가 없었습니다. 급기야는 이복형을 못 찾

337

을 경우 지금 제게 증여한 회사주식을 제외한 모든 재산을 사회에 환원하겠다고까지 공언하셨지요. 아버님 재산 중에 현재 20% 정도가 제게 사전 증여되었습니다."

"아, 그러시군요. 그러면 이복형을 찾는 것이 급선무겠군요. 그렇지 않으면 아까 제가 말씀드린 상담내용이 모두 무용지물이네요."

"네, 그렇습니다. 하지만 지금 모든 인맥을 동원해서 찾고 있으니 시간문제일 겁니다. 강산 선생님은 이복형을 찾았을 때 가업승계를 원활하게 할 수 있도록 경우의 수를 따져서 미리 설계를 해주시겠어요? 바로 실행할 수 있게요."

"네, 저희 쪽 전문가들과 솔루션을 수립해 보겠습니다. 그런데 이복형은 왜 나타나질 않는 걸까요? 아버지가 이렇게 굴지의 기업을 일구었는데 말이죠."

"그건 저도 잘 모르겠습니다. 제가 형의 존재를 안 건 할아버지가 돌아가시고 나서 아버지가 이복형을 찾아 나서면서부터입니다. 제 쪽 사람들도 이복형을 찾고 있습니다. 선생님이 볼 때는 돈 때문이라고 볼 수도 있는데, 꼭 그렇지만은 않습니다. 집안에 친인척이 없어서 혈육에 대한 정이 끌리더라고요. 고생한 보답도 해 주고 싶고요. 게다가 아버님 건강이 지금 그렇게 좋지가 않습니다. 이복형을 못 찾고 돌아가시게 되면 저한테 올 지분이 안 오는 것도 그렇지만, 무엇보다 혈육을 조금이라도 건강하실 때 보여드리고 싶어요."

사무실 밖까지 배웅 나오려는 이웅수 대표를 애써 손짓으로 저지하고 뒷걸음쳐서 나오는 회사 복도는 꽤 길었다. 엘리베이터를 타고 내려가는 시간이 길게만 느껴졌다. 모든 것이 느릿느릿 움직여 보였다. 마치 한 편의 영화를 보고 나온 기분이다.

빌딩 앞에 서서 하늘을 바라보았다. 그렇게 높아 보였던 가을 하늘에서 북녘바람이 조금씩 불어오고, 가로수를 장식하고 있었던 형형색색의 화려한 단풍들은 이제 낙엽으로 변모하여 길거리를 꾸미고 있었다.

11월이다. 연말 레이스는 벌써 시작되었다. 매일 외쳐대던 '나는 챔피언이다!'란 말이 실제로 나한테 일어날지 안 일어날지 확인할 날이 얼마 남지 않았다.

마라톤 서브쓰리Sub-3에 도전하다

11월 7일 일요일, 새벽에 절로 눈이 떠졌다. 중앙서울마라톤대회
가 있는 날이다. 용수의 생명이 두 달 남았다는 것을 잊기 위해, 또
일에 집중하기 위해 매일 달렸다. 오늘 또한 나는 달리고, 또 달릴
것이다.

용수가 뇌종양 진단을 받은 지도 벌써 3주가 지났다. 용수는 진단
을 받고 일주일간 회사업무를 정리하고 집에서 요양 중에 있다. 회
사는 이제까지의 용수의 공을 인정해서 유급병가처리를 해주었다고
했다. 그래봤자 몇 개월이다. 일주일에 두어 번은 전화로 상태를 확
인하곤 했는데, 용수는 이제 말하는 것도 힘들어 한다.

언제부터인가 용수랑은 안부인사만 하고 바로 제수씨를 바꿔서
증상 등을 얘기 나누곤 하는데, 어느 날 제수씨는 통화 중에 잠깐 방
을 나와서 용수가 안 듣는 걸 확인하곤 흐느꼈다.

"이이가 발작하는 주기가 점차 짧아지고 있어요. 얼굴 근육이 계

속 떨림이 있어서 말하기도 어려워하고요. 오른쪽 눈은 이제 아주 시력을 잃은 것 같아요. 서 있는 것도 힘들어 하고요. 진행 속도가 너무 빨라 무서워요."

"용수 마음 상태는 좀 어떤 것 같아요?"

"그래도 이이는 잘 참아 내고 있어요. 요즘은 아는 사람들에게 구술해서 제가 대신 편지를 쓰고 문자도 보내고 있어요."

용수는 죽음을 꽤 잘 준비하고 있는 것 같았다. 전에 내게 말한 대로 자기가 아는 모든 사람들과 작별의 인사를 하고 있었다. 계획대로 진행하는 것이 용수다웠다. 나도 정말 챔피언스 노래를 연습해야겠군. 십수 년 전 내가 군대 가기 전 민간인으로서의 마지막 날, 용수가 끝까지 같이 있어줬듯이 이번엔 이 생의 마지막 날 내가 함께 하겠구나. 오늘 대회는 너에게 바칠게.

중앙서울마라톤대회[1]. 목표는 3시간 이내, 마스터스의 꿈인 서브쓰리. 이제껏 연습한 스피드만 생각한다면 내심 가능하지 않겠나 하고 가늠해보지만 그동안 장거리주 훈련 결과 서브쓰리는 정신력만으로는 힘든 것이 사실이다. 그냥 최선을 다해 보자란 생각뿐이다. 그래, 최선을 다하자. 지금 이 순간만큼은 마라톤에 집중하자. 몰입하자.

출발선에 섰다. 올해 잠 못 이룬 수많은 나날들이 머릿속에 스쳐

---

1. 중앙서울마라톤대회 : 1999년 중앙일보사가 주최하는 하프마라톤대회로 시작하여 2001년부터 남자 국제대회로 승격, 매년 11월 첫째 일요일에 개최되고 있다. 2002년부터 풀코스를 신설, 국제적인 대회로 치러지며, 잠실종합운동장에서 출발해서 성남을 돌아오는 국제공인코스대회이다.

지나갔다. 올해 초 몇 백 미터도 못 뛰고 헉헉거리던 내가 이제는 마스터스의 꿈인 서브쓰리를 하겠다고 이러고 있으니, 정말 세상 참 모를 일이다.

이제 그간 공들인 노력의 성적표를 받는 날이다. 날이 추운 건지, 긴장을 너무 한 건지 출발선에서 몸을 풀고 있는데 이빨이 딱딱 부딪친다. 그렇게 몇 분이 참 길다고 느껴졌다.

중앙서울마라톤 역시 큰 대회답게 인파의 규모가 무게감이 있다. 이 많은 사람이 같이 달린다니. 주최 측에서는 참가인원이 총 2만여 명이 넘는다고 했다. 세 그룹으로 구분해 순차적으로 달려야 할 정도였다. 나는 풀코스 기록이 없어 맨 뒤에서 출발을 기다려야 했다. 기다리는 내내 전략을 되뇌었다.

초반 5km는 탐색전이다. 절대로 오버페이스를 하지 말고, 4분 20초 페이스로 5km를 21분 40초로 끊자. 그래서 몸이 괜찮으면 4분 17초 서브쓰리 페이스로 끝까지 간다. 그 페이스를 쭉 유지하다가 37km 이후 승부다. 이때 스퍼트를 하면 충분히 서브쓰리가 가능하다.

자, 다시 한 번 명심하자. 초반 5km가 관건이다. 이후 몸이 무거우면 그것으로 끝이다. 머릿속으로 페이스 차트를 그려보며 마인드 컨트롤을 해 본다. 갑자기 앞에서 폭죽이 올라간다. 출발인가 보다. A그룹이 출발하고, 얼마 있다가 B그룹, 그리고 내가 속한 C그룹이 출발한다. 앞에 사람들이 너무 많다. 처음 1km 기록이 4분 40초다. 너무 지체했다. 옆으로 빠져서 속도를 내 본다.

이런! 2km 구간에서는 3분 50초. 너무 빨라졌다. 갑자기 페이스가 잡히지 않는다. 주법도 엉클어져서 내 본래 페이스를 못 잡고 있다. 안 돼, 편안하게 달리자. 호흡이 불규칙하다. 어떻게 달렸는지 어느새 5km가 지났다. 이제까지 수많은 도로주 연습을 했지만 이렇게 페이스를 못 찾기는 처음이다. 보폭이 약간 커지는 것이 마음에 걸리지만 어쨌든 5km까지 서브쓰리 페이스다.

올림픽공원역을 지나가면서 왼쪽 발목에 경미한 통증이 감지된다. 항상 고질적으로 문제를 일으켰던 오른쪽 무릎은 오늘따라 착하다. 조금 더 가면 10km 지점인데 벌써부터 이러면 어떻게 하나 걱정이 앞선다. 4분 20초 페이스.

이제 무아지경이다. 훈련한 대로 흐름에 맡긴다. 아직까지 괜찮다. 스피드도 이 상태로 유지한다. 이 자세 이 스피드로 끝까지 갈 수 있다면……. 기록은 어떻게 되나? 이런, 러닝 시계가 망가져 심박계 시계를 차고 왔는데 사용법을 몰라 랩을 마구 눌러댔더니 시계가 이상하다. 에라 모르겠다.

지속주 훈련을 많이 했으니 페이스 감각을 살려 시계에 의존하지 않고 뛰는 수밖에 없다. 이제 20km 지점을 통과한다. 벌써 선두가 돌아온다. 역시 빠르다. 8위까지가 다 외국인이고, 그 바로 뒤에 우리 한국선수가 지나간다. 거친 숨소리가 여기까지 들리는 듯싶다.

내 옆을 지나칠 때 "대한민국 파이팅!" 하고 고래고래 외쳐댔다. 23km 지점에 가니까 25km 반환점을 지난 선두들이 우르르 쏟아져 나온다. 아직 힘이 남아 있다. 랩을 끊을 수 없으니 내가 어느 정도 페이스로 뛰고 있는지 감이 없다. 그냥 편안한 페이스로 달려본다.

나도 이제 반환점을 돌았다. 조금 가다 보니 앞 쪽에 수십 명의 선수가 무리를 지어 달려가고 있다. 피치를 올려 가까이 가보니 3시간 페이스메이커 그룹이다. 내가 10분 늦게 출발했으니, 지금 이대로 가면 2시간 50분에 결승점을 끊을 수 있다는 계산이 나온다.

저 멀리 '마라톤114 힘내세요!'라고 쓰인 플래카드가 보인다. 30km 지점에 카페 회원들이 모여서 응원을 하고 있다. 카페 깃발이 휘날리고 네댓 명이 파이팅을 고래고래 외친다. 오른팔을 쭉 뻗어 손바닥으로 일일이 하이파이브를 하고 지나쳤다. 아무것도 아닌데 그러고 나니 어디서 솟았는지 힘이 불끈 난다.

이제 12km 하고도 195m 남았다. 이제 굴러도 간다. 이를 악물고 스피드를 내 본다. 어, 그런데 속도가 안 난다. 불안하다. 근력 훈련이 부족했는지 허리에 탄력을 주지 못한다. 이런, 글렀다란 생각에 몸에 힘이 빠진다. 속도가 약간 떨어지는 감이 있다.

35km 지점을 통과한다. 이제 스퍼트를 하느냐 마느냐 결정을 내려야 한다. 갈등이다. 지금 속도를 내면 완주 자체를 못할 수도 있다는 두려움이 밀려온다. 안 되겠다. 지금은 너무 이르다. 원래 계획대로 37km에서 스퍼트를 하자.

달리다 보니 저 멀리 탄천교가 보인다. 이제 남은 거리는 약 5km, 37km 지점이다. 마지막 투혼을 불사를 때가 됐다. 그런데 도대체 내가 어느 정도 페이스일까? 자원봉사자한테 시간을 물어 보았더니 11시 50분? 그러면 37km 지점 통과기록이 2시간 40분이란 셈이다.

이런! 이제 앞으로 4분 페이스로 뛰어야만 서브쓰리를 달성할 수 있다. 절망이다. 평소 연습 때 10km를 뛰는 거라면 가능하겠지만, 지금 상태에서 1km에 4분 페이스로 뛰게 되면 결승점까지 못 달릴 수도 있다. 하지만 최선을 다해야 한다.

마지막인 것처럼 달려 보는 거야. 이를 악물고 수많은 달림이들을 제쳐가며 달려 나갔다. 갑자기 눈물이 벌컥 나왔다. 엉엉 울고 싶은 생각이 들었다. 잠실로 꺾어지는 곳이 저 멀리 보인다. 도로에서 응원하는 자원봉사자들이 나를 보고는 길거리로 나서서 아우성이다.

"마지막 서브쓰리 주자 마라톤114 힘내세요! 파이팅!"

이제 40km 지점에 들어섰다. 갑자기 왼쪽 종아리에 쥐가 나려하는 걸 주먹을 불끈 쥐고 참아 낸다. 이제 1km 남았다. 이제 주경기장이 정면으로 보인다. 나도, 옆에 주자도, 앞선 주자도 마지막 스퍼트다. 추월을 하는 것도, 추월을 당하는 것도 용납이 안 된다. 트랙으로 들어가는 주로 양쪽으로 동호회 응원 자원봉사자들이 깃발을 휘두르고 꽹과리를 치며 아우성이다. 어디선가 "마라톤114 라이프 파이팅!"이라고 외치는 소리가 들렸다.

이제 경기장 입구를 통과해서 트랙으로 진입! 전광판 시간은? 2시간 59분? 이런! 3백 미터를 1분 안에 뛰어야 한다. 할 수 있다. 주먹에 힘을 주고 뛴다. 곡선주로 끝나고 이제 마지막 직선주. 전광판은 2시간 59분 58초. 서브쓰리인가? 용수의 미소 짓는 얼굴이 머릿속을 잠깐 메웠다가 사라졌다.

비밀노트의
증발

소중한 곳에 간직한다고 놓아둔 것이 화근이었다. 손 선생이 쓴 책과 같이 두었는데 어쩌면 그렇게 놓아둔 장소가 기억 속에서 말끔히 사라져 버릴 수 있을까? 마치 순간적으로 그 시간이 증발해 버린 듯 했다.

무슨 이런 황당무계하고 뚱딴지같은 소리냐고? 그건 내가 하고 싶은 말이다. 증발한 건 비밀노트와 책을 놓아둔 장소뿐만이 아니었다. 손 선생의 존재 자체가 사라져 버렸다. 영화에서나 나올 법한 상황이었다. 도대체 어디 간 걸까?

11월 마감을 하고 마지막 청약서 입력을 끝낸 저녁이었다. 오늘 한 끼도 안 먹었다는 사실을 깨달았다. 용수의 일을 잊기 위해, 용수와의 약속을 지키기 위해, 내 아이와 아내를 위해 처절하게 일에 몰입을 했다. 배가 고파서 그런 건지 속이 시리도록 쓰리다.

11월도 역시 마지막까지 치열한 레이스였다. 나로서도 정말 최선을 다한 한 달이었다. 아쉬움은 없었다. 업적 결과는 8건에 월납 보험료 546만 원. 기대했던 이웅수 대표와의 2차 법인상담은 연기되었지만, 자영업 시장과 직장인 시장에서 고루 계약이 성사되면서 지난달에 이어 올해 두 번째 개인 기록을 세웠다. 전국 순위는 지난 달 49위에서 38위로 소폭 상승했다.

하지만 솔직히 챔피언은 이제 멀어진 듯 싶었다. 연말로 갈수록 고참 에이전트들의 기세가 등등했다. 김성한 선배는 무슨 수를 쓴 건지 고객들이 청약을 하려고 줄지어 사무실로 찾아왔다. 게다가 신입 에이전트들은 우리들의 비전이라며 김성한 선배와 조인웤을 하기 위해 안달이 나 있었다. 김성한 선배는 조인웤을 통해 계약하는 것만으로도 실적의 3분의 1을 차지할 정도였다. 그야말로 파죽지세다.

11월 마감 전국 순위 결과는 김성한 5위, 유영찬 22위. 유영찬 후배가 주춤하는 상황이다. 팀장 말로는 올해 중순경에 크게 했던 법인 계약 하나가 좀 불안해 보인다고 했다. 뭔가 문제가 있는 듯 했다.

보험료가 한 달씩 연체가 되더니 지난달에 실효가 되니 안 되니 하고 담당 팀장이 서류를 들고 본사에 들락날락하는 것을 미루어 짐작해 보건데 민원이 걸린 것 같다고도 했다.

어쨌든 거기에 신경을 써서 그런 건지 유영찬 후배가 요즘 예전보다는 기운이 빠져 보이기도 했다. 안타깝다는 생각과 동시에 나도 조심해야겠다는 생각이 들었다. 어쨌든 용수와 약속한대로 마지막까지 챔피언 레이스는 포기하지 않을 각오다. 이번 달 마감 결과 전국 순위 40위권 안으로 입성했다는 사실을 용수에게 알려줘야지.

시계를 보니 용수에게 전화하기는 너무 늦은 시간이 되어 버렸다. 누구하고라도 대화를 나누고 싶다는 생각이 들었다. 문득 손 선생이 떠올랐다. 손 선생의 목소리를 듣고 싶어졌다. 손 선생을 만난 지 1년도 안됐는데 마치 아득한 동화 속 이야기 같다. 그동안 정말 많은 일이 일어났다. 손 선생에게 용수의 이야기를 들려주고 위안을 받고 싶었다. 비밀노트를 받고 나서 일에만 집중하느라 또 용수일 때문에 그간 연락을 못 했다. 전화를 해 봤다.

'지금 거신 전화는 없는 번호입니다. 다시 확인하신 후 걸어주시기 바랍니다. The number you have dialed did not in a directory. Please check the number and call again'

'이상하다. 없는 전화번호라고 나오네. 전화번호가 바뀌었나? 그럴 리가 없을 텐데. 다시 해봐야지'

아니, 아무리 생각해도 이상하다. 틀림없이 이 번호로 통화를 하고 문자를 주고받았었다. 결번이란 안내 멘트를 두 번 듣고 나서야 이상하단 생각을 했다.

처음에는 전화번호가 바뀌었나보다 했다. 나중에 출판사를 통해 연락처를 알아내야지. 나의 성장한 모습, 이 기쁜 소식을 전해야 하지 않겠는가? 지난달에 본부 챔피언을 한 것도, 내 인생 최대의 도전이었던 마라톤 풀코스를 완주한 것도, 용수의 이야기도 얘기하고 싶었다.

손 선생을 만난 지 이제 벌써 1년여가 다 되어간다. 비밀노트에 있는 숙제를 다 하고 나서도 비밀노트를 매일 들여다보고, 고치고, 또 보고하며 노력을 경주한 지 만으로 10개월, 나는 믿기 어려울 정도로 큰 성장을 해내었다.

다음 날 12월 1일 지점에서 조회 후에 몇 번 연락을 해 보았는데 결번이란 안내 멘트는 동일했다. 일찍 퇴근해서 집에서 비밀노트를 찾아보았지만 어찌된 영문인지 있어야 할 곳에 있지 않았다.

저녁 내내 찾았다. 마지막으로 비밀노트를 본 게 언제였는지 기억을 더듬어 보았다. 마지막 미션을 수행한 날이 8월 말이었고, 그리고 나서 9월부터는 나만의 비밀노트를 정리해 왔었다.

내 책장 속 책들 사이에 노트를 끼워 놓았었다. 봉투에 노트와 책을 같이 넣어서 보관했는데 도대체 어디를 갔을까? 밖으로 가지고 나간 적이 없었는데……. 온 집안을 이 잡듯 뒤졌다. 말도 잘 못하는 아이한테 물어도 보고 아내한테 닦달도 하고 짜증도 부려봤지만, 그뿐이었다.

누가 보면 이사하나 싶을 정도로 집안의 온 짐을 들쑤셔 놓고 나서야 손 선생의 책과 노트를 잃어버렸다는 사실을 확실히 인정했다. 그제야 손 선생의 책이라도 구할 생각으로 서점에 갔다.

그런데 아니 이럴 수가. 책의 존재 자체가 없다니. 이게 무슨 괴물딱지 같은 일인가? 내가 산 책은 도대체 뭐란 말인가? 바보 같은. 출판사 이름과 전화번호라도 적어 놓았어야 했는데……. 도대체 어찌된 일일까?

서점에 부탁 부탁해서 전국에 있는 출판사의 연락처를 받아서 다 연락해 봤다. 반나절을 전화해도 얻은 건 아무 것도 없었다.

손 선생을 만난 건 환상이었을까? 이 상황이 믿어지지가 않았다. 손 선생을 만났었다는 증거를 찾을 수 있는 방법이 없었다. 10개월 전 그 날 나는 손 선생의 명함조차 받지 못했다. 누군가에게 그 노트를 보여 준적도 없었다.

손 선생을 만났다는 것을 증명할 수 있는 건 오로지 책과 노트뿐이었다. 그나마 그동안 읽으면서 나만의 비밀노트에 주억 주억 적어 놓았던 수많은 메모 덕분에 손 선생이 준 노트의 내용과 미션만은 기억 속에 또렷이 남아 있는 것이 다행이었다.

며칠 전 영업노트에 일기처럼 적어 놓았던 메모가 눈에 띄어 읽어 보았다.

'나는 간절했다. 처참했던 지난날을 다시는 반복하고 싶지 않았다. 아내와 아이가 먹고 싶은 음식을 돈이 있는데 안 사주는 것과 돈이 없어 못 사주는 것은 천지 차이였다. 다시는 그런 비참함을 느끼기 싫다. 지금 집중하지 않고 해이해지면 다시 그런 시절로 돌아갈 것이다'

'이제 생이 얼마 안 남은 나의 친구 용수를 생각하면 가슴이 저민다. 이 친구가 나에게 간절하게 바란 건 단지 챔피언이 되는 것만은 아닐 것이다. 끝까지 포기하지 않고 삶의 목표에 도전하는, 살아 있음을 증명할 수 있는 심장의 펄떡거림. 용수는 나를 통해서 그런 꿈틀거림을 느껴 보고 싶어서 내가 챔피언이 되길 바랐을 것이다'

하늘과 땅 차이다. 간절한 이유가 있고 없고, 나의 목표 챔피언. 보고보고 또 보고, 외쳐보고 또 외쳐보고. 목표를 달성하기 위해 내가 해야 할 일의 목록을 매일 적어본다. 하루도 빠짐없이 반복해야 할 일을 적어보았다. 목표를 잘게 잘라서 매주, 매일 해야 할 실행 목록을 만들고 지속적으로 반복하고 또 점검했다.

결국 반복이다. 반복만 할 수 있다면, 그리고 그것이 습관이 된다면, 목표를 잊고 점검을 하지 않는다 해도 괜찮다. 어느 순간 일취월장해 있는 나를 발견한 것은 어느덧 습관이 되어 버려 무의식적으로 반복 실행해 온 무언가의 행동이 있었기 때문 아닐까?

목표를 달성하기 위해서는 계획이 있어야 하고, 그 계획을 실행할 세부적인 행동방침이 있어야 한다. 그 행동을 지속적으로 반복 실행해서 습관으로 형성하는 것이 관건이다.

명확한 목표에 방향이 맞춰진 습관은 목표에 대한 강한 집념 없이도 달성하도록 만들어 준다. 다만 시간의 차이만 있을 뿐이다. 다시. 습관을 만들기 위해서는 지속적인 반복이 필요하다. 하지만 반복한다는 자체가 쉽지 않다.

반복을 하게 만드는 힘은 무엇일까? 첫째, 반복하는 행위 자체를 즐길 수 있던지, 둘째, 보상이 있던지, 셋째, 간절하든지. 이 셋 중 하나가 필요하다. 과연 어떤 원동력이 나를 반복해서 움직이는가? 나는 무엇을 위해 움직이는가? 무엇을 위해 사는가?

12월

다시 일어서는 용기

월

꿈꾸지 않고 이룰 수 있는 것은 없다
– 챔피언 도전

12월 첫째 주가 지나가고 있다. 올해 레이스 마지막 달. 상위에 랭크되어 있는 에이전트들의 활동이 예사롭지 않다. 챔피언 자리를 다들 생각하는 거다. 물론 상위권 중에서도 일찌감치 마감을 하고 쉬는 사람도 있었다.

하지만 대부분 마지막 12월에는 무언가 마무리를 하는 분위기가 있어 계약도 한 해 중에 가장 많이 나오고, 또 규모가 큰 계약도 체결되곤 한다. 나 역시 마지막까지 최선을 다하기로 결심을 한 바다.

어느덧 아내의 배는 크게 부풀어 있었다. 한 생명이 저물어 가고, 한 생명은 이제 시작을 앞두고 있다. 의사는 아들이라고 했다. 또 아들이다. 이 달이 산달인데 첫째처럼 나오려다 안 나와서 힘 다 쓰고 제왕절개를 하느니 이번에는 아예 날짜를 정해서 낳자고 한다.

이제 안에서 애기가 크게 움직이는 동작이 느껴진다. 친정집이 바로 옆이라 평상시에도 들락날락해 왔던 아내는 첫째도 어리고 해서 요즘 아예 친정집에 살다시피 한다. 이럴 때는 친정집이 가까운 것이 참 편하다는 생각이 드는 건 너무 이기적일까.

세상에 첫 선을 보이는 둘째에게 아빠가 줄 수 있는 선물을 생각해 보았다. 아무리 생각해 봐도 식상하지만, 최선을 다하는 아빠의 모습이 아닐까 결론을 내렸다.

이 또한 이기적인 생각이다. 그래도 그만한 것이 없다. 난 천년만년 이렇게 각박하게 살지는 않을 것이다. 일 년 아니 어쩌면 이번 달 어쩌면 하루가 될지도 모른다. 하루하루를 정말 후회 없이 최선을 다해서 살리라.

이번 달만 아침에 달리기를 잠시 멈추기로 했다. 12월 마지막 영업에 집중하기 위해서이기도 하지만, 새벽에 춥고 눈길에 달리다가 부상당할 위험이 있기 때문이다. 대신 지난 달보다 활동량을 대폭 늘리기로 했다.

고객 모두에게 전화해서 애뉴얼 리뷰[1]Annual review 약속을 잡아 올해 계약을 다시 설명해 주고, 추가계약이나 소개를 요청했다.

절박하고 간절한 마음으로 손 편지를 보내던 올해 그 심정 그대로 지인들 명단을 정리해서 작은 선물과 편지를 보냈다. 이번에는 보내야 하는 사람이 너무 많아서 손으로는 못 쓰고, 타이핑해서 프린트하고 서명으로 대체했다.

보석상을 하는 최규철 선배, 고기 집을 하는 서용식 선배, 옥경만

---

1. 애뉴얼 리뷰(Annual review) : 청약 후 고객 사후관리를 위한 연간 리뷰 서비스를 뜻한다. MDRT 이상의 높은 실적을 내는 에이전트들은 청약하기 전과 후 변함없이 고객에 대한 애정과 관심을 쏟는데, 가장 기본적인 것이 1년마다 한 번씩 청약일에 고객을 만나 계약 내용을 다시 검토하고, 고객의 인생주기에 따른 변동사항을 점검하는 것이다.

부장님, 채희수 빵집 형님, 홍원기 사장님, 이웅수 대표님 등 올해 인연을 맺었던 수많은 가망고객과 고객님들……. 그리고 전화를 일일이 하고 찾아 갔다.

하루에 일곱 명씩 만나도 다 못 만날 지경이었다. 만나서는 한 해 인연을 맺게 된 것은 강산에게 최고의 행운이라는 말을 꼭 했다. 그리고 지금 전국 순위가 38위 정도 되는데, 아직까지 챔피언의 꿈을 놓지 않고 있다는 말도 했다.

챔피언이 되면 회사에서 나오는 시상을 돈으로 환산해서 그때 도와주신 모든 고객님들의 이름으로 한부모 가정 아이들에게 기부할 거라는 포부도 밝혔다. 많은 고객들이 내 꿈을 지지하고 격려하고 성원해 주었다. 나는 고객에게 일인 일명 소개 캠페인을 펼쳤다.

마라톤카페는 연말이 되면서 회원수가 2천 명을 돌파하였다. 이제 온라인에서는 둘째라면 서러울 정도의 마라톤 동호회가 되었다. 송년달리기 오프라인 정모에는 무려 백여 명이 넘는 회원이 참가해서 한 해를 마무리 하였다.

정모를 무사히 마치고 따로 임원진들끼리 만난 뒤풀이 자리에서 내가 보험 영업을 하고 있다는 걸 아는 형님 한 분이 라이프 열심히 사는데 형들이 보험 하나씩 들어주어야 하지 않느냐고 바람을 넣었다. 분위기가 긍정적인 방향으로 흘러가면서 다들 올해 하나씩 하기로 하고 추후 일대일로 만나기로 했다.

12월에는 월초부터 일주일에 10건씩 계약이 체결되었다. 연금 30만 원, 종신보험 10만 원 대의 계약이 줄이어 계속 나왔다. 저녁에 퇴근해서 청약서 입력에만도 시간이 꽤 필요했다.

12월 중순이 넘어서 이제 올해 레이싱도 열흘 남짓 남았다. 현재까지 22건에 월납보험료 480만 원이다. 말 그대로 최선을 다하고 있다. 내가 미친 듯이 계약을 집어넣으며 승부근성을 보이자 팀장이 저녁에 남아서 같이 제안서를 작성하는 등 아낌없는 지원을 했다.

사실 이젠 팀장은 나의 광팬 수준이었다. 올해 초만 하더라도 내가 아프다고 하자 쌍수를 들며 병가를 신청하고 팀 재적에서 빼기 급급하던 팀장이 1년 만에 완전히 바뀐 셈이다.

성탄절 이브 저녁 그날의 마지막 고객 상담이 끝나고 종신보험 월납 보험료 26만 원 업적 보고를 하자 팀장한테 바로 문자가 왔다. 아직 회사에서 늦게까지 퇴근도 안 하고, 내 실적 추이를 점검하고 있던 모양이었다.

'축하합니다. 지금 이 계약 건으로 COT를 달성하셨습니다!'

팀장은 환수 없이 이대로 올해를 마감하면 무난하게 전국 30위 권 안에는 입성할거라고 정말 대단하다고 호들갑을 떨었다.

12월 전국 실적 추이를 보니, 역시 챔피언 급들은 대포를 쏘아대고 있었다. 전국 각지에서 숨어있던 고수들이 보여주는 마지막 팡파르 쇼. 어디서 나타났는지 잠자고 아침에 일어나면 월납 보험료 천만 원짜리가 펑펑 입력이 되었다.

김성한 선배와 유영찬 후배도 날아다닌다는 표현이 적합할 정도로 얼굴 보기가 힘들었다. 나처럼 소총부대가 챔피언 레이싱에 동참하기에는 클래스가 다른 셈이다.

하지만 개의치 않았다. 올 한해 나와 함께 한 고객님들과 한 번이라도 얼굴을 더 보고, 올해의 마무리와 내년의 계획에 대해 대화하는 그 자체가 나에게는 이 일을 하는 존재 가치이자 삶의 동력이었으니까. 끝까지 챔피언에 포기하지 않고 도전하는 모습을 보일 테다.

회사에서는 마감 일주일을 남겨 놓고 전산시스템에서 전국 실적과 순위를 볼 수 있는 모든 메뉴를 닫아 버렸다. 마지막에 레이스가 너무 과열되어 문제가 생기는 등 과도한 눈치경쟁을 방지하기 위해서였다.

이제 경쟁자의 활동은 팀장의 정보력이나 소문에 의존할 수밖에 없었다. 하지만 나는 챔피언 레이스를 펼치기에는 너무도 거리가 멀었다. 챔피언이 되려면 최소한 TOT를 달성해야 하는데 그러기 위해서는 월납보험료로 4천만 원 정도가 더 들어가야 가능했기 때문이다.

물론 마지막 히든카드가 있긴 했다. 11월 초 홍원기 사장에게 소개받아서 만났던 지브란산업 이웅수 대표. 초회만남 이후에 바로 미국에 출장을 떠나는 바람에 도통 연락이 안 되다가 11월 말에 불쑥 전화가 와서는 이복형을 찾았는지 여부는 언급을 회피하면서 찾았다는 가정 하에 제안서를 작성해 달라고 했다.

프레젠테이션 자리에는 귀국하자마자 겨우 시간을 맞춘 이웅수 대표와 재무이사가 참석했는데, 제안서를 설명 들은 후 잠깐 양해를 구하더니 거의 삼십 분 동안을 논의하는 것 아닌가? 나중에 오라는 말없이 그 자리에서 논의를 하는 것을 보면 희망이 아주 없지는 않았다.

이웅수 대표는 바로 결정하기가 어렵다면서 다음에 임원진이 있는 자리에서 다시 똑같이 설명을 해줄 수 있느냐고 물어봤다. 물론 할 수 있다고 말하고 일단 그 자리는 그렇게 끝이 났다.

하지만 달이 바뀌고 이제 해가 바뀌는데 지브란산업 쪽에서는 아무런 연락도 없었다. 몇 번 비서한테 메모를 남겨 보긴 했지만 내년도 사업 전략수립 때문에 바쁘다는 피드백만 돌아왔다. 글렀구나 했다. 홍원기 사장은 또 소개해줄 테니 너무 매달리지 말라고 진심 어린 조언까지 해주었다.

성탄절 전날 퇴근하는 동네의 밤 거리는 한적하다. 눈이 올 기미는 전혀 보이지 않는다. 언제부턴가 길거리 음악이 사라지면서 캐럴송이 없는 성탄절 이브는 누군가 오늘이 "성탄절 이브야."라고 말하기 전까지는 모르고 지나칠 정도가 되었다. 오히려 그 적막함 속에서 삶과 죽음의 경건함, 인생과 영업현장의 치열함이 느껴지는 것은 왜일까?

내일은 아내의 배 속에서 10개월 동안 자란 둘째가 세상 밖으로 나오는 날이다. 오늘 밤 집에 들어가서 기도를 할 생각이다. 태어날 둘째를 위해서, 죽음을 준비하고 있는 용수를 위해서, 그리고 올해 챔피언 달성을 위해서.

새로운 탄생,
그리고 새로운 희망

성탄절이다. 올해도 역시 화이트 크리스마스냐 아니냐가 중요한 것이 아니었다. 둘째가 태어났다. 이 놈이 복덩이다. 이 녀석을 아내가 뱃속에 넣으면서 아빠가 돈을 잘 벌기 시작한 거 아닌가? 초음파 사진에도 눈이 크게 나오더니 실제로도 정말 원숭이 눈처럼 크다. 아하, 이런! 올해가 원숭이해다. 누가 원숭이띠 아니라고 할까봐 이렇게 눈이 동그랗게 예쁠까. 첫째는 꼭 나 닮았었는데 둘째는 보면 볼수록 엄마를 꼭 닮았다.

"너한테 아빠의 열심히 일한 모습을 선물하려고 이번 달 정말 최선을 다해 일하고 있단다."

꼬물꼬물 움직이는 아이의 손가락을 꼬옥 붙잡고 말해 주었다. 아내는 첫째 때와는 달리 빠른 회복을 보였다. 돈의 힘인가? 돈이 주는 마음의 안정 때문인가? 며칠 전 급여 날에도 보통 대기업 신입사원 일 년치 소득에 해당하는 생활비를 통장에 꽂아 주었다.

359

말 그대로 인생역전이 되었다. 내가 일을 하며 작년까지 몇 년 동안 번 돈 모두 합쳐서 거기에 두 배를 곱해도 올 한 해 번 돈만큼 안 될 정도였다. 그래, 이 정도면 됐다. 나는 내심 챔피언이 안 되더라도 챔피언 시상에 해당하는 돈만큼을 한부모 가정에 기부할 생각을 갖고 있었다.

'하나님, 제가 끝까지 최선을 다할 수 있도록 힘을 주세요'

기도를 하고 있는데 주머니 속 핸드폰의 진동이 울렸다. 기도를 마저 마치고 나서 핸드폰을 꺼내 보았다. 문자다.

'쉬시는데 죄송합니다. 지브란산업 이웅수입니다. 다음 주 월요일 시간이 되시면 이쪽에 잠깐 들리실 수 있을까요?'

'물론입니다. 몇 시에 방문할까요?'

'저는 아침 8시가 좋습니다'

'네, 시간 맞춰 찾아뵙겠습니다'

마지막 문자를 보내는 손가락이 떨렸다. 이게 뭐지? 침착해야 한다. 너무 기대하지도 말아야 한다. 혹시 뭘 잘못한 건 아닐까? 아니 그럴 건 없었다. 홍 사장한테 전화를 했다. 혹시라도 정보가 있을까 싶어서였다.

"사장님, 저 강산입니다. 둘째 낳았어요."

"어, 축하해. 좋겠네. 이름은 지었어?"

"아뇨, 그런데 다른 게 아니라 지브란산업 이웅수 대표 있잖아요? 방금 전 문자 와서 다음 주 월요일에 만나기로 했는데 뭐 특이사항 있어요?"

"어, 없는데? 아, 전에 강산 선생이 말했던 거 그거 관심이 좀 있는 것 같아. 내가 팍팍 밀었다. 잘 될 거야. 잘 되면 한 턱 쏴라."

"아, 그렇구나, 감사합니다. 제가 한 턱만 쏘겠어요? 또 전화 드릴게요."

뭔가 조짐은 좋아 보였다.

월요일 아침, 출발하러 준비하고 있는데 핸드폰이 울렸다. 이웅수 대표였다. 얼른 받았다. 이웅수 대표는 거듭 미안하다며 오늘 오지말고, 3일 후 12월 마지막 날 아침에 아예 전체 임원이 있는 가운데서 프레젠테이션을 할 수 있냐고 물어 보았다. 당연히 알겠다고 하고 전화를 끊었다.

12월 31일 아침 9시. 프레젠테이션은 정말 전체 임원이 모두 대동한 가운데서 진행이 되었다. 지브란산업의 회장, 이웅수 대표의 아버님도 오셨다. 저 분이 젊었을 적 6대1로 싸운 전설의 남자인가?

예전에 집안의 내력을 듣고 상상했을 때는 출세지향주의의 영화 속 주인공처럼 바늘로 찔러도 피 한 방울 나오지 않는 캐릭터가 아닐까 싶었는데, 실제 분위기는 아주 평온한 인상이었다. 특히 반백의 머리가 인상적이었다. 마치 백발머리에 검은 머리카락이 수놓은 것처럼 보였다. 긴장이 되었다.

아무튼 의사 결정권자까지 온 것으로 봐서는 이미 사전에 교감이 어느 정도 된 게 아닐까 싶었다. 우리 쪽에서도 같이 일하는 회계사 한 명과 팀장을 대동하고 회의에 참석했다. 발표는 내가 했다. 팀장은 전체적인 진행은 같이 했지만, 지브란산업 측에 제안하는 구체적 액수는 모르고 있었다. 발표안 목차는 다음과 같았다.

'지브란산업의 법인자금 운용을 위한 법인자금 인출방안, 대표의 가지급금 해결방안, 가업승계와 이에 따른 지분구조 조정을 위한 주식 양수도 문제 해결 방안'

설명이 다 끝나고 임원 몇 명이 던진 시시한 질문에 답변을 하고, 회장의 반응을 살폈다. 이웅수 대표 역시 회장의 눈치를 살피는 것 같았다. 회장은 말없이 제안서를 한 장 한 장 보다가 옆에 앉아 있는 임직원에게 손짓으로 오라고 하더니 귓속말로 무엇을 지시하는 듯 했다.

"자체 회의를 하고 결정하신답니다."

임직원이 무표정한 얼굴로 말해 주었다. 아, 물 건너 간 건가 싶었는데 이웅수 대표가 밖에서 잠시 기다리라는 신호를 보내왔다. 팀장과 회계사와 같이 나오면서 서로 수고했다는 눈빛을 교환했다.

내심 궁금한 것은 있었지만 이제 와서 무엇 하리. 프레젠테이션한 솔루션은 회장의 지분을 절반씩 나눠 증여하는 방법으로 설명되었다. 그런데 이복형은 찾은 것일까? 어찌되었든 이제 결과가 어떻게 나오든 괜찮다. 최선을 다했다. 진인사대천명盡人事待天命.

시간이 십여 분 지났을까? 마치 한 시간은 족히 기다린 것 같았다. 문이 열리더니 그 임직원이 들어오라고 사인을 보냈다. 들어갔더니 회장이 넉넉한 미소를 지으면서 한 마디 했다.

"여러분께서 제시한 금액대로 하겠습니다. 진행은 여기 실무자하고 하시면 됩니다. 잘 부탁드립니다."

순간 머릿속이 아득해 지는 것을 느꼈다. 이게 현실일까? 꿈인가? 내가 제시한 금액은 월납 보험료 4천만 원이었다.

마지막 가는 길까지
함께 하다

"용수 씨가 이상해요."

12월 31일 마감이 완전히 끝나고 집에 오니 저녁 10시였다. 씻으려던 찰나 제수씨의 급한 전화를 받고 택시에 몸을 실었다. 도착해서 본 용수는 완전히 다른 사람 같았다. 밥을 못 먹어서 광대뼈가 드러나 있는 얼굴은 마치 해골과 다름없었다.

제수씨는 얼음장 같은 용수의 발을 온 힘을 다해 마사지를 하고 있었다. 용수는 간헐적으로 격렬하게 몸을 떨었다. 아무래도 심상치 않았다. 앰뷸런스를 불렀다. 앰뷸런스를 타고 가는 도중에도 용수의 발작은 멈추지를 않았다.

"용수야, 정신 차려. 내가 챔피언 하는 거 봐야지. 오늘 내가 월납 4천만 원 보험계약 했어. 챔피언 할 거란 말이야."

울부짖었다. 이렇게 친구가 가나 보다 싶었다. 용수는 의식을 잃은 상태로 간헐적인 발작만을 할 뿐이었다.

용수는 병원 응급실에 도착해서 발작이 멈추었지만 의식은 돌아오지 않았다. 의사는 순간적인 쇼크 상태로 정신을 잃은 것이라고 했다.

밤이 지나고 새해 첫 날, 용수는 안정을 되찾았다. 하지만 담당 의사는 암 세포가 혈액을 쉽게 응고시켜 버리는 폐색전증[1]을 일으켜 발작이 심해지고 있고, 증상은 점점 더 악화될 수밖에 없다고 했다.

의사는 마지막으로 화학요법을 쓰면 수명을 조금 더 연장할 수도 있다고 했지만 용수는 원치 않았다. 용수는 죽음을 당하고 싶지 않다고 했다. 죽음을 맞이하고 싶다고 했다.

약 열흘 동안 놀랄 정도로 많은 사람들이 와서 작별인사를 하고 갔다. 그동안 살면서 은둔자 생활을 하던 녀석이 죽기 두 달을 남기고 인연이 있던 모든 사람에게 문자와 구술편지를 보낸 것이 제수씨한테 연락이 오면서 병원을 어떻게 물어물어 찾아오고 있었다.

모두들 용수의 바람대로 울지 않았다. 이 생의 인연이 반가웠다고 말해 주었다. 먼저 가서 터 잘 닦고 있으라고 농담하는 사람도 있었다. 다들 평화로웠다. 용수가 원하는 대로 된 것이다.

새로운 새해 두 번째 맞는 일요일 아침, 용수의 정신은 더할 나위

---

1. 폐색전증(pulmonary thromboembolism) : 폐는 몸에 필요한 가스 교환을 하는 것이 주된 기능인데, 이를 위해 혈액이 폐동맥에서 모세혈관을 지나 가스 교환을 하고 난 후 폐정맥을 통하게 된다. 이때 다리에 위치한 깊은 부위의 정맥(심부정맥)에서 생긴 혈전(혈관 안에서 혈액이 부분적으로 응고된 것)이 이동하여 폐의 혈관을 막은 상태를 폐색전증이라고 한다. 색전증이라는 용어는 혈전이 혈관을 타고 이동하여 체내의 다른 혈관을 막아 일으키는 병적인 상태를 말한다. 환자가 잘 움직이지 못하는 상태에 있거나 수술을 한 경우, 임신, 척수 장애, 울혈성 심부전 또는 장시간의 비행기 여행 등은 정맥피가 정맥 내에 머무르는 저류와 관련이 있는 위험인자이며, 암이나 경구 피임약 등은 혈액의 과도한 응고상태를 만들어 색전의 위험을 증가시킨다. 갑자기 시작된 호흡곤란이 가장 흔한 증상이며, 빠른 호흡은 가장 흔한 징후이다. 호흡곤란, 실신 혹은 청색증은 대량의 폐색전증을 나타내며, 흉막성 통증, 기침, 객혈은 흔히 흉막에 가까운 원위부에 위치한 작은 폐색전증을 암시한다.

없이 맑아 보였다. 난 작년 마감을 끝내고 거의 병실에서 살다시피 했다. 용수 녀석이 친척이 하나도 없어 제수씨 혼자 밤샘 간호를 매일 한다는 건 도저히 무리였기 때문이었다.

아내도 용수와 나와의 관계를 알기에 3일에 한 번 꼴로는 병실에 와서 내 곁에 있어 주었다. 그런 나를, 그리고 상황을 이해해 주었다. 식사는 교대로 했다. 이제 곧 아침식사를 하러 같이 간 아내와 제수씨가 돌아올 시간이다.

용수는 더 이상의 치료를 원하지 않았고, 며칠 전부터는 물도 거부했다. 잠을 자는 건지 눈을 감고 있는 시간이 점차 많아지고 있었다. 하지만 깨어 있을 때 정신만은 또렷했다. 담당의사는 이런 환자는 처음 본다고 그랬다.

보통 말기 뇌암 환자는 화학적 요법에 따른 정신적 불안감과 육체적 고통 때문에 치사량에 달하는 진정제를 투여할 수밖에 없는데, 그렇게 되면 환각 증세나 선망증세가 생겨 옆에 있는 사람이 매우 고통스럽다고 했다. 하지만 지금 용수는 더 없이 평안해 보였다. 한동안 병실 천장을 잠자코 쳐다보던 용수가 입을 뗐다.

"강산아, 이제 내가 며칠이나 살까?"

"왜 그래? 그렇게 단단한 놈이."

"무서워."

"……"

무슨 말을 해야 할지 몰랐다.

"내가 죽는 게 무서운 게 아냐. 내 딸 수영이와 수영 엄마가 홀로 남겨진다는 것이 무서워. 내 죽음을 수영이는 어떻게 받아들일까?

수영이 엄마는 어떻게 살아갈까? 어제는 내가 우는 걸 수영이 엄마가 보았어. 수영이 엄마한테 너무 미안해."

용수의 목소리는 점차 흔들리더니 급기야는 말꼬리를 흐리고 말았다. 누워있는 눈가 옆으로 한 줄기 눈물이 흘렀다. 용수는 그동안 한 번도 우는 모습을 보이지 않았었다. 더 이상 할 말이 없었다. 그저 약간의 온기가 있는 용수의 손을 잡아 주는 것 말고는 그 어떤 말로도 위로를 해줄 수 없을 것 같았다.

"용수야, 네가 이렇게 준비를 하고 있는 것 자체가 우리에게 힘이 되고 있어. 그리고 난 네게 약속을 지키려고 작년에 마지막까지 최선의 레이스를 펼쳤어. 그거 알기는 알아?"

"알지. 그걸 왜 몰라. 너 작년에 마감 끝내고 그 다음날 정신이 든 나한테 얼마나 자랑을 했는지, 내가 너 그런 모습을 생전 처음 봤다. 너 앞으로도 그런 모습 없을 것 같아. 고맙다, 강산아. 끝까지 최선을 다 해줘서."

순간, 친구의 그 '고맙다'라는 말이 이제 앞으로 다시는 들을 수 없는 말이 될 거라는 생각이 들었다. 아니, 어쩌면 이 대화가 마지막이 될 수도 있는 노릇이었다. 최대한 내 말을 아끼고 친구의 말을 듣고 싶었다.

"난 네가 나 군 입대 전날에 끝까지 같이 있어준 게 기억에 생생해. 지금 이 순간에 왜 그때가 기억나는지 몰라. 그때 너 참 고마웠어."

이 말을 해주고 싶었다. 그때 못한 고맙다는 말을 이제까지 아껴 왔던 걸지도 모르겠다.

"자슥이…… 그때가 참 좋았었지……."

용수는 잠시 십여 년 전으로 거슬러 돌아가 푸르디푸른 젊은 날을 잠시 회상하는 듯 싶었다.

"그런데 강산아 있잖아. 우리 옛날에 학교 다닐 때 강의 들은 것 중에 샘물호스피스 원주희 원장이 한 말이 생각나."

용수는 피식 미소를 흘리더니, 갑자기 엉뚱한 소리를 했다.

"뭔데?"

"준비되지 않은 죽음은 가족을 고통스럽게 한대. 그래서 난 그동안 나름대로 내 죽음에 대해서도 또 그 이후에 대해서도 준비를 했어. 내가 죽으면 우리 집 내 방 책상서랍에 편지가 한 통 있을 거야. 유언장을 새롭게 써서 넣어 놓았어. 내가 처음 뇌종양 진단받았을 때 쓴 거야."

"야, 무슨 죽는다는 소리 하지 마."

"아냐, 강산아, 날 놓아줘야 해. 그래야 내가 편히 가지. 그 유언장에 내가 내 소중한 사람들에게 마지막으로 남겨놓은 선물이 있어. 마음으로 받아들이게끔 네가 신경을 좀 써줘. 그럴 수 있지?"

"……"

내가 말이 없자 용수는 나보고 가까이 오라고 하고는 귀를 빌려달라는 손짓을 했다.

"그리고 말이야. 원주희 원장이 한 말 중에 틀린 말도 있는 것 같아. 사람이 한평생 살면서 모르는 것 세 가지가 있는데, 그게 사람이 언제 죽을지, 어디서 죽을지, 또 어떻게 죽을지 모른대. 그런데 나는 죽음이 가까이 와서 그런지 이 세 가지를 알 것 같아. 난 오늘 밤에 죽을 거야. 그리고 여기 병실에서 눈을 감을래. 또 조용하게 숨을 거둘 테고 내 옆에는 내 가족과 네가 있어 줄 거야. 난 이 세 가지를 모두 아니까 그 분이 말한 게 틀린 셈이 되는 거지."

용수는 마치 굉장한 거라도 발견한 것 마냥 순박한 미소를 지으면서 나직하게 속삭였다. 그때 식사를 하고 온 아내와 딸 수영이를 안은 제수씨가 병실 안에 들어 왔다.

순간 햇살이 병실 창문 너머로 아스라이 들어오고 있었다. 나는, 아니 나를 포함한 용수의 가족, 그래 봤자 제수씨와 딸 수영이 뿐이지만, 모두 마음의 준비가 되어 있었다. 수영이조차 아빠의 죽음을 받아들이고 있는 것처럼 느껴질 정도였다.

1월 11일 아침 7시였다. 아니 대략 그 즈음일 것이다. 용수는 그렇게 조용하게 세상을 떠났다. 사람들이 한평생 살면서 모르는 것 세 가지를 용수는 다 맞히고 말이다. 아, 한 가지는 틀렸다. 옆에는 제수씨와 딸 수영이, 나 그리고 내 아내가 있었다.

정말, 너무도 다행히도 용수는 마치 잠을 자듯이 그렇게 우리 곁을 떠나갔다. 우리 넷은 당황하지 않았다. 바로 다급하게 의사를 부르지도 않았다. 몇 분 동안 가만히 용수가 잘 가는 그 순간을 바라보고 있었다.

의사는 폐색전증이 사망원인이라고 그랬다. 그로 인해 뇌에 산소 공급이 중단되면서 의식이 끊겼고 심장도 멈춘 거라면서, 가장 고통 없이 생을 마감하는 방법이라고 우리들을 안심시키려 노력했다. 하지만 우리는 그 전부터 잘 알고 있었다. 용수가 우리를 위해 죽음을 준비했다는 사실을.

용수는 자신이 잘 다니던 대방동 성당에서 장례식이 치러지길 원했다. 그리고 계획대로 진행되었다. 성당 신도들이 와서 장례미사를 하고, 점심이 지나면서 조문객이 밀려오기 시작했다. 의외였다.

용수가 살아오면서 인연을 맺은, 용수가 가는 길에 같이 하고자하는 사람들이 이렇게 많았던가? 또 조문객들이 내가 거의 아는 사람들이란 점도 놀라웠다. 초등학교부터 대학교까지 용수와 같이 다닌 나는 마치 학교 동문 모임 또는 내 고객 모임을 하는 것 같은 느낌도 들었다.

아이러니하지 않은가? 내 친한 친구의 장례식이 마치 내 고객들모임이 되다니! 모두들 알게 모르게 용수의 영향을 받았고, 한 번이라도 도움을 받았던 사람들이었다. 그들은 살아생전 용수가 했던 일들에 대해 시간가는 줄 모르게 이야기를 나누었다.

다른 장례식과 좀 특별했던 점은 조문객이 가장 많을 첫째 날 저녁에 내가 자신을 위해 '챔피언스' 노래를 불러주길 원했고, 또 나는 실제 그렇게 하려 했다는 것이다. 시도했다는 사실이 중요하다.

나는 노래를 부르진 못했지만 용수의 장례식장에서 조수미의 '챔피언스' 노래를 틀어주는 것으로도 충분히 용수와의 약속을 지켰다고 생각한다.

물론 장례식에서 생뚱맞게 '챔피언스' 노래를 틀기 위해서는 조문객들의 충분한 양해가 필요했음은 두말할 나위 없는 일이다. 어떤 사람은 노래가 나오자 따라 부르기도 했다. 다들 술도 얼큰하게 취했다. 우는 사람은 한 명도 없었다. 모두 용수의 가는 길을 축복해 주었고, 용수의 밝게 웃는 영정사진은 마치 그런 광경을 즐기는 듯 했다.

친구들과 술 한 잔씩 하면서 회포를 풀다가 멀리서 낯익은 얼굴
이 퍼뜩 눈에 들어 왔다. 언제 왔는지 조문은 하지 않고 멀찍이서 영
정사진을 물끄러미 쳐다보다가 말없이 뒤돌아서는 반백머리의 노
인이었다.

검은 슈트를 입은 두어 명의 청년들에 둘러 싸여서 문을 닫고 나
가는 모습을 보고서야 생각이 났다. 작년 마지막 날, 지브란산업 회
의실에서 가장 높은 곳에 앉아있던 노신사 바로 그분 아닌가? 뒤따
라가는 검은 슈트의 청년은 이웅수 대표 같았다.

내가 술에 취해서 헛것을 본 건가? 이곳에 올 리가 없지 않은가?
잠깐 멍하니 머릿속 퍼즐조각을 맞춰보다가 신발을 주섬주섬 신고
쫓아가 보았지만 이미 어디로 갔는지 보이지 않았다. 내가 잘못 본
것일까?

친구의
유언장

 이 유서를 읽을 때쯤이면 나는 한 줌의 재가 되어 자연과 함께 하고 있겠지. 장례식에는 생전에 내가 알았던 사람들이 조문 핑계로라도 만나 서로 회포도 풀고 그랬으면 좋겠다.

 인생 한 치 앞도 모르는데 그렇게라도 얼굴 보고 살아가야 하지 않겠어? 모든 걸 놓고 가는 마당에 할 말이 무어가 있겠냐마는, 이 유언장은 내 사랑하는 아내와 내 오랜 친구이자 담당 보험설계사인 강산에게 마지막으로 남기는 부탁이자 선물이자 메시지이다.

 이 유서는 내가 조금이라도 몸을 움직일 수 있을 때 쓰려 했다. 암 진단을 받았을 때 이미 내 목숨은 두 달밖에 남지 않았으니 이제 절반 살았고, 앞으로 내 삶은 절반이 남았구나. 이제 오른쪽 눈은 안 보이고 팔에도 감각이 떨어져서 한 줄 쓰고 몇 분은 쉬어야 하니, 한밤중부터 쓰기 시작하는 이 글을 아침 전에 다 쓸 수 있을지도 의문이다. 글씨가 보기 어렵지만 양해해 주길.

우선 이 세상에서 내가 사랑한 유일한 여자 수영이 엄마, 아니 정미 씨 미안해. 홀로 두고 나 혼자 먼저 가서 정말 미안해. 외로운 우리 둘이 서로 보듬어 가며 평생을 그렇게 살자했는데, 약속을 못 지켜서 미안할 뿐이야.

나 없이 혼자 수영이를 키워야 할 정미 씨를 생각하면 하늘이 무너지는 것 같아. 하지만 정미 씨를 나는 믿어. 그 누구보다도 잘 해내리라 생각해.

내 과거에 대해 말하지 않는 나에게 물어보지도 않고, 원망하지도 않고, 그저 이해하고 믿어주면서 살아온 정미 씨에게 다시 한 번 고맙다는 말을 하고 싶어.

내가 아프지 않았다면 언젠가 말해줄 내용이었지만, 그러기엔 내 삶이 너무 짧아졌네. 이제 이 편지에서 말하려 해.

정미 씨, 지브란산업이라고 들어 봤지? 거기 회장님이 내 아버지야. 그리고 내 어머니는 아버지의 숨겨진 여자였지. 나 또한 숨겨진 아들이었어. 초등학교 다닐 때까진 아버지를 한 달에 한 번씩은 보았었는데, 그 이후로는 보지를 못하였지. 어머니는 아버지가 돌아가셨다고 하셨어.

나는 그런 줄만 알고 그저 어머니만 바라보면서 살았어. 어머니는 우리의 생활이 외부에 노출되는 것을 극도로 꺼려하셨는데, 그 이유는 자칫 아버지의 사회적인 위치가 흔들릴까봐 그러셨나봐. 나는 그런 생활이 너무도 싫어서 이유도 모른 채 사춘기를 방황했었어.

내가 서출이란 사실은 어머니가 자궁암에 걸리시고 돌아가시기 직전 나에게 고백하는 바람에 알게 되었지. 어머니는 자신이 죽은 후 찾아가라 했지만 난 오히려 더 숨어버렸어.

자신의 야심 때문에 사랑하는 여인을 버리고, 그 자식까지도 세상에 감춘 남자를 나는 절대 용서할 수가 없었어. 아니 아버지를 죽이고 싶을 정도로 분노와 증오에 사로 잡혔었어. 나는 자살까지도 결심했지만 정미 씨가 내 옆에 있어줘서 나는 내 목숨을 연장할 수 있었어.

하지만 나는 암 선고를 받고 나서 아버지를 만나 용서를 했어. 내 마음 속 깊이 진정으로 말야. 많이 늦은 감이 있지만 난 처음으로 아버지의 손을 잡고 혈육의 따스함을 다시 느낄 수가 있었어. 나이 드신 분이 그렇게 서럽게 우는 건 난생 처음 보았어.

이복동생의 얼굴도 사진으로 처음 보았지. 나보다 아버지를 더 많이 닮았더라고. 이름은 이웅수라고 해. 아마 이 유언장을 읽을 땐 산이가 웅수를 여러 번 만나지 않았을까 싶다.

이제 계속 글을 쓰기가 힘들다. 많은 말을 남기고 싶지만, 사실 사랑한다는 말 외에 또 무슨 말이 필요하겠어. 헤어지면서 아버지에게 세 가지 부탁을 했어. 그리고 이 부분에 대해서는 절대 토 달지 말고, 내가 하자는 대로 했으면 한다. 꼭 그럴 거라고 생각하고, 믿는다.

첫째, 아버지에게 정미 씨와 내 딸 수영이를 부탁했다. 금전적인 부분에 대해서는 따로 공증을 해놓았으니 산이가 꼭 잘 실행될 수 있도록 도와줘. 두 식구 생활할 정도와 수영이 학업을 마칠 정도만 해달라고 했다.

둘째, 아버지가 내 몫을 증여한다는 걸 나는 절대 받지 않겠다고 했어. 하지만 안 받으면 사회에 환원하신다는 말에 내 이름으로 한 부모 아동돕기 후원회를 만들기로 했으니, 그 절차 또한 산이가 진행해 주었으면 해.

마지막으로 셋째, 지브란산업의 모든 보험 및 재무 관련해서 산이한테 다 맡겨달라고 부탁했다. 유언장을 읽을 때쯤이면 어느 정도 진행이 되었으리라 생각하는데, 최대한 자연스럽게 맡을 수 있도록 해달라고 했으니, 산이 너는 전혀 눈치 채지 못할 수도 있을 거야. 아버지는 지브란산업과 산이 너와의 교집합에 홍원기라는 교수님이 계시다고 했어. 나 대신 아버지와 내 이복동생의 회사를 잘 부탁한다.

이제 더 이상 글을 쓸 힘이 없네. 순간순간이 내게는 너무도 소중해. 이 세상 모든 것을 사랑하지 못한 내가 너무도 안쓰럽다. 끝까지 쓰린 건 딸 수영이가 아직 너무 어려서 자기 아빠의 얼굴을 기억하지 못할 거라는 점이야. 수영아, 너무 미안하고 너무 사랑해.

12월 첫날의 아침 해가 솟아오른다. 창문을 통해 들어오는 겨울 햇살이 이토록 영롱할 줄이야. 이제까지 이런 느낌을 모르고 살았다니. 정미 씨, 그리고 우리 사랑하는 딸 수영아 사랑해. 하늘나라에서 계속 보고 있을 거야. 정미 씨 멋진 인생을 살아요. 모두 사랑해.

유언장을 읽는 내내 수영이 엄마와 나는 한 인생의 비밀이 열리는 순간 놀라움을 금치 못하면서도 남은 사람들을 생각하며 삶의 마무리를 담담하게 적어 내려갔을 용수를 생각하니 흐르는 눈물을 그칠 수가 없었다.

한 사람의 인생이 마감되는 그 과정을 지켜보면서, 죽음을 준비하고 기다리는 그 담대함과 인간미에 그저 경건한 마음뿐이었다.

이제 우리는 용수의 인생까지 살아야 한다. 매 순간을 소중하게 여기고 즐겨야 한다. 과거에 얽매이지 말고, 미래만을 추구하지 말고, 현재를 느껴야겠다. 최선을 다해야겠다. 많이 모자라지만 그래도 숨 쉬고 있는 나를 사랑하자.

Finale 다시 일어서는 용기

인생이라 불리는
마라톤의 중반에서

25km 지점이다. 싱글렛 뒤 숨겨둔 총알을 하나 꺼내든다. 에너지 겔, 제발 내게 힘을 다오. 손이 얼어 겨우 이빨로 잘라 쭉 빨아먹고, 급수대를 지나가며 이온음료 하나 잡아 마시고. 이대로만 가면 서브쓰리다. 페이스는? 오케이, km당 4분 2초. 길은 빙판이다. 물 마실 때 조심해야지. 얼음이 아스팔트에 얇게 깔렸다. 미끄러질 뻔했네.

오늘은 3월 13일 일요일, 용수가 세상을 떠난 지 벌써 두 달여가 지났다. 지금 나는 잠실대교를 건너고 있다. 작년 이맘때 쯤 나는 여기까지 달려와서 죽으려 했었지. 하지만 결핵에 걸려 한강대교까지밖에 못 갔었다.

그런데 1년이 지난 지금 나는 42.195km를 달리고 있다. 그것도 3시간 이내를 목표로 말이다. 광화문에서 출발해서 강북로를 따라 한강을 건너 잠실종합운동장으로 골인하는 코스, 서울국제마라톤 대회다.

게다가 오늘은 작년 11월 중앙서울마라톤대회의 설욕전이다. 그날 경기장 마지막 트랙에서 2시간 59분 58초에 들어왔다고 생각했는데, 넷타임net time으로 3초가 더 늘어난 3시간 1초로 서브쓰리를 달성하지 못했었다. 작년 영업 마감을 하고 나서 용수의 죽음으로 1월 달에는 거의 훈련을 못했다. 정신을 차리고 2월 한 달 바짝 했지만 그때보다 더 잘 달릴지는 모르겠다.

30km 지점이다. 올림픽 공원을 지나간다. 35km 지점까지 2시간 27분 내에 돌파해야 하는데, 지금 30km 지점에서 2시간 10분이 넘어서고 있다. 제길 이거 또 실패하는 거 아냐? 괜히 센티멘털 해져서 눈물이 고인다. 다시 속도를 내 본다.

33km 지점, 올림픽 선수촌을 지나 올림픽 공원을 끼고 달리니 넓은 대로가 시원하다. 아, 이렇게 해서 가락동으로 넘어가는구나. 해볼만 하다. 아직 힘을 낼 수 있다. 주문을 외워본다.

'할 수 있다! 할 수 있다! 할 수 있다!'

힘을 비축한다고 속도를 늦춰 보는데 벌써부터 힘들다. 다리가 떨린다. 싱글렛 하의 뒤에는 35km 지점에 먹을 파워젤을 하나 남겨 두었다. 이건 정말 글리코겐이 바닥났을 때 나의 구세주가 될 것이다. 탄천교를 넘어가면서 심장 박동수가 빨라지는 것을 느낀다. 2km만 더 가면 35km다. 그때 승부를 본다.

드디어 35km 지점. 시간은? 이런. 2시간 30분이 넘어가고 있다. 이제 남은 거리 7km를 30분 이내에 돌파해야 한다. 마지막 남은 총알 하나를 입으로 찢어 목구멍으로 넘기고 이온음료와 물을 반반씩 섞어 마신다.

이제 막판 스퍼트를 해야 한다. 4분 페이스로 뛰어야 겨우 달성할 수 있다. 하지만 다리가 말을 안 듣는다. 맞바람도 장난 아니다. 시계를 계속 들여다보게 된다. 페이스가 조금씩 밀린다. 눈물이 왈칵 나왔다.

'젠장, 이대로 끝나는구나'

작년 중앙서울마라톤대회가 생각이 났다. 그때도 이렇게 끝났는데. 지금 스퍼트를 하기엔 너무 힘이 달린다. 지금 무리하게 스퍼트하다가는 몇 km 안 남겨 놓고 퍼질 것이 분명했다.

이제 37km 지점. 지금이라도 스퍼트를 해야 한다. 하지만 아직 자신이 없다. 시간은 계속 흐른다. 삼성무역전시장이 옆으로 지난다.

'아, 지금이라도 속도를 올려야 하나'

38km 지점. 이제 4km 남았다. 시계 분침은 2시간 45분을 가리키고 있다. 괜스레 눈물이 났다. 이만하면 됐다. 지금 스퍼트 한들 서브쓰리는 힘들다. 하지만 마지막으로 실컷 뛰어보기는 해야지. 자 뛰어보자. 뛰다 다리가 멈추게 된다 해도 말이다. 설마 4km 전력질주 못할까?

또 뛰니까 속도가 난다. 그래 뭐 별거 있냐? 신난다 신나. 신나게 추월해서 달린다. 40km 지점 좀 못 미쳐 탄천교 넘어가는데 마라톤 114 카페 회원님들이 꽹과리에 북까지 치면서 응원을 한다. 속도를 더 내서 달려본다.

41km 지점. 잠실종합운동장이 보인다. 이제 숨이 턱까지 찼다. 호흡이 거칠어지지만 끝까지 달려 본다. 종합운동장 전철역을 지나 입구에 다다랐는데 낯익은 노래가 들린다.

'너와 나 지금 여기에 두 손을 마주잡고. 찬란한 아침햇살에 너의 다짐 새겨봐. 멀지 않아 우리 함께라면. We are the champions tonight 이기리라. 아~ 챔피언, 이제는 우리 하나 되어 저 끝없이 펼쳐진 대지 위를 달려. 아~ 영광의 승리를 우린 이룰 거야. We are the champions tonight 우리는 할 수 있어. 뛰어라 가슴을 열고 푸른 하늘을 향해. 챔피언 승리를 위해 함께 달려 나가리'

조수미의 챔피언스. 언젠가 꿈결처럼 들렸던 그 노래. 그래, 손 선생의 비밀노트를 처음 읽던 그날 아침 들었던 노래. 용수가 자신의 마지막 가는 길에 들려 달라고 했던 그 노래다. 나도 모르게 눈물이 주르륵 흘렀다. 작년 한 해 모든 순간들이 주마등처럼 뇌리를 스쳐 지나갔다.

용수를 만나 세찬 거절을 당하던 그날 저녁 하늘에 비치던 붉은 노을, 아내가 생활에 지쳐 애를 다그치던 그 주말 아침, 그리고 손 선생의 비밀노트 첫 장을 넘기던 그 순간, 인터넷에서 마라톤 대회를 검색할 때 그 설렘과 흥분, 매일 아침 죽기 살기로 일어나 한강까지 달리며 함께 했던 강바람들, 첫 마라톤 도전 풀코스 회수차량 닭똥 냄새와 잔디밭에 비추던 나른한 햇살, 힘들 때마다 응원과 격려를 해준 나의 고객들, 용수에게 청천벽력처럼 떨어진 뇌암 진단의 충격, 죽음의 준비, 나에 대한 바람, 그리고 유언장.

용수의 바람처럼 영업 챔피언을 하기 위해서, 내 인생의 서브쓰리를 하기 위해서 달려 왔던 순간순간들.

그래 마음껏 울어라. 강산아. 너 정말 고생했다. 여기까지 오느라 정말 수고했다. 내 자신을 위해서, 내 사랑하는 가족을 위해서 정말 잘 했다. 앞으로의 인생도 또 굴러가겠지.

우리 인생 언제 끝날지 모르기에 지금 이 순간을 최선을 다해 살아야지. 지금처럼 슬픔과 환희가 또 반복되겠지. 그때마다 나는 또 갈등하고 힘들어 하고, 하지만 또 이겨내겠지. 그게 인생이겠지.

운동장 입구에 들어섰다. 이제 트랙 마지막 한 바퀴다. 추월에 추월을 거듭하며 마치 100미터 달리기 하듯 결승점 골인. 기록은? 3시간 2분 2초. 아쉽다 2분. 아쉬운 2분. 옷을 갈아입기 위해 물품보관소까지 가는데 힘이 풀려 못 걷겠다. 아니, 그보다도 감정이 북받쳐 올라 참을 수가 없다. 겨우 몸을 가누며 사람 눈을 피해 주차장으로 가서 주차된 차들 사이로 들어가는 순간 참고 있던 눈물이 펑펑 쏟아져 나왔다.

왜 우냐고? 이유가 뚜렷이 있을까? 말로는 다 표현할 수 없는 여러 복합적인 감정이다. 사실 나도 잘 모르겠다. 아내도 생각나고, 아이들도 생각났다. 용수도 보고 싶다.

몇 분간 그렇게 울고 났더니 상쾌해졌다. 이게 인생인가 보다. 이게 마라톤인가 보다. 고개를 들어 보니 저 멀리 동호회 천막에서 카페 회원님들이 두 손을 흔들며 환호하고 있었다.

생생하게 생각하면 꿈은 이루어진다
― 이미지 트레이닝Image Training

생각하는 모든 것을 현실화할 수 있을까? 생생하게 상상하면 그 이미지대로 현실이 된다는 이야기는 많이 들어 보았을 것이다. 두뇌는 사용할수록 발달한다. 근육을 발달시키는 것과 마찬가지이다. 그런데 두뇌에는 생각을 현실화시키는 근육이 따로 존재한다고 한다. 마치 팔다리 근육이 다른 것처럼 말이다.

이미지 트레이닝을 한다는 것은 두뇌 근육 중에서 특별한 부위를 훈련하는 것이다. 그 두뇌 근육을 현실화 두뇌근육Realization Brain Muscle, 즉 R근육이라고 부르자. 어떠한 상황에 대해 마치 실제처럼 생각할 수 있는 두뇌 근육이라는 뜻이다.

이 근육의 발달 정도는 어떠한 상황 이미지를 얼마나 구체적이고 명확하게 머릿속에서 그릴 수 있는가가 관건이다. 이 근육을 잘 활성화시킨 사람일수록 본인이 원하는 목표와 꿈을 현실세계에서 빠르게 이루고 성취할 수 있다.

간혹 이러한 R근육이 발달하지 못한 사람을 보기도 한다. 이런 사람은 자신에게는 운이 없다고 한다. 또 이 세상에 불만거리, 불평거리 투성이다. 본인이 원하는 세상 또는 미래의 상황, 본인의 목표와 꿈이 명확하지 않다. 혹여 있어도 그것이 실현되리라 생각하지 않는다. 확신과 신념이 없다.

R근육이 발달된 사람은 매사에 긍정적인 자세와 태도를 견지한다. 에이전트를 선발하기 위해 젊은 친구를 한 명을 소개받았다. 사업도 하는데 자신감이 넘쳐 흘렀고, 그만큼 겸손하기까지 했다. 이야기를 해 보았더니 부모도 친척도 그렇게 살았고, 어렸을 때부터 그런 환경에서 자랐다는 것이다.

그래서 자신의 미래도 그렇게 될 거라는 전혀 흔들리지 않는 확고한 목표와 성공 마인드, 성공 이미지가 있었다. 주위 환경 속에서 R근육이 잘 발달되어 자란 사람이다.

물론 그런 성공 마인드와 성공 이미지를 혼자의 힘으로 형상화하고 만들어 낸 사람도 있다. 밑바닥부터 올라와 성공한 사람이다. 스스로 R근육을 훈련한 사람이다.

생각의 힘에 대한 책과 콘셉트가 대중화되었다. SKT의 히트 광고인 생각대로 T, 끌어당김의 법칙을 역설한 시크릿, 꿈꾸는 다락방, 미래일기, 사진 속의 장소로 점프를 하는 내용인 영화 점퍼 등이 그러한 분위기를 반영한다.

앞으로 우리 사회는 어떤 방향으로 발전될지 기대가 된다. 고대부터 내려오던 지배층의 두뇌훈련 비밀이 공개되는 시기가 오리라 생각한다. 멍하게 영상을 보거나 오락을 하는 건 두뇌개발에 역행한다. 두뇌훈련은 책을 읽거나, 명상 또는 사색을 할 때 그 효과가 극대화 된다.

인생에서 성공 키워드는 결국 실행하는 습관을 만들라는 강력한 메시지다. 지금 당신의 삶은 어제까지 반복된 행위가 만들어 낸 결과의 총합이다. 내일의 당신도, 미래의 당신 모습도 그때까지 삶의 총합일 것이다. 결국 당신의 인생은 어떤 습관을 갖고 있는지에 달려 있는 셈이다. 실행하는 성공의 습관인가? 하류로 전락하는 실패의 습관인가?

펜을 들어라. 그리고 당신의 습관을 적어 보라. 그리고 새롭게 만들 습관과 없앨 습관을 구분해라. 그것이 당신의 인생을 만들어 나갈 것이다. 내일 죽을 것처럼 오늘을 살자. 평생 살 것처럼 내일을 꿈꾸자. 영원히 살 것처럼 오늘 습관을 만들어 나가자. 그렇게 성공하는 당신을 생생하게 상상하라.

▶미션 : 미래일기 작성하기

10년이 흐르고,
그 자리에는 추억이 남는다

10년이면 강산도 변한다고 누가 그랬던가? 2월 설날 연휴가 지난 주말 아침, 일찍 일어나 택시를 타고 여의도역을 외쳤다. 문득 10년 전 그 자리를 가보고 싶었다. 집에서 무작정 뛰어 나와 달려갔던 그 여의도 대로변과 어둠 속에 검게 보였던 한강 다리. 이제는 아득한 기억으로만 가슴 한편에 묻어둔 죽음에 대한 상념, 그리고 삶에 대한 희망과 믿음.

어슴푸레 날이 밝은 한강시민공원에는 운동하러 나온 사람들이 몇몇 보인다. 바람이 차다. 한강의 바람은 냄새가 좋다. 아니, 나에게 다가오는 바람은 어쩐지 친숙한 냄새가 난다.

여의도 한강시민공원은 10년 전에 비해 많이 달라졌다. 마치 전체가 하나의 조형물처럼 예쁘게 단장이 되어 있다. 제방을 따라 쭉 걸어 본다. 차디찬 강바람에 다시 옷깃을 세운다. 시린 공기를 흠뻑 들이마셔 본다. 아이들과 아내는 지금쯤 자고 있을 것이다.

이제 나는 팀장의 자리에서 많은 사람들과 보험 영업을 같이 한다. 이제는 업계에 선배들보다 후배들이 많다. 세월은 유수와 같고, 시간은 쏜 화살과 같다.

김성한 선배는 10년 전 그해 종신 MDRT를 달성하고 얼마 안 있어 관리자로 성장했다. 영업을 잘 하는 사람이 관리자로서는 성공하지 않는다는 업계의 불문율을 보란 듯이 깨버리고 승승장구를 하더니, 지금은 하나의 본부를 맡고 있는 임원으로 성장했다.

유영찬 후배는 지금 회사에서 제일 유명한 에이전트다. 회사 온라인 사이트 각 커리큘럼에 본인 강의가 없는 곳이 없다. 온갖 회사 교육에는 불려 다니며 후배들한테 인기를 독차지 하고 있다.

팀원들 때문에 고민하는 나를 가끔 마주치기라도 하면 지금 다시 영업을 시작해도 늦지 않다며 놀려대곤 한다. 하, 이 친구는 10년 전 그해에 사고를 한 번 쳐서 영업생활을 접을 뻔 했는데, 극복을 하고 나서 큰 성장을 한 케이스다.

아! 10년 전 당시 챔피언은 누가 했냐고? 그때 12월 31일 마지막 날 이웅수 대표가 청약서에 법인도장을 찍었다. 무려 월납 보험료 4천만 원 보험 계약이었다. 그때 팀장의 얼굴 표정이란! 구체적인 액수는 끝까지 나와 지브란산업 임원들만 알고 있었기에 청약서에 적혀 있는 보험료 금액을 보고 팀장은 흥분을 했다. 이 계약이 들어가면 챔피언이라는 것이었다.

팀장은 보안을 위해서 지점에 들어가지 말자고 했다. 들어가면 지점장한테 보고를 안 할 수가 없고, 그러면 밤에 쥐가 들든 낮에 새가 들든 상위 랭커들에게 알려질 수 있고, 그러면 뭔가 수를 쓸 거라는 거였다. 쥐도 새도 모르게 하려면 아예 잠수를 탔다가 오후 늦게 들어가서 입력하자고 했다. 틀린 말은 아니었다.

하지만 보완해야 할 서류가 있기 때문에 사무실에 안 들어 갈 수는 없었다. 그래서 서로 입조심하기로 하고 사무실에 들어는 가되, 입력은 마감 시간 오후 5시 직전에 하기로 했다.

점심식사를 하고 들어간 사무실에는 김성한 선배가 바쁘게 데스크 사이를 움직이고 있었다. 마지막에 청약이 꽤 들어가는 것 같다. 보완 서류를 발급받기 위해 데스크 앞에 기다리고 있는데, 유영찬 후배가 사무실로 급하게 뛰어 들어 온다. 담당 팀장이 지점장한테 뭐라고 보고를 하고, 갑자기 지점장이 사무실에서 큰 목소리로 외친다.

"유영찬 에이전트가 지금 월납 2천만 원을 해서 전국 챔피언이 예상됩니다! 우리 모두 축하해 줍시다!"

사무실에 남아 있던 동료들이 눈이 휘둥그레지면서 기도 안 막힌다는 듯이 타박타박 박수를 쳤다. 순간 옆에서 김성한 선배가 "이거 뭐야, 게임 끝났네." 하고 본인 방으로 들어갔다. 팀장이 옆에서 말을 안 하고 문자를 보낸다.

'이대로면 우리가 월납 5백만 원 차이로 이겨요'

하지만 모르는 거였다. 전국에 4천 명이 넘는 에이전트가 지금 이 시간에 얼마를 계약하고 있는지 알 수는 없었다. 그저 최선을 다할 뿐이다.

마감 30분 전, 사무실에 대기하고 있던 팀장하고 나하고 청약서를 입력하기 시작했다. 혹시라도 다른 사람이 볼까봐 팀장의 자리에서 입력하고 있는데, 뭔가 머리 뒤가 따갑다. 옆 팀장이다.

"우와, 이거 얼마짜리인거야?"

소리가 어찌나 컸는지 사무실에 울려 퍼졌다. 놀래서 검지를 입에 댔다. 사무실 끝 편에 앉아 있던 유영찬 후배가 갑자기 일어나더니 회의실로 들어가는 것이 보였다.

입력은 문제가 되지 않았다. 팀장한테 수고했다고, 고맙다고 말했다. 그리고 챔피언 욕심 안 낸다고, 그저 최선을 다했으니 됐다고 그렇게 말했다. 그해 뜨거웠던 마지막 날을 그렇게 마감을 했다.

한 해가 바뀌고 신년회를 하면서 전국 순위 결과가 공표 되었다. 예상 외였다. 마지막 날 지방 쪽에서 무시무시하게 계약을 집어넣은 것이었다. 챔피언은 의외의 인물이었다. 순위는 2등 유영찬, 3등 강산, 김성한 선배는 5등으로 집계 되었다.

아쉬웠다. 허탈한 건 나뿐 아니라 다른 동료들도 마찬가지였다. 하지만 일개 지점에서 전국 순위 5등 이내 에이전트를 3명이나 배출했다는 점에서 지점장은 며칠 동안 웃는 입을 다물지 못했다. 팀장은 너무도 아쉽다는 듯이 몇 번이고 아쉽다는 말을 반복했다.

"거, 이상하네요. 지방쪽 에이전트는 얼마 넣는지 계산을 못했어도, 유영찬 에이전트는 마지막 날까지 확실히 우리가 앞섰는데……"

나중에 안 일이지만 유영찬 후배는 내가 막판에 계약을 넣는 것을 알고, 그 전에 구두로 약속을 받았던 월납 천만 원짜리 개인 계약을 넣었던 것이다. 과유불급이다. 유영찬 후배는 본사 확인전화에서 미심쩍은 통화내용으로 추후 감사를 받으며 비대면 계약으로 감사팀에 회부가 되었다. 영업 해촉이 될 판이었다.

하지만 계약자가 다시 정정 전화를 하는 등 정상을 참작해서 결국 1개월 영업정지로 끝났다. 그 바람에 순위 자체가 박탈되었다. 명예에 금이 간 것이다. 어쩌면 영업생활을 마감할 수도 있는 상황에서 유영찬 후배는 다시 극복하고 지금 이 자리까지 왔다.

어쨌든 유영찬 후배가 탈락하는 바람에 나는 그해 전국 2등으로 마감을 했다. 거기에는 후회도 없고, 아쉬움도 없었다. 하나님께 약속한대로 나는 챔피언 시상에 달하는 금액을 아내가 후원하는 한부모 가정에 기부했다.

주머니에서 진동이 느껴진다. 아내 전화다.

"어디예요? 아침 일찍 안 보여서 전화했어요."

"잠시 바람을 만나러 나왔어요. 이제 들어갈게요."

"무슨 소리하는 거예요? 바람을 만나러 나왔다니? 참, 오늘 후원하는 집 아이들이 인사하러 온다고 했어요. 어서 들어와요. 아침 밥 차릴게요."

자고 있을 거라 생각했던 아내는 오늘따라 일찍 일어나서 아침을 준비하고 있었다. 10여 년 전 이맘때가 생각난다. 나는 주말인줄도 모르고 자다가 조수미의 챔피언스 노래를 들으며 깨어났었다. 삶에 찌들어 뿔난 아내가 찾아 준 비밀노트의 첫 장을 넘기던 그때가 바로 엊그제 같다.

바로 지금 이 순간을
감사하고 즐겨라

10여 년이 흐른 지금, 용수의 죽음도 이제 담담한 추억이 되었다. 용수가 없다는 사실을 이제 인정할 수밖에 없다. 세월이 정말 참 많이 흘렀다. 손 선생을 만났던 것도 이제 가물가물하다.

정말 우연도 그런 우연이 없는데 정말 내가 손 선생을 만나기는 한 걸까. 아니, 손 선생이란 사람이 있기는 했을까? 유일한 증거로는 손 선생이 쓴 책과 만나서 받은 파란색 표지의 비밀노트인데 그마저도 없으니 마치 꿈만 같다. 어쨌든 내가 이렇게 성장할 수 있도록 도화선에 불을 붙인 건 손 선생 덕분이다.

손 선생이 준 비밀노트에 적혀 있는 미션을 하나씩 해나가면서 어느 순간 폭발적으로 영업실적이 치솟았다. 승승장구였다. 물론 슬럼프가 한 번도 없지는 않았다. 그때마다 흔들리기도 했다. 하지만 그러한 마음을 컨트롤할 수 있었던 건 매사에 감사하는 마음을 갖는 것이었다.

후회 없이 모든 힘을 다해서 최선을 다하고 결과를 기다리는 것, 그리고 그 결과에 감사하는 마음을 갖는 것. 그랬기에 나는 지금 이 자리에 있을 수 있지 않을까?

아직 나는 마라톤 서브쓰리를 꿈꾸고 있다. 10년 전 그때 간발의 차로 못했기에 나는 아직도 꿈꾼다. 멋지게 서브쓰리 하는 그날을. 또 전국 챔피언을 생각하면 아직도 가슴이 뛴다. 10여 년 전 12월 31일 그날처럼.

아무튼 그 이후로 영업을 계속 하다가 나는 관리자의 길로 들어섰다. 그리고 영업할 때처럼 1년을 꼴찌 하다가 이후 회사에서 상위 1%에 해당하는 팀을 만들었다. 나는 꼭 뭐든지 초반 1년은 허둥지둥하고 나서 성장하는 것 같다. 좋게 말해서 대기만성이다.

몇 년이 지나 팀에 MDRT, COT, TOT도 배출하고, 회사 연도 시상에 참여하는 팀원이 지점의 절반 이상을 차지할 정도로 크게 커졌다.

어느덧 나도 이제 업계에 입문한 지 10년이 넘었다. 생명보험 비즈니스는 내 인생의 일부인 셈이다. 10년 전 꼴찌를 밥 먹듯 하던 내가 이제 이 정도면 참 일취월장했다. 그런데 개구리 올챙이적 생각 못한다고 필드에 있었을 당시 더! 더! 더!를 부르짖으며 여유를 못 찾았던 것도 사실이다.

물론 어느 순간, 삶의 반전을 꾀해야 하는 시점에 삶의 몰입도는 최고여야만 한다. 하지만 평생 그렇게 살 수는 없는 노릇이다. 최선을 다해 노력을 하고 결과에 감사하라지만, 사실 그러기가 쉽지는 않다. 우리는 과연 어떤 삶의 자세를 가지면 좋을까?

회사에서 태국으로 여행을 갔다. 가족을 몽땅 다 데리고 간 해외 여행은 너무도 환상적이었다. 따사로운 햇살과 평화로운 바닷가 전경은 정말 한 폭의 그림이었다. 아무렇게나 카메라를 들이대도 엽서사진이 될 정도였다. 바닷가에서 돛단배를 타고 낚시를 하는 나이든 어부가 눈에 들어 왔다. 오후 늦게 나와서 쉬엄쉬엄 하는 모습은 좀 의아하기까지 했다.

"할아버지, 좀 더 큰 배로 더 멀리 나가서 더 많이 일하면 고기도 많이 잡고 돈도 많이 벌어서 지금 저처럼 이렇게 바닷가에서 쉴 수 있지 않을까요?"

안 되는 영어 손짓발짓해가며 물어봤다. 그러자 할아버지 말씀하시길…….

"그게 뭔소리여, 내가 지금 쉬고 있잖여."

여러 가지 주변상황을 고려하지 않은 짧은 대화였지만 그 이야기에서 나는 많은 것을 느꼈다. 단순히 미래에 편히 쉬기 위한 목적으로 지금 주위의 소중한 사람들을 놓쳐가며 지치도록 일하는 것은 아니다란 것이다.

지금 바로 여기 이 순간에 내가 행복을 느끼지 못한다면 불행한 삶일 수 있다는 거다. 순간순간을 즐길 수 없다면 지금 하는 일을 과감히 중단하라. 노래하고, 춤추고, 사랑하자.

우리는 소소한 일상에서 감사를 느낄 수 있어야 한다. 일에서 오는, 끊임없이 몰아치는 이래도 버틸래 하면서 밀려오는 스트레스마저 사랑할 수 있는가?

때로 잔잔하게 감동으로 밀려오는 자연을 느낄 수 있다면……. 교향곡처럼 들리는 빗소리를, 새벽 출근길 향기로운 가을 냄새를, 밤 늦은 퇴근길 낯선 골목에서 느끼는 어렸을 적 향수를, 버스 앞좌석 긴 머리 소녀의 뒷모습에서 어릴 적 마음속으로 동경하던 옆집 여학생을, 지하철 플랫폼에서 스쳐 지나가는 여인에게서 피어나는 옛 연인의 친숙한 향수 냄새를, 학교 앞 뛰어 노는 아이들을 보며 어렸을 적 느꼈던 그 아스라한 동심을…….

신이 주신 달란트를 내가 온전히 다하고 있을 때, 내면에서 치밀어 올라오는 감동을 느낄 수 있다. 일상의 행복이란 그렇다. 내 인생의 완전함을 느끼는지 반문해 보자. 정신적인 풍요로움이 있는가? 지식적으로 충만함이 있는가? 내 주위 나와 맺어진 모든 인연들과의 관계에 충실함을 지속하고 있는가? 신이 만들고 부모가 물려준 고귀한 성전인 나의 신체를 아끼고 있는가? 나의 뿌리이고 줄기이자 가지와 열매인 가족과의 교감을 형성하고 있는가? 그리고 이러한 인생의 중요한 요소를 지탱시키고 정체성을 드러내는 나의 직업과 그로 인해 발생되는 돈을 사랑하고 있는가? 그리고 무엇보다도 내 직업에 충실하고 물질적인 안정을 취하고 있는지를 스스로에게 반문해 보아야 한다.

인생을 즐기는 것. 그것은 내 정체성을 사랑하는 것부터 출발한다. 지금 하고 있는 일을 사랑하자. 내가 지금 감사한 것을 적어 보자. 뭐든지 상관없다. 숨 쉴 수 있는 것에 감사하라. 찬바람을 '시원하다' 느낄 수 있는 나에게 감사하라. 살아 있음을 감사하라.

친전, 그리고
손 선생의 마지막 편지

지금은 잘 안하지만 당시에는 결혼식 전 날 함을 짊어지고 처갓집에 가는 것이 상식이었다. 나는 너무 가진 것 없이 결혼을 했다. 처갓집에 얹혀 반지하 단칸방에서 시작한 신혼이었기에 모든 절차를 간소화 하려 했다. 중간에 독립은 했지만 살림은 변변치 않았다. 아무튼 그래서 함에도 별로 들어간 것이 없었다. 뭐가 들어가야 하는지도 몰랐다. 그냥 해야 하는가보다 했을 뿐이다.

어찌되었든 너무도 없이 시작한 것은 주위 사랑하는 사람들의 동반 고생의 시작이었다. 초반에 물심양면으로 도움을 너무 많이 받았다. 애들 둘을 키운 건 장모님이다. 그래서 나는 아직도 처갓집에 미안하다. 지금도 가까이에 살면서 도움을 받고 있다.

이사를 가는 날, 본사로 발령이 나고 몇 개월 동안 교육을 담당하면서 업계 후배들에게 도움이 될 책이 마무리 단계에 접어 들 때였다. 이사하는 데 도움이 될까 하시면서 장인어른과 장모님이 찾아오셨다.

"이삿짐센터에서 다 알아서 해주는데 뭐 하러 시간 빼서 오셨어요."

괜히 할 말도 없고 해서 인사치레로 드린 말이었지만, 항상 신경 써주는 처갓집이 너무도 고맙다.

"그래도 세월이 흐르니 자네 집도 커지는구먼. 이 집에서도 오랫 동안 있었네."

무뚝뚝한 장인어른도 웃음을 감추지 못한 채 흐뭇한 표정으로 대 꾸했다. 이삿짐센터에서 온 아저씨들이 짐을 싸기 위해 분주하게 움 직였다. 책이 워낙 많아 없는 살림살이지만 이사가 만만치 않아 보 인다. 장모님도 가만히 계시지 않고 손이 늦은 아내를 채근하며 이 삿짐 정리를 도와주고 계셨다.

다행히도 날은 겨울 같지 않게 포근했다. 이사하기 딱 좋은 날씨 다. 창문을 통해 햇살 한 바닥이 텅 비어져 가는 방 안으로 내려앉 고 있었다.

"그리고 자네 택배가 우리 집으로 왔던데? 가져 오는 걸 깜박 했어."

"어떤 건데요?"

"자네 책이겠지. 아직도 가끔 이쪽 집으로 오는 것이 있어."

장인어른이 무심하게 말을 던졌다. 신혼살림을 처갓집에서 시작 해서 그런지 대학교 간행물은 아직도 장인 댁으로 가곤 했다. 주소 를 바꿔야 하는데 하면서도 벌써 10년이 훌쩍 지났다. 이사를 하면 한꺼번에 바꿔야지 하는 생각이 있어서 그런지 급하게 서두르지 않 은 탓이다.

"하하, 그렇군요. 제가 나중에 천천히 가져오죠 뭐."

"그러게. 포장에 '친전'이라고 쓰여 있어서 뜯어보지도 않았지. 두툼하던 걸."

지나가듯 말하고는 내 등을 툭 치는 장인어른은 왠지 기분이 좋아 보였다.

그런데 '친전'이라는 단어. 잠깐, 이 단어 어디서 많이 들은 단어다. 10여 년 전 겨울밤 선릉역 카페, 그래 바로 거기서 손 선생한테 들은 단어다. 듣는 순간 뭐랄까 사지가 저리다고 해야 할까? 갑자기 느낌이 묘했다.

발끝에서부터 머리 정수리 부분까지 전기가 관통하는 듯한 이 느낌은 뭘까? 손 선생의 책을 처음 펼쳐 보았을 때의 그 떨림, 손 선생한테 한 번 해보겠다고 다짐할 때의 그 설렘.

포장된 봉투에는 발신인의 주소가 없었다. 발신인 없이 택배가 올 수 있을까? 이건 택배가 아니란 생각이 들었다. 수신인은 정확하게 내 이름이다. '강산'. 그리고 매직으로 큼지막하게 또박또박 쓴 글씨 '친전'.

손 선생을 만나 노트를 받던 그 날 나는 기억한다. 손 선생도 택배로 '친전'이라고 쓰인 노트를 받았다고 말했던 것을. 눈시울이 붉어졌다. 어떻게 이럴 수가 있을까? 어떻게 이 노트가 사라졌다가 나에게 다시 올 수가 있었을까? 그동안 어디에 가 있었던 걸까?

'오. 하느님 저를 시험에 들지 말게 하소서. 이게 무슨 전설의 고향에서 귀신 씨나락 까먹는 일이란 말입니까?'

봉투를 뜯어보니 파란색 표지가 눈에 들어왔다. 그 노트다. 손 선생한테 전달받았던 비밀노트. 10년이란 세월이 지나 이렇게 다시 보게 될 줄이야. 반갑다. 어쩌면 내 나이보다 훨씬 더 많을 노트였다. 안에 종이는 색이 많이 바랬지만, 글씨를 알아볼 수는 있었다.

10년 전 이 노트를 읽으며 나는 제2의 인생을 시작하였다. 물론 익히는 데는 시간이 꽤 걸렸다. 어쩌면 지금도 나는 익히고 있는 중일 것이다. 완벽한 인생이 어디 있으랴? 인간 본연 자체가 불완전한 존재인 것을. 이제 이 노트를 지금 쓰는 책과 함께 영업하는 모든 이들에게 알릴 것이다. 물론 부족한 부분도 있겠지만 양해 부탁드릴 수 밖에 없을 듯하다.

옛날을 회상하며 노트를 한 장 한 장 넘기며 보고 있는데 중간에 편지가 한 통 있었다. '손 선생 드림'이라고 쓰여 있었다.

'아니, 손 선생이 쓴 편지가?'

떨리는 손으로 조심스럽게 편지봉투를 열어 보았다. 자필로 쓴 편지였다.

안녕하세요. 참 오랜만이지요. 손 선생입니다. 이 노트를 받을 때 쯤이면 우리 만나고 나서 꽤 세월이 지났으리라 생각합니다. 인생에 만남이 있으면 헤어짐이 있는 법이지요. 저도 그리고 용수 씨도.

강산 씨는 미션을 훌륭히 잘 해내었습니다. 정말 진심으로 축하를 드립니다. 그리고 노트가 없어져서 많이 놀라셨죠? 허락 없이 가져가서 미안하군요. 세상에 알릴 때를 기다렸답니다. 준비가 되었을 때까지요. 그리고 제가 연락이 안 돼 당황하셨을 겁니다. 갑자기 사라져서 죄송합니다. 제 역할은 거기까지였습니다. 저는 아주 잘 있습니다. 저를 만난 건 꿈이 아닙니다. 그리고 제 책도 실제로 존재

합니다. 당신 마음 속에 남아 있지요.

이제는 보다 많은 사람들을 위해 익힌 것을 알려주세요. 예전에 제가 말씀 드린 대로 이제 전수자를 찾아야 할 때가 왔습니다. 전에 말했듯이 이번에는 한 명이 아니어도 됩니다. 되도록이면 많은 사람에게 알려주시길 바랍니다.

당신은 잘 해내었습니다. 그리고 훌륭한 전수자가 될 수 있을 것입니다. 당신이 얻은 영업의 비밀, 성취의 비결, 행복의 열쇠를 많은 사람들에게 알려주세요. 그리고 저를 찾지 않으셔도 됩니다. 앞으로 저는 당신 덕분에 많은 사람들 마음 속에 남아 있을 거니까요.

많은 사람들이 영업을 성공하고, 행복을 잘 관리할 수 있도록 도와주세요. 본인이 원하는 인생의 목표를 수립하고, 성공의 습관을 형성할 수 있도록 해주세요. 하나님의 가호가 당신과 항상 같이 있을 겁니다. 손 선생 올림.

손 선생과의 인연은 이 편지 한 통으로 영원히 내 마음속에 묻어 두었다. 끝까지 알쏭달쏭한 수수께끼를 남기며 의문스런 아쉬움을 남겼지만, 이것도 언젠가 때가 되면 풀리리라. 지금 내가 해야 할 것은 성공에 대한 강한 열망을 갖고 있는 많은 사람들에게 이 비밀 노트를 공개하는 것이다.

당신에게 이 책을 선물한다. '친전'으로.

늦었다고 생각될 때가 가장 빠른 시기다

난 영업을 못했다. 못해도 지지리 못했다. 여기까지 온 것도 사실 기적이다. 지질하게 영업했던 사람이 지금은 세일즈와 모티베이션 강의를 하고 있다. 감사하게도 다들 도움 된다고 한다. 나도 이만하면 많이 컸다. 내가 봐도 신기하다. 그래서 글을 쓴다.

많은 사람들이 보험 영업에 도전을 한다. 여러 이유가 있을 것이다. 그리고 그 수만큼 많은 사람들이 탈락을 한다. 실적 없이 버티는 사람까지 치면 실제로 성공하는 사람은 소수다. 과연 왜일까? 오로지 자질이 부족해서일까? 보험회사의 그 수많은 교육을 받으면서도 영업을 못 하는 건 무슨 이유일까? 방법이 없을까? 그러한 질문과 답에 대해 보험업에 종사하는 내내 고민했다.

왜? 나 또한 역량이 현저히 떨어지는 사람 중에 한 사람이었으니까. 십여 년 동안 보험 영업을 잘 하는 사람과 못 하는 사람, 인생을 행복하게 사는 사람과 불행한 사람의 차이점에 대해 진정으로 해답을 찾으려 고민해 왔다. 나를 반면교사反面教師삼아 많은 업계 후배들이 성공했으면 좋겠다.

보험업에 입문해서 1년을 꼴찌를 했다. 회사 수천 명 중에서 계속 꼴찌를 한다는 것은 그야말로 대단한 일이다. 꼴찌 기네스 보유자일거다. 당시 창피도 하거니와 돈이 없어 힘들었다. 결혼한 지 1년 만에 멀쩡한 직장을 때려치우고 갓 태어난 젖먹이가 있는 상황에서 도전한 직업인데 남편이 돈을 못 벌어다 주니 아내는 정말 어처구니가 없었을 거다. 멀쩡한 놈이었으면 당연히 그만 두어야 했다.

그런데 왜 그랬는지 그 상황에서도 그만두지 않았다. 당시 사막에서 오아시스 찾는 심정으로 매일 밤 장을 넘기며 써 갈긴 일기장에는 이 일을 그만 두어야 할 이유와 그만 두지 못하는 이유에 대해 꽉 차여져 있다.

계약은커녕 만날 사람만이라도 있었으면 좋겠다는 생각으로 그만두지도 못하고 길거리를 헤맸다. 회사에서 주는 상을 받는 건 사치일 뿐이고 제발 급여만이라도 제대로 나왔으면 하는 바람이 절실했다. 그런 상황에서 챔피언? 웃기는 소리였다. 지나가는 개가 웃을 정도였다. 나는 영업에 재능 자체가 없었으니까.

그러나 나는 선배들의 지나가듯 흘려 말해주는 몇 가지 충고에 귀를 깊이 기울였고, 실제로 실천에 옮겼다. 딱 1년을 피나게 집중했다. 보험 영업에 미쳐보았고, 그 1년이 지금 수년을 먹여 살리고 있다. 어느덧 보험업을 즐기는 나를 발견한 순간 그때는 이미 내가 팀장이 되어서 후배들을 키우고 있었다.

시중에 보험 영업에 관련된 책은 수없이 많다. 대부분 정말 영업을 잘 했던 사람들이 쓴 책이다. 나도 그런 책을 읽으며 영감을 찾고, 모티베이션을 받았다. 그런데 어느 순간 그런 류의 책들을 읽다 보면 그 내용이 그 내용 같고 다 비슷해 보였다. 너무 잘하는 분들이라 외계인 같다. 종족 자체가 다른 것 같다.

힘들어 하는 후배에게 도움이 될 만하다 싶은 책을 추천한 적이 있다. 그 후배는 너무 잘한 사람이 쓴 글은 와 닿지가 않는다며 읽기를 거부했다. 그래서 진짜 재능 없는 사람도 중간까지는 갈 수 있는 책을 내자, 그리고 인생을 살며 행복을 관리할 수 있는 지침서를 내자라고 결심한 것이 이렇게 글을 쓰게 되었다.

무엇보다 끝까지 읽고 나서 두 번만 더 읽어보길 부탁드린다. 그 안에 당부하는 미션을 꼭 해내기 바란다. 틀림없이 변화가 있을 것이다. 그대가 비록 탁월한 재능이 없다 하더라도 말이다.

실제로 영업을 시작해서 1년을 넘게 꼴찌만 하던 사람이 연봉 1억 원의 MDRT도 달성하고, 매니저를 해서는 그 세 배인 COT급의 급여도 받아 보았다.

물론 업계 상황은 계속 변한다. 이 세상에 영원히 변하지 않는 진리는 '모든 것은 언젠가 변한다'이듯이 말이다. 여기에 적힌 지식과 기술도 언젠가는 구시대의 유물이 될 수 있을 것이다. 하지만 이 세상 최고의 발명품인 보험의 가치와 보험인의 사명감 그리고 인생 키워드는 독자들의 마음속에 남아 있기를 소망한다.

비밀노트에 있는 미션을 다 수행하고 영업이 어느 정도 궤도에 들어섰다 판단이 되었을 때, 후속으로 출간할 계획이 있는 인생노트 편을 읽기를 바란다. 인생에서 누구나 어느 순간에는 집중해야 할 것이 있는데, 그게 일과 돈이다. 만일 아직 직업과 재정적인 부분에서 갈피를 못 잡고 있다면 다른 인생의 요소는 잠시 잊어라. 지금은 일에 몰입해라.

이 책은 보험 영업을 하는 에이전트들에게 실질적으로 도움이 될 수 있다. 그리고 일반 독자들에게 시사하는 점도 상당히 많을 것이다. 보험의 필요성과 영업의 맛을 느꼈으면 하는 바람이다.

모자란 사람이 쓰는 글이니, 간혹 내용에 모자란 부분이 있을지라도 반드시 양해를 해주시길 바라며, 아직 필자의 인생도 진행형이니 앞으로 더 발전하는 모습을 보일 수 있을 거라 자위한다.

마지막으로 이 글을 쓰는 동안 뒷바라지 해준 정아와 장차 나를 크게 넘어설 인상이와 준상이, 그리고 사랑하는 내 가족 모두에게 감사를 전한다.

특히 나를 너무도 아껴주셨던 장인어른(故 서병수)에게 이 책을 바친다. 은퇴 후 10년 동안 불우한 이웃을 돕는 데 헌신을 다 하신 장인어른은 이 책의 완성을 채 못 보시고 탈고 시점에 폐암으로 투병하시다가 작년 가을 하늘나라로 올라가셨다.

돌아가시기 직전까지도 토마스집에서 자원봉사를 하실 정도로 주위 불우한 이웃을 돕는 데 인생을 바치셨던 장인어른이 사위를 자랑스러워 하셨으면 하는 바람이다. 한부모 가정의 아이들에게 이 책의 수익금을 기부하려는 결심을 하게 된 동기이기도 하다.

이 책이 탄생될 수 있었던 건 그동안 나와 영업현장에서 동고동락한 동료와 팀원들이 있었기에 가능했다. 또 지금 본사에서 같이 일하는 교육팀 동료들과 함께 하면서 책의 내용에 확신을 가지게 되었다. 특히 이 책이 나올 수 있도록 같이 고뇌한 중앙경제평론사의 김용주 사장님 외 직원분들께 감사드린다. 인연을 맺은 모든 분들에게 지면으로나마 고맙다는 말을 대신한다. 늦었다고 생각될 때가 제일 빠를 때다. 이 글을 읽는 바로 지금 당신이 있는 바로 그 자리에서 역사는 시작된다. 모든 독자들의 건승을 기원한다.

감나무가 내려다보이는 신길동 서재에서

윤 현 건

에필로그를 쓰는데 휴대폰이 울린다. 모르는 전화번호다. 순간 받아야 하나 망설이다가 통화 버튼을 눌렀다.

"윤현건 선생님 핸드폰 번호 맞지요?"

"네, 그런데요."

"아, 저자님 책 보고 전화 드렸습니다. 혹시 찾아 뵐 수 있을까요?"

중앙경제평론사
중앙생활사

Joongang Economy Publishing Co./Joongang Life Publishing Co.

중앙경제평론사는 오늘보다 나은 내일을 창조한다는 신념 아래 설립된 경제 · 경영서 전문 출판사로서 성공을 꿈꾸는 직장인, 경영인에게 전문지식과 자기계발의 지혜를 주는 책을 발간하고 있습니다.

다시 일어서는 용기 : 내 인생을 바꾼 성공의 비밀노트

초판 1쇄 인쇄 | 2015년 9월 5일
초판 1쇄 발행 | 2015년 9월 10일

지은이 | 윤현건(Hyungun Yoon)
펴낸이 | 최점옥(Jeomog Choi)
펴낸곳 | 중앙경제평론사(Joongang Economy Publishing Co.)

대 표 | 김용주
책임편집 | 이종무
본문디자인 | 박정윤

출력 | 영신사 종이 | 한솔PNS 인쇄 · 제본 | 영신사

잘못된 책은 구입한 서점에서 교환해드립니다.
가격은 표지 뒷면에 있습니다.

ISBN 978-89-6054-149-8(03320)

등록 | 1991년 4월 10일 제2-1153호
주소 | ⑦ 100-826 서울시 중구 다산로20길 5(신당4동 340-128) 중앙빌딩
전화 | (02)2253-4463(代) 팩스 | (02)2253-7988
홈페이지 | www.japub.co.kr 블로그 | http://blog.naver.com/japub
페이스북 | https://www.facebook.com/japub.co.kr 이메일 | japub@naver.com
♣ 중앙경제평론사는 중앙생활사 · 중앙에듀북스와 자매회사입니다.

중앙
북샵 **www.japub.co.kr**
전화주문 : 02) 2253 - 4463

※ 이 도서의 국립중앙도서관 출판시도서목록(CIP)은 서지정보유통지원시스템 홈페이지(http://seoji.nl.go.kr)와 국가자료공동목록시스템(http://www.nl.go.kr/kolisnet)에서 이용하실 수 있습니다.(CIP제어번호:CIP2015021508)